国际法学专题研究书系

GUOJIA HUOMIAN LIWAI YANJIU

国家豁免例外研究

李颖 著

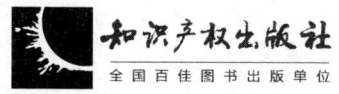
全国百佳图书出版单位

图书在版编目（CIP）数据

国家豁免例外研究/李颖著．—北京：知识产权出版社，2014.7
ISBN 978-7-5130-2805-9

Ⅰ.①国⋯　Ⅱ.①李⋯　Ⅲ.①豁免权-研究　Ⅳ.①D993.7

中国版本图书馆 CIP 数据核字（2014）第 142969 号

责任编辑：刘　睿　文　茜　　　　责任校对：韩秀天
特约编辑：王晓琳　　　　　　　　责任出版：刘译文

国家豁免例外研究
Guojia Huomian Liwai Yanjiu
李　颖　著

出版发行：	知识产权出版社 有限责任公司	网　　址：	http://www.ipph.cn
社　　址：	北京市海淀区马甸南村 1 号	邮　　编：	100088
责编电话：	010-82000860 转 8113	责编邮箱：	liurui@cnipr.com
发行电话：	010-82000860 转 8101/8102	发行传真：	010-82000893/82005070/82000270
印　　刷：	保定市中画美凯印刷有限公司	经　　销：	各大网上书店、新华书店及相关专业书店
开　　本：	880mm×1230mm　1/32	印　　张：	11
版　　次：	2014 年 6 月第一版	印　　次：	2014 年 6 月第一次印刷
字　　数：	277 千字	定　　价：	33.00 元
ISBN 978-7-5130-2805-9			

出版权专有　侵权必究
如有印装质量问题，本社负责调换。

序

李颖博士所著的《国家豁免例外研究》即将出版了，真是可喜可贺。

李颖曾经是我指导的2009级博士生。与学校其他追求时尚和时髦的女同学相比，李颖似乎对国家与世界大事更感兴趣。平日里她很关心时事政治，时时跟踪国际形势热点问题，是一个对国际法不仅有真心、而且还有所感悟的人。而在当今诸多国际法现实及复杂的领域里，李颖对主权问题好像尤其着迷。博丹的《主权论》就是她放在案头并时不时精心钻读的一本书。所以当她最后将论文题目确定在国家豁免问题时，我一点也不感到意外。

国家及其财产管辖豁免，是指一国及其财产在另一国法院不受管辖，这在国际法上是一个理论性和实践性都很强的问题。国家主权平等，本是国际法的一个基本原则。其自然结果就是禁止一国干涉他国的内政。管辖豁免是基于国家主权之上、在各国外交实践的基础上逐渐形成和发展起来的一项国际法原则和规则。然而在国际关系与国际法的发展过程中，国家豁免原则确确实实开始出现了一些例外。

国家及其财产豁免的对象，是外国的国家行为及国家财产，所以它关系到如何协调不同国家之间有关主权利益的重大问题。

如何在主张豁免国的国家人格的域外效力与给予豁免国的司法主权的域内效力之间取得平衡？以及如何在保护国家利益与保护个人利益之间保持合理平衡？这是一个参杂着法律、政治、经济等众多因素的敏感问题。

2008年5月，我国香港初审法院受理了美国FG Hemisphere Associate LLC诉刚果（金）一案，是我国法院审理与国家主权豁免相关的第一案。一国法院究竟能不能受理以另一国家为被告的案子？国际上关于国家及其财产管辖豁免的立场趋势是什么？中国政府在该问题上的立场和政策如何？李颖博士的《国家豁免例外研究》对这些问题进行了比较细致的思考和论述。

总体上讲，李颖博士的这本书有理论、有实践。她从国家享有主权豁免原则开始，阐述了国家豁免的例外，其中具体分析了商业行为、雇佣合同、人身伤害及财产的例外。此外她还就国家行为原则以及国际新形势下的主权问题进行了理性分析，并就中国是否应该进行豁免立法阐述了她自己的独特见解。

李颖博士的研究表明：对国家一些主权行为的豁免，从绝对到相对，从世界范围的一致性到国家相互之间存在差异……表明了国际行为的准则是如何随着社会的发展及权力结构的改变而改变的。旧的规则发生了变化，新的规则又开始重新规范国际关系，直到新的权力结构促使国际体系中的行为准则重新作出相应的改变为止。这就是我们国际生活中的现象及自然规律。

李颖博士的《国家豁免例外研究》，结构比较合理，层次清楚，思路宽广而又清晰，案例也比较丰富，其中论证和评述总体上比较客观、得当，所提观点一般也都有出处和根据。这是一篇不错的研究成果，我相信它能为我国有关实务部门提供一定的参考和借鉴。

是为序。

朱文奇

2014年3月10日于北京

摘　要

国家主权豁免原则是国际法上的一项重要原则,是国家主权原则派生出来的一项独立的国际法原则。国家具有主权,是平等的。根据"平等者间无管辖权"(par in parem non habte jurisdictionem)的古老法彦,一国国内法院无权审判以一个主权国家为被告的诉讼。

国家豁免是个老问题。如黄进老师早在 1987 年就出版了《国家及其财产豁免问题研究》。该书所用的资料翔实,内容丰富,对国家及其财产豁免问题进行了深入的研究和分析。对于中国来讲,继续研究国家豁免问题仍具有非常现实的意义。

以国家豁免问题作为博士论文的直接原因是香港法院审理了"FG 公司诉刚果(金)案"(以下简称"刚果(金)案")。2008 年 5 月,香港特区原讼法院受理了一起以刚果(金)为被告的案件并作出了判决,该案成为我国法院审理的与国家主权豁免相关的第一案。当时笔者也不能理解中国何以能够签署了《联合国国家及其财产管辖豁免公约》,同时还坚持绝对豁免原则的立场,就像香港上诉法院的法官所认为的那样,这种做法是"不合逻辑的"。此外,中国国有企业在外国法院被起诉时也主张"国家豁免"。可是中国政府一直坚持国有企业不同于国家和政府,国有企业具有独立的法人地位,完全可以独立承担权利和义务,不能因为国有企业的资产是国有的而让国家承担连带责任。

国家豁免原则是源于国家间主权平等，那么要首先搞清楚什么是国家主权，哪些实体可以称为国家。经过一番研究之后才发现，要回答清楚这个问题实在是太困难了。不管是国家还是主权，这些我们习以为常的名词却没有一个能被广泛接受的概念。哲学领域里的国家和主权与法律意义上的国家和主权并不一样，而国内法和国际法上的国家和主权概念也不尽相同。

此外，国家和主权都是西方哲学中的概念，与中国传统的国家观也不相同。而在研究国家豁免问题时，有关国家和主权的问题又绕不开，必须进行一番理论梳理和分析工作。我们要做的是回到国家和主权发端的15世纪甚至更早，尝试去理解那时的学者们对国家和主权的认识，这将有助于我们更理性地理解和看待今天的国家和主权。在主体问题上，国有企业有权主张国家豁免吗？这个问题与法院的司法管辖权紧密联系在一起。同时，在主体问题上还涉及国家行为原则，这是英美法院经常适用的一个原则，而该原则还反映出法院和行政机构的关系。香港终审法院在"刚果（金）案"的判决中还特地为此进行了大篇幅的论证。

国家豁免原则的复杂性在于，这不仅是一个法律问题，还涉及国家间关系的问题，还要恰当处理国内法院和行政机构的关系。今后中国如果要颁布国家豁免法时也要面临这个问题，一方面要保证法院的独立司法，另一方面又要避免因为行使司法管辖权而给国家关系带来的负面影响。

关于国家豁免的例外，主要围绕着《联合国国家及其财产管辖豁免公约》中的10种国家豁免的例外情形，结合有关国家的法律规定和司法实践，同时结合目前国际法的新发展阐明国家豁免例外的现状、范围和不足。例如，在人权保护方面的缺陷，国际法院在"德国诉意大利案"中的判决就是一例。即使国家在武装冲突期间实施了非法行为，国家仍然可以主张豁免特权。不仅如此，英国法院和欧洲人权法院的判例还表明，即使是在和平时期，对于那些遭到外国国家实施了酷刑的受害人仍然无法通过司法渠道获得救济。这也是国家豁免例外面临的巨大挑战。

撰写《国家豁免例外研究》最重要的初衷是要解决中国自己面临的问题。虽然我国一直明确坚持国家及其财产享有绝对豁免的立场，然而却签署了《联合国国家及其财产管辖豁免公约》。该公约虽然并未声称坚持的是限制豁免原则，而是采取了"国家豁免例外"的字眼，但实际上限制豁免原则和国家豁免例外在内容上是一样的，只是说法不同而已。作者认为，中国颁布国家豁免法只是一个时间问题，然而，在此之前我们必须充分衡量这部法律对中国的意义和影响。

最后，本书针对国家豁免原则中的几个主要问题进行了探讨，比如，对于主权概念的历史发展沿革，国家豁免原则与强行法以及国家责任之间的关系，并且非常大胆地尝试讨论限制豁免原则的理论基础。

国家豁免原则以及国际法本身并不是中国本土的法律，它来源于欧洲，是从欧洲文化中发展出来的规则。这些规则与中国的法制传统非常不同。与其说这是西方规则和东方规则之间的冲突，不如说这是西方文化和东方文化之间的冲突更恰当。东方，在2000年的人类发展史上，中国始终引领着世界，是世界的中心。自从1840年以后开始衰落，直至1949年，或者说到1978年，虽然只有短短的100多年，但是从西方开始的工业化、现代化、信息化引领整个世界进入了全球化时代，西方对世界的影响深刻而彻底。这就是中国在经历了成功的35年改革开放后要面对的世界,在这样的一个大环境下,作为世界第二大经济体、作为联合国安理会五个常任理事国之一、作为最大的发展中国家,中国的发展要走向何方呢?我们必须要认真思考。

Abstract

In international law, the principle of state immunity is one of the fundamental principles, which deprives from the sovereign equality and the ancient legal saying, *par in parem non habet jurisdictionem*.

The state immunity is not a fresh and new topic in international law, whereas it is very instructive to China.

The direct cause to choose the topic is the case of "FG Hemisphere Associates LLC v. Democratic Republic of the Congo" (hereafter "the Congo Case") which was initiated in 2008 in the Court of First Instance of the High Court of the Hong Kong Special Administrative Region. After read the appeal judgment, I was also quite doubted that how to explain the intention of Chinese government by signing the 2004 UN Convention of Jurisdictional Immunity on State and Their Property and reiterating to adhere absolute immunity doctrine. Moreover, even though the Chinese government insists that the status of stated-owned enterprises differs from the government and state of China, since the stated-owned enterprises are independent legal person who can take responsibility and entail the right independently in the law, the Chinese government can't take the joint liability with the stated-owned enterprises because of the property owned by state.

Since the principle of state immunity deprives from the sovereign equality, the first question is what the sovereign state is and which entity can be regarded as state. Unfortunately until today, there is no widely accepted concept about state and sovereignty. The concept of state and sovereignty in philosophy is very different from that in international law; this situation is also applied to the domestic law and international law. Moreover, the concept of state and sovereignty deprives from the philosophy of Europe, which is quite different from the concept of Chinese philosophy. So in the first charter of the essay, the main topic is about the meaning of state, the entities which can claim the right of state immunity before the court.

Concerning about the subject of state immunity, what kind of entities can be regarded as State, if the state-owned enterprises can entail the right of immunity. The issue of the subject is very important since it is about the jurisdiction the internal courts. The internal courts, especial from United States of American and United Kingdom, usually preclude its jurisdiction by using the principle of action of State. The Court of Final Appeal of HKSAR addressed the issue in very details. The importance of the principle of action of state is that the relationship between the court and the administration authority. In the coming future, if the law of state immunity is issued in China, the relationship between the court and the government must be completely arranged to ensure the independence of the court firstly, and secondly not bring embarrassed situation to states relationship to the government.

The 10 exceptions of state immunity regulated in the UN Convention on Jurisdictional Immunities of States and Their Property are fully addressed in the following chapters, which is presented with the regulations of internal laws, cases, and new developments in international law. Of course, there is shortage of restrictive doctrine, for example, the tort exception is quite limited on protection of human rights. The ICJ's judgment on *Germany v. Italy* is a good case to show that the state still can claim state immunity for its wrongful act during the armed conflicts. Furthermore, the more cruel reality is that even in the peaceful time, the victim suffered by torture committed by foreign state still cannot claim reparation through judicial function. It's a big challenge for restrictive doctrine need to be faced and overcome in the future.

In the last of the essay, several issues with state immunity are addressed, such as the evolution of sovereignty, the relationship between the state immunity and *jus cogens* and state responsibility. In the 10th chapter, the writher boldly addresses the fundamental theory of restrictive doctrine by using the credit theory.

The principle of state immunity as well as the international law is commenced from the Europe, the principles of international law are rooted in the European culture. These rules are quite unfamiliar with our Chinese traditional culture. Unfortunately China had the experience of being suffered from the international law. It is a culture conflict between west and east. Since it is from the west to start the industrialization, modernization, information and globalization, the rules of west deeply and thoroughly influenced the world. It is the world China has to face after 30-years successful reforming and opening. It's a big topic for China, as the largest developing country, the second large economic state, the one of the five permanent members of UN Security Council, namely the direction for China to go?

目 录

- 0 引言 (1)
  - 0.1 选题的意义和价值 (3)
    - 0.1.1 研究对象的基本情况 (3)
    - 0.1.2 选题的理论意义 (10)
    - 0.1.3 选题的实践意义 (11)
  - 0.2 本书的结构 (12)
- 1 享有国家豁免的主体 (15)
  - 1.1 国家机构 (17)
    - 1.1.1 国家的定义 (17)
    - 1.1.2 国家地位的判定 (20)
    - 1.1.3 法院和行政机构的"口径一致" (40)
  - 1.2 其他实体的资格 (47)
    - 1.2.1 美国的有关规定 (47)
    - 1.2.2 英国的有关规定 (49)
    - 1.2.3 《联合国国家及其财产管辖豁免公约》的有关规定 (52)
  - 1.3 小结 (55)

2 商业行为例外 ……………………………………… (57)
2.1 商业例外的由来 …………………………… (59)
2.2 区分商业行为的标准 ……………………… (60)
2.3 "商业行为"定义的复杂性 ……………… (65)
2.4 小结 …………………………………………… (69)

3 雇佣合同例外 …………………………………… (73)
3.1 《联合国国家及其财产管辖豁免公约》的规定 …… (75)
3.2 其他公约或国家的有关规定 …………… (78)
3.3 小结 …………………………………………… (82)

4 人身伤害和财产损害例外 …………………… (85)
4.1 基本原则 …………………………………… (87)
4.2 侵权例外与国家责任 …………………… (89)
4.3 有关的司法实践 ………………………… (93)
4.3.1 最初的司法实践 ……………………… (93)
4.3.2 新近发展 ……………………………… (95)
4.4 小结 ………………………………………… (104)

5 国家豁免例外的其他四种情形 …………… (105)
5.1 国家同意放弃豁免 ……………………… (107)
5.2 豁免例外的其他情形 …………………… (113)
5.3 小结 ………………………………………… (115)

6 执行豁免 ………………………………………… (117)
6.1 概论 ………………………………………… (119)
6.1.1 执行豁免的意义和性质 …………… (119)
6.1.2 执行豁免与管辖豁免的关系 ……… (121)
6.2 执行国家财产的前提条件 ……………… (123)

6.2.1 前提条件之一：可执行的司法判决 ………… (124)
   6.2.2 前提条件之二：国家放弃执行豁免 ………… (124)
   6.2.3 前提条件之三：无须国家的同意 ………… (125)
   6.2.4 前提条件之四：被执行的财产与法院地国的联系 ………… (129)
   6.2.5 前提条件之五：被执行的财产与被诉实体之间的联系 ………… (130)
  6.3 强制措施中的其他问题 ………… (132)
   6.3.1 审判前的扣押 ………… (133)
   6.3.2 国有企业的财产 ………… (134)
  6.4 小结 ………… (135)
7 中国豁免法立法 ………… (137)
  7.1 国家豁免在中国的现状 ………… (139)
   7.1.1 中国政府的政策和立场 ………… (139)
   7.1.2 中国国家豁免的立法状况 ………… (144)
   7.1.3 中国历经的主要外国司法案例 ………… (148)
  7.2 中国的法律文化传统 ………… (153)
  7.3 中国对国家豁免法立法之需要 ………… (158)
   7.3.1 中国进行国家豁免立法之影响 ………… (159)
   7.3.2 中国进行国家豁免立法之必要性 ………… (162)
  7.4 小结 ………… (165)
8 国家豁免原则问题之一：主权的再认识和国家行为原则 ………… (167)
  8.1 主权的概念 ………… (170)
   8.1.1 国内法上的主权 ………… (170)
   8.1.2 国际法上的主权 ………… (174)

8.2 限制豁免原则的特征 ································ (177)
      8.2.1 限制豁免的最初实践 ······················ (177)
      8.2.2 国家行为原则 ······························· (179)
   8.3 小结 ·· (185)

9 国家豁免原则问题之二：国家豁免原则与强行法和国家责任 ·· (187)
   9.1 概述 ·· (190)
   9.2 强行法规范本身的局限性 ······················ (192)
   9.3 有关履行强行法规范的司法实践 ············· (194)
      9.3.1 美国的司法实践 ···························· (195)
      9.3.2 英国"皮诺切特案"和国际法院"逮捕令案" ··· (198)
   9.4 小结 ·· (200)

10 国家豁免原则问题之三：对限制豁免原则的一点思考 ··· (203)
   10.1 限制豁免原则的基础之争 ···················· (206)
   10.2 债权与限制豁免原则 ·························· (214)
   10.3 阻却管辖权的程序规则 ······················· (222)
   10.4 小结 ··· (228)

结语 ·· (231)
   1. 国际法治与国家豁免 ······························ (233)
   2. 中国与国家豁免 ··································· (241)

附录 ·· (247)
   一、《联合国国家及其财产管辖豁免公约》 ······· (249)
   二、《关于国家豁免的欧洲公约》 ··················· (263)

三、《英国国家豁免法》……………………………（279）
四、《美国外国主权豁免法》（英文）……………（293）
五、《美国外国主权豁免法》（中文，摘录）………（308）
主要参考文献 …………………………………………（316）
跋 ………………………………………………………（327）

0 引言

0.1 选题的意义和价值

0.1.1 研究对象的基本情况

笔者的导师 2011 年秋从欧洲讲学回国时带回了一张图表，上面是欧洲国家认为当欧洲企业与中国企业进行贸易活动时应该注意的问题，称之为"风险"（risk）。在众多的"风险"中有一个是"中国主权风险"，包括三个问题：

(1) 保护国有企业和国有资产；

(2) 中国国有企业的海外责任；

(3) 中国政府机构在法律程序中的作用。

其中第 2 个和第 3 个问题就与中国在国家豁免问题上的立场有关。中国政府一直坚持绝对豁免立场，同时一再强调国有企业具有独立的法人资格，自主经营、自负盈亏，有起诉和被诉的能力，无论是在理论上还是在实际上都不应被看做国家的一部分；对企业的诉讼不应牵连其所属国；除非国家明确承担担保义务，或经国家明确授权，国家就不应对国有企业的行为负连带责任。❶ 然而这种声明并没有打消外国人的疑虑。实际上，无论是中国政府还是中国企业，在外国被提起诉讼时都主张享有"国家豁免"的权利，如"湖广铁路债券案""中国银行案"等。此外，中国

---

❶ 段洁龙：《中国国际法实践与案例》，法律出版社 2011 年版，第 9 页。

国有企业的"国有"性质很难将企业与国家区别开来，有的外国法院甚至将不同的国有企业都当做国家整体的一部分来看待，如南非的"恒裕轮号"案。

国家豁免是国际法中的一个重要原则，不仅涉及国际公法，也涉及国际经济法和国际私法。当一个主权国家在外国法院被诉时，能否主张"国家豁免"从而避免被当地法院管辖，这个问题关系到国家的利益，对于法律实务界、国家机关、法人企业和个人都有非常重要的影响和意义。❶

2012年2月3日，国际法院就"德国诉意大利国家豁免案"作出了判决。国际法院通过广泛考察国际条约和各国的司法实践，包括各国的立法和司法行为之后认为，即使国家违反了强行法也享有国家豁免的权利，受害国家也不能通过司法方式给予被害人救济。❷尽管国际法院的判决只对当事国有效，然而由于国际法院在国际法适用、解释方面的重要作用，国际法院的判决对今后的国家实践将产生影响。国际法院的判决如实反映了当前国际法在国家豁免问题上的现状，使人们看到国家豁免面临的问题——保护人权的缺陷。限制豁免原则已经不能满足当今国际社会保护人权的要求，能否在国家豁免的众多例外中再加上一个强行法例外原则，或者侵权例外呢？

2011年6月8日，香港终审法院就"刚果（金）案"作出了一个终审临时判决，之所以这是个临时判决，是因为要在"收

---

❶ 陈纯一：《国家豁免问题之研究——兼论美国的立场与实践》，《自序》，台北三民书局2000年版。

❷ Para. 91, ICJ judgment on "Germany v. Italy", Feb. 3, 2012.

到全国人大常务委员会的解释"❶后再作出适当的安排。"刚果（金）案"是香港回归以后中国处理的第一个有关国家豁免的案件。应香港终审法院的请求，2011年8月26日，全国人大常委会作出了相关的释法。这个释法再次重申了中国在国家豁免问题上仍然坚持绝对豁免的立场。❷这个立场与中国2005年9月14日签署的《联合国国家及其财产管辖豁免公约》的行为并不一致。《联合国国家及其财产管辖豁免公约》还未生效，作为公约的签字国，按照《维也纳条约法公约》第18条的规定，在公约生效之前签字国不得采取妨碍条约目的和宗旨的行动。而从中国建设法治国家的发展方向来看，放弃绝对豁免的立场是迟早的事情，并且要尽早进行相关的立法准备。

要进行相关的立法准备就必须首先做好这方面的研究工作，《联合国国家及其财产管辖豁免公约》给国家豁免原则的影响是什么，在哪些方面产生影响，这些影响对中国来说意味着什么，中国如何应对这种影响，在处理国家豁免案件中，如何处理行政机构和法院的关系，法律是否具有溯及力等。

在以一个外国主权国家为被告的诉讼中，国内法院首先要判断自己是否具有管辖权。这是因为国家是法律上一类特殊的主体，不像个人、法人或其他组织那样，国家是主权者。法院对外国主权国家行使司法管辖权必须符合两个条件，一是主体资格，

---

❶ "刚果（金）案"香港终审法院判决第416段。

❷ 《全国人民代表大会常务委员会关于〈中华人民共和国香港特别行政区基本法〉第十三条第一款和第十九条的解释》，(2011年8月26日第十一届全国人民代表大会常务委员会第二十二次会议通过)。http://www.npc.gov.cn/npc/xinwen/2011-08/27/content_ 1670103.htm。

二是被诉行为属于国家豁免的例外情形。

关于主体资格的问题，对法院来说，国家不再是一个抽象的概念，而是一个实实在在的实体，是某个机构、某个人或者某个公司。主体资格问题是国家豁免中的首要问题，因为只有国家才能有主张"国家豁免"的权利。

《联合国国家及其财产管辖豁免公约》第2条1款（b）项规定了国家的定义。"国家"是指：

（1）国家及其政府的各种机关；

（2）有权行使主权权力并以该身份行事的联邦国家的组成单位或国家政治区分单位；

（3）国家机构、部门或其他实体，但须它们有权行使并且实际在行使国家的主权权力；

（4）以国家代表身份行事的国家代表。

联合国公约中规定的"国家"将国家结构主义和功能主义结合起来，判定一个实体是否是国家，一方面要看该实体是否是国家机构的组成部分，另一方面即使该实体不是国家机构的组成部分，但只要该实体"拥有"授权而且还必须是"在实际行使"这种授权。《关于国家豁免的欧洲公约》和《英国国家豁免法》则更注重国家的结构。[1] 国有企业并不被认为是国家机关的组成部分。美国对国家的定义最为宽泛，那些具有独立法人资格的公司和其他机构也可以是国家机构的一部分，享有主张国家豁免的权利。[2]

---

[1] 《关于国家豁免的欧洲公约》第27条，《英国国家豁免法》第14条。

[2] 《美国外国主权豁免法》第1603条（a）款和（b）款。

从法律规定上看国家的定义不难理解,但在实际诉讼中却很难把握。在"路德诉萨戈案"(Luther v Sagor and Company)中,英国政府曾在 1920 年宣称:"英国政府同意俄罗斯贸易代表团在英国代表俄罗斯政府进行活动,但英国完全没有表示正式承认俄罗斯政府。"因此,一审法院判决原告路德公司胜诉。❶ 在上诉阶段,英国外交部答复上诉法院称,"英国政府已承认俄罗斯社会主义联邦苏维埃共和国为事实上(de facto)存在的政府。"虽然英国上诉法院同时认为,从某种意义上说,事实承认和法律承认是有区别的,但在本案中因为英国政府已经承认苏维埃政府是真正拥有俄国主权权力的政府,法院就要承认其主权行为的法律效力。所以,英国上诉法院判决上诉人萨戈公司胜诉。❷

在判定国家的地位问题时,法院的依据是什么?世界上有 100 多个国家,每个国家的组织形式都不尽相同,一个国内法院怎么能根据本国法律去判定一个实体是否具备外国国家地位呢?

法院在遇到这个问题时,就会寻求本国政府的意见来作出决定。政府的意见并不是法律,只是一种事实,法院基于这个事实适用法律作出判决。这是英美等国的普遍做法,而这种做法并不构成对法院独立审理案件的干涉。

在确定了被告的国家主体地位之后,法院不能行使司法管辖权。即使是在英美等执行限制豁免原则的国家也是如此。这是国家豁免原则的作用,是"平等者无管辖权"在诉讼程序中的具体

---

❶ Luther v Sagor and Company, 1920. A. 1861, Dec. 8, 1920, http://www.uniset.ca/other/cs3/19211KB456.html.

❷ Luther v Sagor and Company, 1920. A. 1861, May 2, 1921, http://www.uniset.ca/other/buttes/19213KB532.html.

表现。但是法律程序并没有结束，接下来要审核国家行为是否属于国家豁免例外的情形，以便最终确定法院是否可以行使管辖权。

《联合国国家及其财产管辖豁免公约》第三部分规定了8种国家豁免的例外情形，加上第二部分的第7条"明示同意行使管辖权"和第9条"反诉"，一共是10种国家豁免的例外情形。尽管《联合国国家及其财产管辖豁免公约》避免使用"限制豁免原则"的字眼，但与《关于国家豁免的欧洲公约》《美国外国主权豁免法》和《英国国家豁免法》这些奉行限制豁免原则的公约和法案相比就会发现，所谓的"限制豁免原则"或者"国家豁免的例外"不过是一种说法而已，两者本质上没有什么差异。（上述四个法律文件中对国家豁免例外情形的规定如表0-1所示）

对国家行为进行区分开始于19世纪末学者们对政府行政行为的区分和分析，这种分析导致的直接后果就是行政法和行政诉讼法的出台，从而结束了主权在国内法上的"神圣地位"，主权不再是绝对的概念，逐渐让位于公共服务的观念。[1] 这个观点也对外国国家在国内法上的地位产生了影响。也是在19世纪末，国际法的学者在国家豁免问题上就形成了绝对豁免理论和限制豁免理论之分。其中限制豁免理论的理论依据就是"国家双重行为论"，商业行为例外就属于非主权行为的一种，不能享有国家豁免。这种"国家双重行为论"从一开始就遭到支持绝对豁免原则的学者们的批评，以目的或者性质作为区分标准本身就不十分明

---

[1] ［法］狄骥：《公法的变迁》，郑戈译，中国法制出版社2010年版，第39页。

确,实际上很难适用。❶ 时至今日,这仍然是限制豁免原则和绝对豁免原则之间争论的焦点问题。从国内司法判例中反映出来的是国内法院不能对外国国家的主权行为进行裁决,这就是国家行为原则。该原则已经成为排除国内法院管辖权的法律依据。❷

表0-1 有关法律文件中对国家豁免例外情形的规定

国家豁免的例外情形	《联合国国家及其财产管辖豁免公约》	《关于国家豁免的欧洲公约》	《美国外国主权豁免法》	《英国国家豁免法》
明示同意行使管辖	第7条	第2条	1605条(a)款(1)项	第2条
反诉	第9条	第1条	—	第2条
商业交易	第10条	第4条和第7条	1605条(a)款(2)项	第3条
雇佣合同	第11条	第5条	1605条(a)款(5)项	第4条
人身伤害和财产损害	第12条	第11条	1605条(a)款(5)项	第5条
财产的占有、所有和使用	第13条	第9条和第10条	1605条(a)款(3)和(4)项	第6条
知识产权和工业产权	第14条	第8条	1605条(a)款(3)项	第7条
参加公司或其他集体机构	第15条	第6条	—	第8条
国家拥有或经营的船舶	第16条	—	1605条(b)款	第10条
仲裁协定的效力	第17条	第12条	1605条(a)款(6)项	第9条
酷刑和恐怖主义例外	—	—	1605条(a)款(7)项	—
增值税、关税等	—	—	—	第11条

注:按照《联合国国家及其财产管辖豁免公约》《关于国家豁免的欧洲公约》《美国外国主权豁免法》和《英国国家豁免法》的有关规定制作。

---

❶ 龚刃韧:《国家豁免问题的比较研究》,北京大学出版社1994年版,第59页。

❷ Environmental Tectonics v. W. S. Kirkpatrick, Inc., Development International Corporation, Dic (Holding) Inc., IDC International S. A, 847 F. 2d 1052, United States Court of Appeals, Third Circuit, May 9, 1988. "刚果(金)案"香港上诉法院判决,第37~38段。

0.1.2 选题的理论意义

国家豁免原则的理论基础是国家间主权平等，限制豁免原则的出发点是将国家的行为区分为主权行为和管理行为的国家行为原则，这两个原则的基础在当代国际社会是否仍然是绝对的、不可动摇的。

国家豁免原则的本质是基于主权国家的"身份"，国家享有绝对的属人豁免。然而，当国家已经从原来的"统治者"发展成现代社会的"服务者"时，国家还有资格享有这种绝对豁免吗？至少在国内法上，国家的行为受到宪法、行政法等法律的规范，而当一个主权国家到了另一个主权国家时却豁免于法律的规范，这种情况符合法治的要求吗？

限制豁免原则将焦点放在"属物"上，强调行为的差异，可是界定行为的标准又不能确定，这是困扰限制豁免原则的一个难题。即使如此也并不妨碍有关国家通过相关的立法，并且通过在具体案件中的适用来进一步解释这些原则、完善这些原则。正如一位英国法官在判决中所强调的那样，"……所有涉及国家豁免问题的案子都必须分析特定的事实而不是整个事件。如果将现在的案子套用以前的特定先例或者设计出情势分类，这些努力都会顾此失彼"。❶

国家豁免在国际法和国际关系中占据着重要的地位，国家豁免原则来源于国家的主权平等，国家豁免的例外背离了国家主权平等原则，同时，国家豁免原则与领土主权原则和绝对的司法管

---

❶ "刚果（金）案"香港上诉法院判决，第72段。

辖权原则相背离。❶

　　国家豁免的作用是使外国国家免于当地法院和执法机关的管辖。国家豁免是一个矛盾的集合体，一方面是国家间主权平等，另一方面是在国内主权最高。国家采取什么样的政策取决于国家站在哪个立场上，更看重哪一方面。同时，国家也应注意到，国际社会大环境已经发生改变，早已不是威斯特伐里亚的时代，对个人权利的关注、非政府组织的兴起、电子网络的发展，国际社会已不再只是国家间的国际社会，国家不仅要处理国与国之间的关系，还要直接面对为数众多的个人、非政府组织和国际组织，国家和这些主体之间的关系显然不能照搬国家间的关系准则来处理。国际法是处理国家间关系的规则，❷面临新的情况必须要作出调整，国家豁免原则作为国际法中的一个重要原则也面临着同样的问题。

0.1.3　选题的实践意义

　　最初研究国家豁免问题时以为这与国有企业的地位有关，经过研究才发现，国有企业的地位仅仅是国家豁免议题中一个极小的问题，更重要的是研究中国在国家豁免议题上立场的变化过程，这从一个侧面说明我国在法治建设上的发展历程，尽管至今中国政府仍然坚持绝对豁免立场，可同时中国政府又签署了《联合国国家及其财产管辖豁免公约》，中国作为国际社会的一员，又是联合国安理会的五个常任理事国之一，在国家豁免问题上是

---

❶ Para. 57, ICJ judgment on "Germany v. Italy", Feb. 3, 2012.

❷ 朱文奇：《国际法学原理与案例教程》，中国人民大学出版社2009年版，第3页。

否会一直抱持绝对豁免原则的立场不变呢？没有改革开放就没有今天的中国。改革开放就是要"变"，今天和昨天不一样，明天和今天也不会一样。中国在国家豁免议题上立场的改变只是一个时间问题。在联合国的公约还未生效之前我们应该抓紧这方面的研究，立法准备工作也该着手进行。即使《联合国国家及其财产管辖豁免公约》一直未能生效，也不影响中国颁布自己的国家豁免法。中国颁布国家豁免法的意义不仅在于表示中国法院对外国国家在中国的商业行为有司法管辖权，也意味着进一步完善中国的法律体系，中国的法治建设也更趋完备，中国政府的治理体系和治理能力的全面提升。

0.2　本书的结构

除引言和结语外，本书分为十章。这样设计的原因就在于国家豁免例外的情况就有十种之多，但作者并没有平均分配每一个例外的篇幅，而是有所侧重，将重点放在国家豁免的几个核心问题上。

本书的第一章就是一个核心问题，即享有国家豁免的主体，也就是国家，到底什么是国家，什么是主权。当国家豁免原则从绝对豁免原则发展到限制豁免原则时，国家的身份重要还是国家的主权职能重要？对于主权的议题笔者将其放在第八章里，实际上这是笔者对主权这个概念再认识的一个过程，同时讨论了国家行为原则。

本书的第二章到第六章是关于国家豁免例外的情形和执行豁

免,这其中又以商业例外和人身伤害和财产损害例外为主,结合有关国家的案例说明这些例外是如何适用的,同时也指出这些例外情形的不足。

本书的第七章是关于中国在国家豁免议题上立场的发展过程。虽然中国一直坚持绝对豁免原则的立场,但是中国对待有关国家豁免的诉讼的立场还是有变化的,这种变化说明的是中国建设法治化国家的过程,这个过程也是我国国家、政府和学者认识国家豁免原则的过程。中国已经签署了《联合国国家及其财产管辖豁免公约》,公约生效之时希望中国已经从绝对豁免立场转变到限制豁免立场。

本书的第八章到第十章讨论了与国家豁免原则有关系的几个问题,属于比较前沿的问题。第八章讨论的问题是主权和国家行为原则,第九章讨论的是国家豁免原则、强行法和国家责任的关系。国际法院2012年就"德国诉意大利案"作出判决之时笔者正在和几个师妹和师弟一起准备当年的杰塞普国际法模拟法庭比赛,当年的案例凑巧也类似,我们在讨论时就预测到国际法院不会支持意大利的。学习国际法的人都知道国际法院判例的分量,可是笔者仍然想探究一下实体法与程序法、强行法与程序法、首要规则和次要规则之间的关系,在适用的时候应该注意哪些问题。所以就有了第九章。

第三个问题在第十章里进行了讨论,就是限制豁免原则的理论基础。探讨这个问题是费力不讨好的,或许还会招来更多的批评,不过笔者愿意当那块引玉的"砖"。在限制豁免原则的理论上笔者借用了民法上的债权理论。笔者的想法是,首先作为法学体系一部分的国际法完全可以借用其他法律部门成熟的概念,完善自己的理论;其次民法中的物权和人身权都是通过冲突产生

"债权"才能"动"起来。当国家在行为过程中与个人或法人发生"冲突"时，不管这种行为是主权行为还是管理行为，都不得享有豁免。所以，适用债权理论已经远远超出了现有限制豁免原则里国家不得享有豁免的范围，所以要避免的是国家被滥诉的情况出现。这就是第十章的内容。

结语部分是对国家豁免原则的总结，首先在国际法治层面上，国家豁免原则还能坚持多久；从中国国内来看，国家豁免法的意义绝不仅仅是填补一块法律空白那么简单，而是与十八届三中全会确定的"推进国家治理体系和治理能力现代化"的总目标有关，与政府职能的现代化有关，与完善治理体系有关。

最后，将本书涉及的四个法律规定，即《联合国国家及其财产管辖豁免公约》《关于国家豁免的欧洲公约》以及《英国国家豁免法》和《美国外国主权豁免法》的法律条文作为附录部分，以便读者阅读和研究。

1

享有国家豁免的主体

没有国家的同意，一国法院不得对外国国家、政府机构或外交代表行使司法管辖权——这就是国家豁免原则。国家豁免是一种权利，只有国家才有权主张国家豁免的权利。那么哪些主体可以称为国家呢？中国是个国家，美国是个国家，哥斯达黎加也是个国家，国家有大小、强弱之分，但它们都享有主张国家豁免的权利。国家是一个不同于自然人、法人公司和其他组织的特殊主体，国家由众多的机构组成，包括政府、法院和立法机关等。这些机构如何主张国家豁免的权利呢？其他的自然人、法人和其他组织是不是就不能主张国家豁免呢？这些问题就涉及国家豁免的主体资格。

1.1 国家机构

国家豁免的主体是国家豁免中一个基本问题，国家的概念和外延是核心问题。从政治意义上来讲，国家是阶级矛盾不可调和的产物和表现；国家是阶级统治的机关，是一个阶级压迫另一个阶级的机关。[1] 在国际法上，国家是最主要的主体。

1.1.1 国家的定义

在国际法上，国家是主要的主体。国际法学者从不同角度对国家作出不同的定义，有的认为国家是"集中的法律秩序"

---

[1] ［苏］列宁：《国家与革命》，第 7~8 页，转引自周鲠生：《国际法》，武汉大学出版社 2009 年版，第 62 页。

(centralized legal order),有的认为国家是"按领土组成的政治团体",还有的认为国家是作为"事实"而存在的,还有的认为国家是一个具有主权的"政治体"。❶ 1933 年《关于国家权利和义务的公约》(以下简称《蒙得维的亚公约》)第 1 条规定:"国家作为国际法人,应具备下列条件:(1)固定的居民;(2)一定的领土;(3)政府;(4)与他国交往的能力。"国际法上对国家的定义以国家的构成为要素,包括 4 个组成要素:定居的人民、确定的领土、政府和对外交往的能力。❷ 国际法上国家的概念在很大程度上是为了区别于其他国际法主体,如国际组织、解放运动组织或个人。而国家在国家豁免中的含义与国际法上的概念既有联系又有区别。

对法院来说,确定诉讼当事人的主体身份至关重要,无论是奉行绝对豁免原则还是限制豁免原则,在确定了其"国家"的地位后才享有主张国家豁免的权利,这也是基于属人管辖权(*ratione personae*)理论的要求。绝对豁免原则给予国家的豁免不仅针对人,而且也是对物的管辖豁免,而限制豁免原则针对的是国家的行为,既非纯粹出于对人的管辖,也非纯粹出于对物的管辖,而是兼而有之,综合起来分析。❸

国家豁免原则不仅是实体法,也是程序法,其本质是外国主权国家在另一个国家国内法上的地位问题。

---

❶ 周鲠生:《国际法》,武汉大学出版社 2009 年版,第 62 页。

❷ 朱文奇:《国际法学原理与案例教程》,中国人民大学出版社 2009 年第 2 版:第 34 页。

❸ Draft Articles on Jurisdictional Immunities of States and Their Property, with Commentaries, 1991, p. 14, para 6.

1 享有国家豁免的主体

最初享有国家豁免权利的主体是各国的封建君主个人和其财产以及君主的代表，这种豁免后来延及共和国国家的元首、政府首脑、履行国家公权力的机构或个人以及国家财产，享有国家豁免的范围随着国家以及政府职能的扩大而扩大。《联合国国家及其财产管辖豁免公约》在一读时给国家的定义是：

（1）国家及其政府的各种机关；

（2）联邦国家的组成单位；

（3）授权为行使国家主权而行为的国家政治区分单位；

（4）国家机构或部门和其他实体，只要它们授权为行使国家主权权力而行为；

（5）以国家代表身份行事的国家代表。

在最终的草案里将国家的定义更改为：

（1）国家及其政府的各种机关；

（2）有权行使主权权力并以该身份行事的联邦国家的组成单位或国家政治区分单位；

（3）国家机构、部门或其他实体，但须它们有权行使并且实际在行使国家的主权权力；

（4）以国家代表身份行事的国家代表。

最终草案将一读稿中的（2）和（3）合并在一起，不再强调国家的组成形式，不管是单一制、联邦制还是邦联制，只要是国家行使主权权力的组成部分；最终草案将一读稿的（4）作了修改，在"行使国家主权权力"前添加了"并且实际正在行使"字眼，限定了国家机构、部门和其他实体不仅"拥有"授权，而且还必须是"实际正在行使"这种授权。《联合国国家及其财产管辖豁免公约》强调国家机构的公共职能，将国家豁免权利也赋予那些"实际正在行使"国家主权权力的机构、部门和其他实体。

《关于国家豁免的欧洲公约》和《英国国家豁免法》对国家的定义基本一致。享有国家豁免的主体包括：国家；行使公职的君主或其他元首；政府；政府各部，但不包括同该国家政府行政机构有别并具有起诉、被诉能力的任何实体，除非该实体正在为国家行使代理权的行为。❶ 美国的《外国主权豁免法》认为国家还应包括那些具有独立法人资格的法人公司和其他机构。❷

　　相比较起来，《关于国家豁免的欧洲公约》和《英国国家豁免法》对国家的定义较为保守，对国家的定义从结构主义出发，兼顾国家的职能；《联合国国家及其财产管辖豁免公约》扩大了国家定义的范围，将那些授权行使国家主权权力的机构、部门和其他实体也定义为国家，是结构主义和职能主义折中的体现；美国对国家的定义最为宽泛，从国家实现有效统治的现实出发，是国家职能主义的典范。

1.1.2　国家地位的判定

　　就现有的国家豁免方面的国内立法或者国际公约来看，立法的目的在于肯定国家基于属人理由（ratione persone）而在外国法院享有豁免的权利，只是在法律规定的例外情况下，基于属物（ratione materiae）理由——主要是从事商业活动——的情况下而不享有豁免。这也是限制豁免与绝对豁免之间的区别。

　　在国家豁免的案件中，首先要确定的就是被告的国家主体身份，即所谓的"属人"地位。一旦确定了被告的"国家"身份，

---

　　❶ 《关于国家豁免的欧洲公约》第 27 条，《英国国家豁免法》第 14 条。

　　❷ 《美国外国主权豁免法》第 1603 条（a）款和（b）款。

那么被告就有权主张国家豁免的权利。如果被诉的行为或者标的物——所谓的"属物"理由——属于国家豁免的例外情形,那么国家就不能享有国家豁免的特权。

国家是国际法的主体,也是国家豁免的主体。但在国家豁免中的国家要比国际法中国家的定义宽泛得多。在国际法中,国家是一个集地域、国民、政府和人格能力于一体的抽象的概念。国家本身不可能行使权利(力)也不能承担责任,而是由国家的政府来行使权利(力)和承担责任。在国家豁免领域,国家不仅包括国家本身,还包括国家机构的组成部分或者说国家政权的组成部分,如政府的各种机关,行使主权权力的国家的政治区分单位,有权行使并正在行使国家主权权力的国家机构、部门或其他实体、国家元首、外交代表以及以国家代表身份行事的个人。❶从属人理由方面来看,上述这些机构都具有"国家"的身份,因而享有国家豁免的权利。

国家和国家政权的组成部分是两个完全不同的概念,国家是一个抽象的实体,而一个国家的政权组成部分却是实实在在的一个个的实体,各国的政权组织形式和结构各不相同,由此而产生一个问题,一个国内法院依据什么法律判断另一个主权国家内部政权组织是否具有国家的地位呢?目前主要有三个方法,一个是看政府的组织结构,一个是看功能,还有一个就是将这两者结合起来。

---

❶ 2004年《联合国国家及其财产管辖豁免公约》第2条1款(b)项;美国1972年《外国主权豁免法》第1603条(a)、(b)款;英国1978年《国家豁免法》第14条(1)款。

1.1.2.1 美国的立场

美国对国家的定义最为宽泛,体现了国家的功能主义特点。

《美国外国主权豁免法》第 1603 条(a)款规定,外国国家包括"外国国家的政治机构,或符合(b)款规定的外国国家的代理机构或部门"。第 1603 条(b)款(2)项规定"外国的代理机构或媒介"是指:(1)独立的法人、公司或非社团法人;(2)外国机关或其政治分支单位,或外国国家或其政治分支单位拥有主要股份或其他所有权权益的机关;(3)此机关既不是第 1332 条(c)款和(e)款所规定的美国某州的公民,也不是依任何第三国的法律成立的实体。

按照这个规定,国家包括:(1)外国的政治机构,包括单一制国家的中央政府和地方各级政府,也包括联邦制和邦联制国家的中央政府和政治分支机构;(2)外国的独立法人或者公司;(3)外国国家或政治分支机构;(4)外国国家或其政治分支机构拥有主要股份或其他所有权权益的机构。

在司法实践中,被告承担证明自己是国家的责任。然而,这种证明需要达到什么程度却因"案"而异。美国第二巡回上诉法庭 1991 年审理了"纽约摩根信托公司等诉帕劳共和国案"(以下简称"帕劳案")❶,就帕劳的国家地位问题进行了详尽的阐述,可以说,这个案件较全面地阐述了美国法院对"国家"的认识。

---

❶ Morgan Guaranty Trust Company of New York, Morgan Grenfell & Co., Limited, The Bank of Tokyo Limited, The Governor and Company of the Bank of Scotland and Orion Royal Bank, Limited, v. REPUBLIC OF PALAU, No. 1427, Docket 89-7096, 924 F. 2d 1237, United States Court of Appeals, Second Circuit, Feb. 4, 1991, http://openjurist.org/924/f2d/1237/morgan-guaranty-trust-company-of-new-york-v-republic-of-palau.

"帕劳案"的基本情况是:帕劳为了建设电力工厂和储油设备而向私人借款,纽约摩根信托公司等几家银行为帕劳提供了担保。后来帕劳无力支付借款,这些担保公司替帕劳支付欠款。在向帕劳追索无果的情况下,它们在纽约州最高法院提出赔偿的诉讼,要求帕劳支付总额 4500 多万美元的欠款。帕劳则根据《美国外国主权豁免法》第 1603 条的规定将案件提交到纽约南区法庭审理。南区法庭最后判决认为帕劳是一个主权国家,拒绝了担保公司的索赔请求,同时也拒绝了帕劳提出的 2 项反诉。这几家担保公司上诉到第二巡回上诉法庭。上诉法庭于 1991 年 2 月 4 日作出了最后的判决。在判决中,上诉法庭主要讨论了对"国家"身份的认定问题,认为地区法院作出帕劳是一个主权国家的结论是错误的。

那么,上诉法庭是如何判定帕劳的国家身份呢?

首先,上诉法庭引用了美国最高法院 1936 年在"美国诉 Curtiss-Wright 出口公司案"的判决。在 1936 年的案件中,美国最高法院罗列了主权国家应具备的特性:有权宣战和发动战争;缔结和平协议;和其他主权国家保持外交联系;通过发现和占领获得领土;缔结国际协议和条约。❶ 对于国际法上关于国家的概念,美国法院这样理解:第一,国家拥有对领土的统治权和对其国民的权威;第二,国家是一个法人,可以根据自己的权能拥

---

❶ Para. 36, Morgan Guaranty Trust Company of New York, Morgan Grenfell & Co., Limited, The Bank of Tokyo Limited, The Governor and Company of the Bank of Scotland and Orion Royal Bank, Limited, v. REPUBLIC OF PALAU, No. 1427, Docket 89-7096, 924 F. 2d 1237, United States Court of Appeals, Second Circuit, Feb. 4, 1991, http://openjurist.org/924/f2d/1237/morgan-guaranty-trust-company-of-new-york-v-republic-of-palau.

有、获得和转移财产，签订合同和国际协议，成为一个国际组织的成员，也可以起诉或者被诉；第三，和其他国家一起创制国际法，不管是习惯国际法还是国际协议。❶

其次，上诉法庭分析了帕劳获得独立的关键证据——美国和帕劳之间的《自由联合协定》（Compact of Free Association）的效力。

关于《自由联合协定》的效力问题有必要简要回顾一下帕劳的历史。帕劳是南太平洋上的群岛国。1783年葡萄牙人首先发现了这个地方，1899年西班牙人将其卖给了德国。第一次世界大战后由日本托管，第二次世界大战时盟军占领了这里。1981年获准成立自治政府，称为"帕劳共和国"。第二次世界大战之后，1947年4月2日，安理会和美国达成了《前日本占领之岛屿托管协议》（Trusteeship Agreement for the Former Japanese Mandated Islands），将帕劳在内的2100个岛屿交给美国托管。❷ 该托管协议第6条第1款规定，任何托管领土托管地位的改变都必须经过安理会的同意。为了便于管理，美国将这些岛屿分成4个部分，即北马里亚纳群岛邦（the Northern Mariana Islands）、马绍尔群岛（the Marshall Islands）、密克罗尼西亚群岛（the Federated States of Micronesia）和帕劳（Palau）。前三个群岛都于1986年解决了其地位，其中北马里亚纳群岛邦并入美国，马绍尔群岛和密克罗尼西亚群岛获得独立，并于1991年结束托管，加入联合国。唯独帕劳直到1994年10月1日才独立。帕劳一直未获得独立地位是

---

❶ U. S. Restatement 3d Sec. 206.

❷ 联合国文件，61 Stat. 3301, T. I. A. S. No. 1665, 8 U. N. T. S. 189 (1947)。

因为帕劳和美国之间的《自由联合协定》一直未获得帕劳宪法规定的75%登记选民投票通过。帕劳1981年颁布的宪法被称为"非核宪法",其中一条规定,凡是在帕劳境内"为了在战争中使用而进行的使用、实验、储存或者处置核武器、有毒化学武器以及其气体或者生物武器"❶ 都要经过帕劳75%登记选民的投票。而美国和帕劳签订的《自由联合协定》中有关于帕劳允许美国在帕劳境内放置核武器的条款。因此,美国和帕劳不得不重新修订了这一条款,改为帕劳允许美国"将核动力船只和飞机置于帕劳的管辖权之下,只要帕劳当局既不承认也不拒绝这类武器在帕劳境内出现或者消失"❷。修改后的《自由联合协定》获得了帕劳72%选民的支持。之后,美国国会和总统批准了该协议。然而,帕劳最高法院却认为该《自由联合协定》并没有达到宪法规定的75%的支持率,因而认定该协议在帕劳并没有获得批准。上诉法庭因此认为《自由联合协定》一直没有生效,帕劳也没有结束被托管的地位,因而帕劳还不是一个《美国外国主权豁免法》中享有豁免的主权国家。

再次,上诉法庭将"帕劳案"和1954年也是由第二巡回上诉法庭审理的另一个案件 Murarka v. Bachrack Bros., Inc. 作了比较,这是因为帕劳案的起诉方一直在引用1954年案件中关于"事实(上)的"(de facto)国家的论点。上诉法庭将这两个案件作了比较,认为在"帕劳案"中引用1954年的案件是不合适的。那个案件的情况是,Murarka 先生1954年时在印度德里做生意,和被告签订了购买军用跳伞的合同,因为被告违反了合同

---

❶ 帕劳宪法第二章第3部分。
❷ 1986年美国和帕劳《自由联合协定》,第324条。

Murarka 先生提出了诉讼，为了确定 Murarka 先生的国籍就要确定印度是否是一个主权国家。当时的法庭认为印度是一个独立的主权国家，理由是：（1）原告提出起诉和印度独立之间只差 1 个月的时间；（2）在诉讼程序开始之前美国和印度已经互派了大使；（3）就在起诉 4 天之前，英国议会通过了《印度独立法》；（4）在起诉进行的 5 年半之前，印度已经开始了独立进程，印度的独立是确定无疑的。❶ 在 Murarka v. Bachrack Bros., Inc. 案中，当时的法庭认为"大量（事实上的）承认印度政府正在脱离与英国之间的联系"，❷ 而在"帕劳案"中，帕劳还没有脱离美国的托管，即使帕劳自己也承认帕劳的独立还没有一个时间表，帕劳的事务还是由美国控制，特别是立法。当然，如果帕劳通过了和美国签订的《自由联合协议》，那么帕劳的独立就变得不可避免，仅仅是一个时间问题。而实际上，帕劳政府还不能完全有效地控制自己的内部事务，这种致命的"缺陷"在任何一个主权国家看来都是不可想象的。

"帕劳案"中在对主权国家进行"国家"定义时有几点值得注意：

第一，"帕劳案"反映了美国对国家定义时功能主义的立场十分明显。帕劳已经建立起了自己的自治政府，有自己的宪法，还有自己的最高法院，除了外交和国防事务之外，帕劳已经具备了一个"国家"的形式和结构。然而，此时的帕劳还不是一个完全意义上的"国家"，关键在于美国的托管当局——最高行政长官（the High Commissioner）仍然履行着托管职责，如审核预算、

---

❶ "帕劳案"第 51 段。
❷ "帕劳案"第 52 段。

修改法律等，帕劳的自治政府通过最高行政长官的授权而管理这个国家。而作为独立的主权国家来说，管理自己领土和国民的权威是最高的，不需要其他人或者其他国家或者其他实体的授权。

第二，对有关"事实上的"国家进行了比较和解释。印度独立之前是英国的殖民地，英王通过自己的代理——总督——管理印度。印度在独立之前几年也已经具备了一个国家的形式，情形和帕劳极为类似。印度和帕劳之间的区别在于，印度在最近的未来成为一个完全的主权国家是"确定无疑的"事，而帕劳是否会成为一个主权国家还无法确定。确定印度即将成为一个主权国家也是基于一系列已经发生了的事件，比如，英国议会通过了印度独立法，美国和印度已经互派大使。这些已经发生的事件作为"事实"来证明一个主权国家的存在，是不容忽视和毋庸置疑的"事实"问题。

在美国大量的司法案例中，更多的还是有关外国公司的法律地位问题，特别是那些外国国有公司，它们是否可以被当做"国家"而享有国家豁免的权利呢？

1998 年"Voest-Alpine 商业美国公司（Voest-Alpine Trading USA Corporation）诉中国银行及中国银行纽约支行案"中，作为被告的中国银行必须首先证明自己是一个"国家"。原告和被告之间对中国银行是中华人民共和国的独立实体的地位都没有争议，❶ 都认为中国银行可以享有国家豁免。但在案件审理过程中，

---

❶ Voest-Alpine Trading USA Corporation v. Bank of China; Bank of China New York Branch, para 14, No. 97－20322., 142 F. 3d 887, United States Court of Appeals, Fifth Circuit., June 12, 1998. http：//openjurist.org/142/f3d/887/voest-alpine-trading-usa-corporation-v-bank-of-china.

被告在证明自己具有"国家"的身份时只需要提供"初步的"（prima facie）证据就可以。这一原则是在另一个较早的案件中确定的。

1993 年发生了"Cargill 国际公司（Cargill International S. A.）和 Cargill B. V. 诉 Novorossiysk 船舶公司（Novorossiysk Shipping Co.）案"（以下简称"Novorossiysk 案"）。该案的基本情况是，Cargill 公司是一家主营业地在阿姆斯特丹的荷兰公司。1988 年，Cargill 公司通过瑞士一家公司——CISA 公司经过特许协议租用 Novorossiysk 公司的船舶在阿根廷、巴西和荷兰之间运输油产品。Novorossiysk 公司是一家俄罗斯的国有公司，此时俄罗斯已经开始私有化过程，但还没有完成。但在油产品运到阿姆斯特丹后，Cargill 公司检查后发现这批油在运输途中受到了污染，于是 Cargill 公司提出索赔 92 万美元的诉讼。1992 年 2 月 26 日，纽约南部地区法院作出判决，支持 Novorossiysk 公司的豁免请求，拒绝了原告的诉求。在上诉阶段，第二巡回上诉法庭首先审理的问题之一就是，Novorossiysk 公司是否是一个主权实体而享有管辖豁免，什么样的证据足以证明这一结论。CBV 公司向上诉法庭提交的一些文件表明 Novorossiysk 公司正在进行私有化的改革。法庭经过调查后证明，俄罗斯政府同意了 Novorossiysk 公司的私有化计划，然而 Novorossiysk 并没有实施出售股份或者任何私有化的步骤。尽管第一部分股份已经派发，但还有将近一半的股份要在俄罗斯国有资产基金会（the Russian State Property Fund）保留 3 年。因此，法官认为："只要被告初步（prima facie）证明自己的国家身份，按照《外国主权豁免法》的规定，原告就要接着承担证明被诉行为不属于国家豁免例外情形的责任。"❶ 该案的法官认为,在前社会主义国家正在进行的国有公司私有化过程中,国家还可能继续为国有企业的财务负责,特别是被诉行为发生在企业还在政府控制的时期。❷ 法官因此认为,按照《美国外国主权豁免法》的规定,一个正在进行私有化改革的实体还是可以被当作"国家"来对待,从而享有国家豁免的特权。

在2002年的另一个案件中,即"H. Henry Keller; H. K. Enterprises, Inc. 诉尼日利亚中央银行及 Paul Ogwuma、Alhaji Rasheed 和 Alhaji M. A. Sadiq 案"❸ (以下简称"尼日利亚中央银行案")中,作为被告的三个人必须证明自己是尼日利亚中央银行的代表(代理)。在这个案件中,原告和自称是尼日利亚的 Arthur Ossai 王子签订一起向尼日利亚销售流动医疗设备的合同,为此,尼日利亚政府要在尼日利亚中央银行存放 2 500 万美元作为合同的保证金。Paul Ogwuma、Alhaji Rasheed 和 Alhaji M. A. Sadiq 伪称为了支付这 2500 万美元,原告 Keller 必须先要支付一笔总计 28 950

---

❶ Cargill International S. A. and Cargill B. V. v. Novorossiysk Shipping Co., para. 16, 991 F. 2d 1012, 1994 A. M. C. 2258, No. 960, Docket 92 – 7876., United States Court of Appeals, Second Circuit. http://openjurist.org/991/f2d/1012/cargill-international-sa-bv-v-mt-pavel-dybenko.

❷ Cargill International S. A. and Cargill B. V. v. Novorossiysk Shipping Co., para. 13, 991 F. 2d 1012, 1994 A. M. C. 2258, No. 960, Docket 92 – 7876., United States Court of Appeals, Second Circuit. http://openjurist.org/991/f2d/1012/cargill-international-sa-bv-v-mt-pavel-dybenko.

❸ H. Henry Keller; H. K. Enterprises, Inc. v. Central Bank of Nigeria; Paul Ogwuma; Alhaji Rasheed; Alhaji M. A. Sadiq. Case number:00 – 3369, United States Court of Appeals for the Sixth Circuit, 01 – 16 – 2002. http://openjurist.org/277/f3d/811/henry-keller.

美元的手续费,并告诉原告,这笔保证金要到伦敦提取。原告支付了这笔钱,并赶到了伦敦。而在伦敦,根本就没有尼日利亚中央银行的代表。原告意识到这是欺诈,于是在俄亥俄州克利夫兰的北区法庭以违反《欺诈和腐败法》(Racketeer Influenced and Corrupt Organizations Act)为由提起诉讼,被告则援引《美国外国主权豁免法》要求撤销此案。

地区法庭调查后认为,被告不享有国家豁免是因为"商业活动"例外,因而准许按照《欺诈和腐败法》程序继续对被告进行诉讼程序,被告不服上诉到第六巡回法庭。上诉法庭认为,《美国外国主权豁免法》第1603条a款规定"外国国家"包括"外国国家的代理或者机构",而且,一般来说,外国主权豁免会给予那些按照官方授权行事的个人,❶因此,个人作为政府银行的代表将会免于诉讼。但是,如果个人的行为超出了授权的范围就不再享有豁免,"主权豁免……不适用于那些行事超出授权范围的官员"。❷

上诉法庭认为,被告三人的行为仍然在尼日利亚中央银行授权的范围内,虽然其动机是不正当的。尽管被告们应该享有国家豁免的权利,然而法庭依然拥有管辖权,因为被诉行为是商业行为例外。

1.1.2.2 英国的立场

1978年《英国国家豁免法》第14条"享有豁免权与特权的

---

❶ H. Henry Keller; H. K. Enterprises, Inc. v. Central Bank of Nigeria; Paul Ogwuma; Alhaji Rasheed; Alhaji M. A. Sadiq. Case number: 00 – 3369, United States Court of Appeals for the Sixth Circuit, 01 – 16 – 2002. http://openjurist.org/277/f3d/811/henry-keller.

❷ Ibid..

国家"的规定，其中第1款是有关国家本身的规定，第2~5款是对国家定义的延伸。第14条的具体规定如下：

（1）本法本篇规定的豁免权和特权，适用于任何外国或英联邦内联合王国以外的国家，其所指国家，还包括：

（a）该国行使公职的君主或其他元首；

（b）该国政府；以及

（c）该国政府各部，

但不包括同该国家政府行政机构有别并具有起诉、被诉能力的任何实体（以下称"独立实体"）。

（2）独立实体仅在下述条件下，不受联合王国法院的管辖：

（a）诉讼涉及该独立实体为国家行使代理权所为的行为；并且

（b）该国家于同样情况下可享有豁免（或者，在适用上述第十条规定的诉讼中，该国不是布鲁塞尔公约成员国）。

（3）如独立实体（非国家中央银行或金融当局）在依上述（2）款可享有豁免权的诉讼中，自愿接受管辖，则上述第13条第（1）~（4）款适用于国家的规定，亦适用于它们。

（4）国家中央银行或其他金融机构的财产，不得认为是上述第13条（4）款所指用于或拟用于商业目的的财产；在此种银行或机构为独立实体时，第13条第（1）~（2）款适用于国家的规定，亦适用于它们。

（5）上述第12条的规定，亦适用于对联邦国家组成区域提起的诉讼；女王陛下并得以枢密院的命令，将本法本篇其他适用于国家的条款，适用于枢密院命令所特别指明的这种组成区域。

（6）本法本篇的规定，依枢密院的命令，不适用于某一组成区域时，本条上述第（2）~（3）款将把它当做独立实体而予以适用。

从条款本身来看,英国将国、国家元首、国家政府及其各部视为"国家",而其他的所谓"独立实体"、国有银行等原则上并不享有国家所享有的国家豁免权,这些实体享有国家豁免必须满足一定的前提条件。

以下几个案件可以更具体地阐释英国法院是如何适用法律的,这其中最多被引用的是1920年的"路德诉塞格尔案"(Luther v. Sagor)❶ 和1950年的"两航公司案"(Civil Air Transport Inc. v. Central Air Transport Corp.)❷,以及2002年的"科威特航空公司诉伊拉克航空公司案"(Kuwait Airways Corporation v. Iraqi Airways Company)❸。

1920年"路德诉塞格尔案"的事情发生在1918年的苏联。苏联1918年6月颁布了没收法令(decree of confiscation),原告的木材加工厂及大量木材被没收。1920年8月被告从苏联购买了大量木材并进口到英国。原告向法院申请禁止令(injunction)以禁止被告处理这批货物,并提出了赔偿损失的要求。一审法院作出了有利于路德公司的判决。被告方上诉到了英国上诉法院,1921年4月12日,被告代理人写信给英国外交部要求出具证明,

---

❶ A. M. Luther (Company For Mechanical Woorworking) v. James Sagor And Company, judgment of appeal in 1920. A. 1861, http://www.uniset.ca/other/buttes/19213KB532.html.

❷ [英]伊恩·布朗利:《国际公法原理》,曾令良等译,法律出版社2007年版,第87页。

❸ Kuwait Airways Corporation v. Iraqi Airways Company, judgment of House of Lords, 16 May 2002, http://www.publications.parliament.uk/pa/ld200102/ldjudgmt/jd020516/kuwait-1.htm.

证实苏维埃政府是英国承认的事实上的政府。1921年4月20日外交部回信，声明：（1）英国政府1921年4月20日已经承认苏联政府是"俄罗斯事实上的政府"；（2）在苏联政府之前的联合政府已于1917年12月被解散；（3）联合政府也是英国承认的政府。

上诉法院在审理中主要面临两个问题：第一是法律问题，1921年4月20日英国政府对苏维埃政府事实上的承认有什么影响，是否可以追溯到苏联政府成立之日；第二是事实问题，是否有充足的证据表明苏联政府进行的征收以及销售行为是有效的。

在判决中，法官们一方面认为，在某种意义上对于一个政府事实上的承认和法律上的承认之间可以作出区别，这种区别主要是在承认的溯及力是否可以回溯到政府的成立之日。在考虑到外交部的来信中声明已经承认苏维埃是俄罗斯事实上的政府的情况下，法官们认为"承认原则上可以追溯到英国政府接受苏维埃政府事实上确立其权威的日期"。❶ 另一方面法官们虽然认为应该适用1918年的没收法令，却囿于英国的法律及道德（morality）认为这个法令是无效的，然后又承认这样的见解过于大胆（bold proposition），所以还是应该承认这个法令的效力。最后，还是作出了对被告有利的判决。

本案的主要问题是，对外国国家或者政府的"事实承认"和"法律承认"之间有什么区别？英国法院以政府行为是否有"追溯力"作为区别的标准，但这个标准又被后来的"两航公司案"推翻了。

---

❶ ［英］伊恩·布朗利：《国际公法原理》，曾令良等译，法律出版社2007年版，第85页。

"两航公司案"的主要问题是承认的追溯力。1949年12月12日,已经退守台湾的国民党政府将中央航空运输公司所属的40架飞机通过美国的2个中间人卖给了原告。中央航空运输公司的总经理在1949年11月飞到北京发表声明,中央航空运输公司已经起义不再受国民党政府的领导,而听从中华人民共和国中央人民政府的领导。实际上,这40架飞机已经处于北京政府的控制之下。英国外交部向香港最高法院发出证明信,说明英国政府承认直到1950年1月5~6日国民党政府为中国法律上的政府,在此之后承认中国共产党政府为中国法律上的政府,此外,英国承认国民党政府是其现有控制领土的事实上的政府,而共产党政府是其现有控制领土的事实上的政府。❶

在香港进行的初审和上诉都作出了有利于被告的判决,理由是,国民党政府1949年12月12日的销售行为无效,因为其行为缺乏善意而且动机不正当,此外,英国承认中国共产党政府为法律上的政府可以追溯到1949年10月1日,中国共产党政府才是中央航空运输公司真正的所有者。

然而枢密院的司法委员会在其判决中却认为:"交易的有效性要按照当时的情况决定,而不是由随后发生的事情决定。在1949年12月12日,国民党政府是中国的法律上的政府,中央航空运输公司是其中的一个机构,其财产也属于国民党政府所有……而截止到1949年12月12日,英国政府是否撤回了对国民党政府法律上的承认只是一个猜测(at best, a matter of specula-

---

❶ Civil Air Transport Inc. v. Central Air Transport Corp., American Society of International Law, Vol. 47, No. 2 (Apr. 1953), pp. 328~331, http://www.jstor.org/page/info/about/policies/erms.jsp.

tion）。……一个政府决定购买还是出售自己的财产并不取决于外国法庭的观点，而且其行为是否是针对某种其他的利益是一个政治问题（而不是一个法律问题）。"❶ 关于承认的溯及力问题，该委员会认为："……在特定的案子里，因武装斗争获得法律上承认的新政府可以宣布前政府的销售行为无效。如果前政府销售的物品处于继后新政府有效控制的地区，且该新政府又被承认为事实上的政府，但是如果前政府重新获得了该地区的控制并重新占有这些货物的话，那么前政府的销售行为还是有效的。但是，如果前政府无法获得那些货物，而获得事实上承认的新政府后来又被英国政府承认为法律上的政府的情况下，那么从前政府处购买货物的购买人就不能在英国法庭主张对货物的权利。总之，承认的追溯力及于获得事实承认且随后又被法律承认的政府，但并不必然地使前一个获得法律上承认的政府的行为无效。在本案中，发生在香港的事件是由事实上的共产党政府在1950年1月6日承认发生改变之前进行的——是无效的，因此，1949年12月12日的合同是有效的。"显然，法官们的判决忽略了这样一个事实，即在香港的中央航空交通公司员工已经代表中央政府而"有效控制"了这40架飞机。

以上两个案件发生的时间较早，反映了英国在当时对国家的认识，它与承认以及承认的追溯力联系在一起，并引申出"有效控制"原则。在"路德诉塞格尔案"中，法官们认为，法律承认和事实承认之间没有什么分别，承认的溯及力并不能说明两者之

---

❶ Civil Air Transport Inc. v. Central Air Transport Corp., American Society of International Law, Vol. 47, No. 2（Apr. 1953）, pp：328~331, http：//www.jstor.org/page/info/about/policies/erms.jsp.

间的区别。也就是说，承认没有"法律上"的承认和"事实上"的承认之分，承认的追溯力及于这个国家或者政府成立之时。承认对国内法具有实际的意义，承认之后国内的法庭就要在以外国国家为被告的案件中按照对待国家的程序和规定进行。在"两航公司案"中，法官们认为，承认的溯及力当然可以追溯到先获得事实承认而后又获得法律承认的政府，但仅限于该政府实际控制的领土范围内。这种承认尤其针对外国政府的承认。未获得承认的国家或者政府在英国不能主张国家豁免，也不能作为原告在当地法院提起诉讼。❶

这种模棱两可的态度直到 1992 年 "索马里共和国诉伍德豪斯，迪拉克和卡雷（瑞士）案"（Republic of Somalia v. Woodhouse, Drake & Carey）（以下简称"索马里案"）❷ 才发生了变化。该案的基本情况是，索马里政府采购了大批粮食运到了摩加迪沙，但由于内战而无法靠岸卸货。问题出在交易的时间上，1991 年 12 月，索马里总统巴里（President Barre）被推翻，索马里陷入了混战，没有一个组织能行使政府职权。1992 年 7 月非洲统一组织和欧共体共同牵头在吉布提召开了一个国际会议，承认由阿里·马哈迪·穆罕默德领导的联合政府是索马里的合法政府，尽管联合政府根本不能控制索马里的局势。阿里·马哈迪·穆罕默德指示伦敦的官员支付这笔粮食款项。但这个指示遭到了索马里前总统巴里任命的驻联合国大使的反对。

---

❶ [英] 伊恩·布朗利：《国际公法原理》，曾令良等译，法律出版社 2007 年版，第 85 页。

❷ State Immunity, Selected Materials and Commentary, Andrew Dickinson, Rae Lindsay & James P Loonam, Oxford University Press, p. 398.

在进行了听证之后，Hobhouse J. 法官认为索马里不存在政府，因此无人有权指示付款。Hobhouse J. 法官没有采纳有关英国政府已经"暗示承认"（implied recognition）了索马里联合政府的观点。Hobhouse J. 法官认为，关键要看这个政权（regime）是否"对这片国家领土进行有效的控制"，而且这种有效控制还应该"持续下去"。而对于英国外交部给法庭的说明英国政府与索马里联合政府的交往是"正常政府之间的交往"（normal government to government basis）的信函时，这位法官认为，外交部的来信只是证据的一部分，它说明了在外国的领土上发生了什么，这是英国政府处理与外国政府事务的最好的事实证据。政府在处理对外关系时会考虑政策的影响，也许会受法律的影响，但法庭只能考虑法律因素。如果英国政府与之打交道的这个联合政府是一个正常政府的话，那么这个政府不应该是推测出来的政府，也不应该受到质疑。

从这几个案例我们可以看到英国法院对于外国国家和政府的理解是一个不断发展的过程。

英国法院在判定外国国家或者政府时和美国法院的做法一样，都会征求本国政府的意见，法院要对政府意见进行法律解释，主要是关于承认的溯及力问题。英国法院已经从"事实承认"和"法律承认"的纠结不清中摆脱出来，更看重一个政权是否"有效控制"（effective control）及控制的连续性。这个转变说明，不管政府出于何种考虑承认或不承认外国国家或政府，法院考虑的只是法律问题，由此就会导致行政机构和法院的结论不一致的结果。

按照《英国国家豁免法》第 14 条（1）款（b）和（c）项规定，国家、政府和政府各部享有豁免权，但那些具有起诉、被诉能力的独立实体并不享有国家豁免权。英国的法律将可享有国家豁免权的主体范围限制在一个相对小的范围里，对于那些主张国家豁免的独立实体，法院只要审查独立实体是否获得了政府授权并且正在执行授权就可以。1996~1997年的"Propend金融公司诉辛案"（Propend Finance Pty Limted v Sing，以下简称"辛案"）❶中，英国上诉法院认为，被告警察和警察的上司"应该获得国家豁免"，警察行使职责是政府行政活动的一部分。

英国法院在判断被告是否是外国国家时遵循以下几个基本原则：(1)判断一个机构是否是政府部门不应只考察单一的因素，而要结合所有的有关情况综合考虑；(2)机构所属国家的法律是应考察的一个相关因素，但不是决定性的，法人存在的状态不能成为其作为政府部门的证据；(3)对一个机构的组成、功能、职权和活动及其与国家的关系进行详细的分析是非常必要的，而国家控制的事实并不是一个充分的条件；(4)法庭在将一个独立法人当作一个政府部门之前应该保持审慎的态度；(5)对于中央银行来说，其功能和独立性往往使其不像一个单独的法人，更像一个政府部门。❷

当一个外国独立实体主张国家豁免的特权时还必须满足两个条件：第一，独立实体必须证明自己是在履行国家或者政府授权的行为。这一点英国和美国类似。第二，独立实体正在履行国家

---

❶ Propend Finance Pty Limted v Sing and ANR［1997］EWCA Civ 1433, 17th April, 1997, England and Wales Court of Appeal（Civil Division）Decisions, http：//www. bailii. org/ew/cases/EWCA/Civ/1997/1433. html .

❷ State Immunity, Selected Materials and Commentary, Andrew Dickinson, Rae Lindsay & James P Loonam, Oxford University Press, p. 403.

或者政府授权的权力，这时的关键问题是主权行为和商业行为之分。

在"科威特航空公司诉伊拉克航空公司案"（以下简称"科伊航空公司案"）中，上议院法官在判决中认为，伊拉克政府1990年9月17日发布的第369号法令，伊拉克航空公司吞并科威特航空公司并将飞机转移到伊拉克的行为是在行使国家主权权力，可以享有国家豁免权；而在1990年9月17日之后伊拉克航空公司扣留和使用这些飞机的行为并不是主权行为，因而不能获得国家豁免权。❶

上议院将案件分成以1990年9月17日第369号颁布征收令为限分为前后两个部分，前部分的行为被认定为主权行为的理由是：伊拉克航空公司这样做并不是在做一项商业工作，而是在执行伊拉克政府夺取科威特飞机并将其转移到伊拉克境内的主权行为。而在1990年9月17日以后，伊拉克航空公司使用科威特航空公司的飞机进行商业飞行的行为不是在执行第369号法令，而纯粹是一种商业行为，因而不得享有国家豁免权。❷

少数派的马斯蒂尔法官（Lord Mustill）和斯林恩法官（Lord Slynn）则采用了整体的观点来看待这个问题。两位法官认为，《英国国家豁免法》的目的在于给予外国国家在英国法院的豁免权和特权，只是在例外的情况下国家才不享有豁免。对于那些行

---

❶ Para 44, reported at [1995] 1 WLR 1147, Kuwait Airways Corp v Iraqi Airways Co [2004] EWHC 2603 (Comm) (12 November 2004), http://www.bailii.org/ew/cases/EWHC/Comm/2004/2603.html.

❷ Para 132, Judgments of Kuwait Airways Corporation v Iraqi Airways Company and Others, House Of Lords, http://www.publications.parliament.uk/pa/ld200102/ldjudgmt/jd020516/kuwait-1.htm.

使国家主权权力的独立实体来说，它们也应该享有国家豁免。《英国国家豁免法》第3条（3）款（c）项和第14条2款的规定是一致的。在本案中，如果接收和转移这些飞机的工作是由伊拉克国家或者政府进行的话，那么伊拉克就应该享有国家豁免，实际情况是这些行为是由伊拉克航空公司完成的，那么按照《英国国家豁免法》第14条2款的规定，伊拉克航空公司当然也应该享有国家豁免。而伊拉克航空公司之后对这些飞机的使用是前面征收行为的必然后果，是与前面的行为联系在一起的一个整体。

但是，大多数的法官并不这么认为。他们认为伊拉克航空公司对这些飞机采取了一系列的行为，其中的每个行为都应按照国家行为原则进行检验。结果就是按照法令授权进行的行为可以享有国家豁免，而其他的行为因为是商业行为不得主张国家豁免。

"科伊航空公司案"法官们之间的争论针锋相对，按照多数法官的逻辑，独立实体享有国家豁免的范围将继续缩小，独立实体享有国家豁免的行为仅仅限于国家或者政府授权的行为，这种行为有可能是单一而独立的"一个"行为，也有可能是由"一系列"行为组成的。因此，就独立实体在英国享有国家豁免的条件方面，"科伊航空公司案"的判决结果不会令那些外国国有独立实体高兴。当然这个案件是否反映了英美国家法院在这个问题上的趋势还要继续观察。

1.1.3 法院和行政机构的"口径一致"

国际公约和国内法从不同方面定义国家，目的是确定被告人的身份，以便确定被告是否有资格享有国家豁免权，进而确定法院的管辖权。然而在具体的诉讼中要确定被告的国家主体地位并不容易，法律和政治的考量会得出不同的结论。英美等国法院在面对这个问题时会寻求本国政府的意见,但是否接受政府的意见则由法院来决定。这个问题在香港"刚果(金)案"中也有所涉及,这是以国家为被告的诉讼中比较特别的一个问题。

1.1.3.1　香港法院与行政机构的"口径一致"

香港"刚果(金)案"中,除了原讼法庭以外,上诉法庭和终审法庭的法官都用了不少篇幅来论述"口径一致"问题。❶ 有的法官认为,法院和行政机构保持"口径一致"仅限于国家身份的认定,至于香港是奉行绝对豁免原则还是限制豁免原则是香港法院自己可以解决的问题,这关乎香港法院的司法独立。而刚果(金)及中国公司的代理人认为,"口径一致"不限于对国家地位的承认,还包括应该执行与中央政府一致的国家豁免的政策。

"口径一致"问题在美国的司法实践中出现得最多,在美国政府转向限制豁免主义时美国法院仍在坚持"斯库诺交易号案"的判决而坚持绝对豁免主义。美国联邦最高法院1926年对"贝里兹兄弟公司诉'佩萨罗号'船案"的判决成为美国法院和美国政府在国家豁免问题的关系上的一个可供参考的案例。

案件的基本情况是,意大利政府拥有并经营的商船"佩萨罗号"从事由意大利向纽约运送人造丝的业务。1921年贝里兹兄弟公司以该船的部分货物没有按合同规定交付为由,在美国法院提起对物诉讼。意大利驻美国大使向美国政府提出了司法管辖豁免的要求,但遭到拒绝。理由是,美国政府认为国家的商船在其他国家领海不能享有和军舰同等的豁免权,即使船舶是国家所有,也应和普通商船一样服从国内法院的管辖。早在这之前的1918

---

❶ "刚果(金)案"香港上诉法院判决第86~116段,香港终审法院判决第78~129段。

年,美国国务卿兰辛在给司法部部长的公函中就表达过类似的立场。但是美国最高法院最后还是遵循先例,认为外国政府商船和军舰一样是公共船只,从而将"斯库诺交易号案"判决的绝对豁免原则进一步扩大到外国政府商船。

美国政府对法院判决产生影响力的法律基础是在1921年的"单方面谬尔案"中得以确立。美国联邦最高法院认为,在涉及外国国家的案件中,外国除通过其代表直接出庭外,还可以向美国国务院提出管辖豁免请求。如果国务院承认这项豁免请求,应通过司法部部长或由司法部部长任命的司法官员通过适当的方式向法院陈述。这就为美国政府参与法院审判规定了程序规则。但是,在外国国家是否享有豁免问题上美国法院是否应该遵从美国政府的建议,还是美国法院享有独立的裁判权,这些问题还并不清楚。

然而美国政府在外国国家豁免问题上的立场并不一致。在1921年"单方面谬尔案"中,美国政府拒绝了意大利的豁免请求,而在类似的"单方面秘鲁案(1943年)"[1]中美国政府却同意给予秘鲁的豁免请求,美国联邦最高法院据此而判决秘鲁享有国家豁免。1938年的"纳维玛尔号案"中,美国联邦最高法院仍旧按照遵循先例原则,不仅继续对外国政府船舶给予绝对豁免,而且确立了在外国国家豁免问题上法院应该遵从政府建议的原则。1945年的"墨西哥诉霍夫曼案"[2]中,对于墨西哥政府提出

---

[1] Ex parte Republic of Peru, U. S. Supreme Court, No. 13, original, 318 U. S. 578(1943).

[2] Republic of Mexico v. Hoffman, U. S. Supreme Court, No. 455, 324 U. S. 30 (1945).

的豁免请求，美国国务院虽然承认了墨西哥对涉案船舶享有所有权，但没有承认其是否享有国家豁免。美国联邦最高法院在随后的判决中也否认了墨西哥的管辖豁免权，并且进一步指出：在有关外国国家的豁免问题上，法院的决定不应使政府在处理外交事务方面感到为难。

美国政府在这个问题上的摇摆不定也导致法院判决的前后不一致，这种情况一直延续到1976年《外国主权豁免法》出台，终止了国务院在主权豁免案件中的职能，法院取得了按照《外国主权豁免法》裁定案件的权力。❶

香港法院的判决，特别是终审法院主审法官在判决中就这个问题作了全面而广泛的讨论，即所谓"口径一致"和法院的独立性问题，具体讲就是判定外国国家的地位及其权利是否是外交事务，香港法院和中央政府是否应执行一致的绝对豁免政策。

1.1.3.2 "口径一致"对法院的影响

正如在美国发生的那样，美国政府直接决定涉及诉讼的国家是否享有豁免的做法当然是对司法独立的一种干涉，但这种干涉是"合法"的干涉。美国最高法院通过"单方面谬尔案"、"纳维玛尔号案"确立了美国政府向法院陈述的适当程序。尽管1952年国务院向司法部发出了"泰特信函"宣称"豁免仅涉及外国主权国的公共行为的诉讼，而不引申适用于外国国家的纯粹商业行为引起的案件"，❷ 然而出于政治考虑，美国政府有时也会给予外国国家豁免的权利。1976年《美国外国主权豁免法》第1602条清楚地表明了立法的目的在于：（1）认可主权豁免的限制性理

---

❶ "刚果（金）案"香港终审法院判决第86段第88段。
❷ "刚果（金）案"香港终审法院判决第88段。

论,并将其编纂为成文法则;(2)将决定"外国国家要求豁免的申请"的基本责任从国务院转至法院。

美国政府和法院的关系可以归纳为四点:

第一,涉及外国国家的案件属于外交事务。我们知道美国国务院是美国政府中专司外交事务的部门。美国国务院的决定并非仅仅是对外国国家地位的承认,而是按照美国的利益处理外交事务,甚至一向标榜司法独立的美国法院也认为"法院的决定不应使政府在处理外交事务方面感到为难",应该与国务院保持"口径一致"。

第二,美国国务院是通过法定程序向法院表达国务院的决定。

第三,美国国务院虽然认为国家豁免只能适用于外国主权国家的公共行为,纯粹的商业行为不得享有国家豁免。然而,在具体适用时却本着政治利益出发,并非一贯坚持限制豁免原则。这种做法虽然使法院无从适用,但是法院不仅支持了美国政府的决定,而且作出了与政府决定一致的司法判决。

第四,美国的这种独特做法并不是长期的,而是阶段性的,在美国从绝对豁免原则向限制豁免原则转变的过程中,在没有成文法的情况下的一种"折中"做法。

现在回到香港"刚果(金)案"。香港终审法庭主席在判决中认为:"承认是外交事务,……但'承认'不是本案的争论点。"❶ 本案的重点是香港奉行的国家豁免原则到底是绝对豁免原则还是限制豁免原则。但是主席法官却忽视了英美等国众多判例中确定的原则,法院听从政府的意见,不仅仅只是承认外国主权

---

❶ "刚果(金)案"香港终审法院判决第114段。

国家的问题，还包括外国主权国家在本国是否享有国家豁免的问题，尤其是当美国颁布《外国主权豁免法》之前，法院一直遵从国务院的决定。所以，对于香港终审法院的主席法官来说，正如该案的多数法官就《中华人民共和国香港特别行政区基本法》（以下简称《香港基本法》）的有关条文向全国人大常委会提请解释一样：

（1）根据第13条第1款的真正解释，中央人民政府是否有权力决定中华人民共和国的国家豁免规则或政策；

（2）如有此权力的话，根据第13条第1款和第19条的真正解释，香港特区（包括香港特区的法院）是否：

（a）有责任援用或实施中央人民政府根据第13条第1款所决定的国家豁免规则或政策；或

（b）反之，可随意偏离中央人民政府根据第13条第1款所决定的国家豁免规则或政策，并采取一项不同的规则；

（3）中央人民政府决定国家豁免规则或政策是否属于《香港基本法》第19条第3款第一句中所说的"国防、外交等国家行为"；以及

（4）香港特区成立后，第13条第1款、第19条和香港作为中华人民共和国的特别行政区的地位，对香港原有（1997年7月1日之前）的有关国家豁免的普通法（如果这些法律与中央人民政府根据第13条第1款所决定的国家豁免规则或政策有抵触）所带来的影响，是否使这些普通法法律，须按照《香港基本法》第8条和第160条及于1997年2月23日根据第160条作出的《全国人民代表大会常务委员会的决定》的规定，在适用时作出必要的变更、适应、限制或例外，以确保关于这方面的普通法符

合中央人民政府所决定的国家豁免规则或政策。❶

在此有必要提及的是，在"刚果（金）案"的审理过程中，外交部给香港法院的三封来信。

第一封外交部来信是在原讼法庭审理阶段，原讼法庭判决第31段全文翻译了这封来信内容，这封信中并没有提及中国签署《联合国国家及其财产管辖豁免公约》的事。因而，原讼法庭法官虽然也认为中国奉行的是绝对豁免的立场，但是结合中国的一些实践也不得不承认"中国在主权豁免方面的法律不像那封信中所说的那样鲜明"，❷ 原讼法庭的判决也并未参考这封信的内容。

外交部给上诉法庭的第二封来信不仅重申中国坚持绝对豁免原则的立场，还附有2006年1月25日的函件及一份中国驻华盛顿大使馆就"莫里斯案"致美国国务院的法律备忘录。上诉法庭3位法官中的2位认为：中国政府签署了限制豁免原则的《联合国国家及其财产管辖豁免公约》，但却声称"中国在签署公约前和后始终坚持绝对豁免的立场"，这种态度是"不合逻辑的"。❸ 因而也没有采纳信件的内容作出判决。

针对外交部的第三封来信，终审法庭的多数法官认为信中所述的绝对豁免原则"就是，而且一贯是中国国策"。❹ 最后，多数法官认为香港法院无权采取和中央政府不一致的国家豁免原则，否则将与宪法原则相抵触。❺

---

❶ "刚果（金）案"香港终审法院判决第407段。
❷ "刚果（金）案"香港原讼法庭判决第62~63段。
❸ "刚果（金）案"香港原讼法庭判决第91~92段。
❹ "刚果（金）案"香港终审法庭判决第224段。
❺ "刚果（金）案"香港终审法庭判决第225~226段。

外交部来信的作用在于"告诉"香港法院中央政府在国家豁免问题上的政策是什么,至于法庭是否采纳则是法庭职责范围内的事。原讼法庭判决的依据并不是外交部的来信,上诉法庭也作出了与绝对豁免原则相反的判决。显然,这与干涉司法独立完全是两回事。

1.2 其他实体的资格

国家豁免除了给予国家及其机构之外,还有条件地赋予其他实体,这些实体包括国有企业、银行甚至个人,在《联合国国家及其财产管辖豁免公约》、《英国国家豁免法》和《美国外国主权豁免法》中这些实体享有国家豁免特权的条件却有很大差异,这为我国今后的立法提供了很好的借鉴。

1.2.1 美国的有关规定

《美国外国主权豁免法》第1603条(a)款对"其他实体"是这样规定的:

"外国的代理机构或媒介"是指下列任何一个实体:

(1) 独立的社团法人或非社团法人。

(2) 外国机关或该机关的政治分机构,或其大多数股份或其他所有权属于外国或其政治分机构的。

(3) 既非本编第1332条(3)款和(4)款所规定的美国某州公民,亦非依照任何第三国法律设立的实体。

第(1)段中"独立的社团法人或非社团法人"的规定"是

有意要包括那些可以以自己的名义进行诉讼活动的公司、社团、基金会或者其他机构"。❶ 因而这就将国有企业也包括在可以主张国家豁免的范围之列。

第（2）段"外国机关或该机关的政治分机构"中重点在于"分机构"（subdivision）一词。如果一个实体是外国国家或政治分支部门的一个"分机构"且代表外国政府参与公共行为，那么该机构就可以主张国家豁免。在"H. Henry Keller 诉 Central Bank Of Nigeria"案中，第六巡回法庭认为法庭应该考虑"按照国内相关法律，创立该实体的具体情形，其活动的目的，与政府之间的独立程度，政府财政支持的程度，甚至雇佣政策以及其责任和特权等情形"。❷ 如果实体不是一个"分机构"，而是一个单独的法人，那么该机构将被当作《美国外国主权豁免法》规定中的一个"代理或者媒介"而享有和国家一样主张豁免的权利，只要该机构的大多数股份或者所有权属于外国或者外国机构。

就这一点来说，美国联邦最高法院在 2003 年"多乐食品公司诉帕崔克森案"（Dole Food Company v. Patrickson）中认为：首先，外国国家必须直接拥有对该实体的所有权；其次，对该实体的资格必须在提出诉讼时就要进行检查，而不是在相关的作为或者不作为的行为引发诉讼时再提出。❸

第（3）段的规定是一种排除法式的规定，即，那些按照美

---

❶ Adrew Dickinson, Rae Lindsay, James P Loonam, *State Immunity, Selected Materials and Commentary*, Oxford University Press.

❷ H. Henry Keller; H. K. Enterprises, Inc. v. Central Bank of Nigeria, 277 F. 3d 811, U. S. Court Of Appeals For the Sixth Circuit, January 16, 2002.

❸ Dole Food Co. Et Al. v. Patrickson Et Al, 536 U. S. 956, Supreme Court of the United States, June 28, 2002.

国的法律或者第三国的法律成立的或者主要营业地位于美国的实体并不是《美国外国主权豁免法》所指称的"代理或者媒介"。也就是说，如果我国的企业，不管是国有企业还是私人企业，按照美国的法律在当地成立具有独立法人资格的公司的话，这类公司在诉讼中是不能主张国家豁免的，它们只是一般的商业实体。

按照《美国外国主权豁免法》规定，一个"独立实体"要主张或者享有国家豁免必须具有的资格是：

首先，独立实体的国籍要求，即，要求该独立实体必须是按照其国籍国的法律成立的。

其次，独立实体与外国政府或者外国国家机构之间的联系要求，即，要求该独立实体的大多数股份或者所有权归外国政府或者外国国家机构所有或者控制。

再次，独立实体的资格要求，即，要求该独立实体能够以自己的名义进行诉讼的能力。

在独立实体满足了主体条件的要求之后，才会按照《美国外国主权豁免法》的规定审查其行为是否可以享有国家豁免还是属于不享有国家豁免的例外情况。这时，法院将会按照"国家行为原则"来判断被起诉的具体行为是"主权行为"还是"商业行为"。

从表面上看，《美国外国主权豁免法》对国家的定义最为宽泛，甚至包括外国国有企业在内。然而，国有企业不能像国家机构那样当然地享有国家豁免，而是在符合一些前提条件的情况下才能主张国家豁免权。

1.2.2 英国的有关规定

按照《英国国家豁免法》的规定，国家享有的是除了该法案规定的例外之外全面的豁免和特权，但是"独立实体"能够享有的豁免和特权就非常有限，而且要满足较为苛刻的前提条件。

按照《英国国家豁免法》第14条（1）款的规定，"国家"是指：（1）该国行使公职的君主或其他元首；（2）该国政府；以及（3）该国政府各部；但不包括同该国家政府行政机构有别并具有起诉、被诉能力的任何实体（以下称"独立实体"）。

该法第14条（2）款和14条（3）款对"独立实体"的具体规定是：

独立实体仅在下述条件下，不受联合王国法院的管辖：

（a）诉讼涉及该独立实体为国家行使代理权所为的行为；并且

（b）该国家于同样情况下可享有豁免（或者，在适用上述第10条规定的诉讼中，该国不是布鲁塞尔公约成员国）。

（3）如独立实体（非国家中央银行或金融当局）在依上述（2）款可享有豁免权的诉讼中，自愿接受管辖，则上述第13条（1）~（4）款适用于国家的规定，亦适用于他们。

与国家的地位不同，对于独立实体而言，要想获得豁免必须满足两个条件：

第一，实体的行为必须是执行主权国家授权的行为，这个问题的实质是主权行为和商业行为的区别问题。法庭必须确定案件涉及的行为是主权行为还是商业行为。作为一个独立实体要证明自己满足这个条件要从以下几个方面来证明：

（1）具体的行为要体现政府的目的或者动机。在"科威特航空公司诉伊拉克航空公司案"中，如高夫（Lord Goff）法官解释的那样，伊拉克航空公司1990年8月将科威特航空公司所属的飞机从科威特转移飞到伊拉克境内的行为并不仅仅是伊拉克航空公司的一项工作,而是为了执行伊拉克政府的主权行为。❶ 伊拉克航空公司的征收行为并非出于商业利益,也不是基于伊拉克航空公司和科威特航空公司之间的任何协议,而是执行伊拉克政府颁布的征收法令的目的。

(2)为了界定诉讼涉及的行为的性质,法庭必须考虑整个背景(whole context),审视并决定哪些行为是商业或贸易行为,或者是私法性质的行为,或者相关行为是政府或者主权行为。将"行为"作为参考标准说明英国法庭并不只是单纯地从"性质"来区分"主权行为"(acta jure imperii)和"商业行为"(acta jure gestione)。这与美国法院适用"国家行为"作为判断标准的做法不太一致。"国家行为"标准,按照1983年Wilberforce法官在"党代会Ⅰ号案"中的判决,他认为:"判断国家行为是主权行为还是商业行为应该或者看国家交易的性质或者看其导致的法律关系,而不是看国家行为的动机或目的。它依赖于是否外国国家是在行使其主权行为,即以公共法律的名义行使权力,或者还是像一个私人一样,在私法的范围内。"❷ 但是英国法院将行为的性质和该行为所在的整个过程加以全面考量,以此来最终确定该行为本身是只有政府才能行使的行为,还是任何一个私人公民或者法人都能行使的行为。伊拉克航空公司征收科威特航空公司资产的行为,其本身既可以是商业行为也可能是主权行为,只有将

---

❶ Para. 132, judgments of Kuwait Airways Corporation v. Iraqi Airways Company and Others, http://www.publications.parliament.uk/pa/ld200102/ld-judgmt/jd020516/kuwait-1.htm.

❷ "党代会1号案"(I Congreso del Partido)第263H段,Wilberforce法官。转引自香港上诉法院"刚果(金)案"判决第191段。

这个行为放在当时伊拉克入侵科威特并颁布了征收法令的大背景下才能得出征收行为是主权行为而非商业行为的结论。

（3）独立实体按照国家的指示或者法令实施行为。伊拉克航空公司对科威特航空公司的征收行为就是典型的按照国家的法令而实施的行为。

第二，必须符合《英国国家豁免法》规定的享有国家豁免的情形，也就是说，独立实体被诉的行为不能是《英国国家豁免法》第1~11条规定的例外情形。也就是说，即使一个独立实体符合了第一个条件而可以享有国家豁免，但如果是《国家豁免法》规定的不得享有豁免的例外情形的话，那么该独立实体也无法享有国家豁免。

与美国的立法不同，按照《英国国家豁免法》的规定，英国国有企业被视为一个独立实体并不享有国家豁免，只有在这个独立实体获得了国家的授权并且在行使国家授予的权力时，该独立实体才被当作"国家"来对待，而是否享有国家豁免还要看具体的行为是否属于《英国国家豁免法》中规定的例外情形。

1.2.3 《联合国国家及其财产管辖豁免公约》的有关规定

《联合国国家及其财产管辖豁免公约》第2条1款（b）项认为"国家"是指：

（1）国家及其政府的各种机关；

（2）有权行使主权权力并以该身份行事的联邦国家的组成单位或国家政治区分单位；

（3）国家机构、部门或其他实体，但须它们有权行使并且实际在行使国家的主权权力；

（4）以国家代表身份行事的国家代表。

其中（1）和（2）是与国家机构有关，（3）是关于"其他实体"是否具有与"国家"身份有联系的规定。按照这个规定，国有企业，以及其他得到国家授权并且正在行使国家主权权力的其他实体将具有国家的身份。但是，国际法委员会却认为："'国家机构、部门或其他实体'理论上可以包括国有企业或者其他国家设立的从事商业交易的实体。然而，此条款的目的在于，这类国有企业或者其他实体首先被认定并不是在执行政府的职能，因此，作为一项规则，它们不得主张豁免……"❶

在《联合国国家及其财产管辖豁免公约》的条款下，国有企业处于和私人公民和法人公司一样的"独立实体"的地位，要求主张并享有国家豁免必须证明自己不仅是授权执行、而且正在执行国家授权的行为。在"独立实体"的规定上，《联合国国家及其财产管辖豁免公约》与《英国国家豁免法》的主旨是一致的。

同时，《联合国国家及其财产管辖豁免公约》第2条2款规定，在确定一项合同或交易是否为一项"商业交易"时，"应主要参考该合同或交易的性质，但如果合同或交易的当事方已达成一致，或者根据法院地国的实践，合同或交易的目的与确定其非商业性质有关，则其目的也应予以考虑"。

将第2条中的1款（b）项之（三）和第2款结合起来分析，《联合国国家及其财产管辖豁免公约》这样的规定意味着：（1）国有企业不享有国家豁免是通例，而享有国家豁免则是例外；（2）对国有企业的行为也要判断是"商业行为"还是"主权行为"，而将合同或交易的性质作为主要判断标准，合同或交

---

❶ Adrew Dickinson, Rae Lindsay, James P Loonam, *State Immunity, Selected Materials and Commentary*, Oxford University Press, p. 87.

易的目的作为次要标准予以考虑。

从《联合国国家及其财产管辖豁免公约》、《英国国家豁免法》和《美国外国主权豁免法》的规定中我们不难得出这样的结论：

首先，我国的国有企业作为独立法人在国际公约和国内立法中被视为"独立实体"的地位，因此，在一般情况下，它们并不享有国家豁免。

其次，国有企业要主张国家豁免必须满足一定的前提条件。按照《联合国国家及其财产管辖豁免公约》第 2 条 1 款（b）（三）项的规定，独立实体必须是获得国家的授权并且正在行使这种授权行为。

最后，独立实体只有在其行为不属于国家豁免的例外情形下才可以享有国家豁免。

对于我国的国有企业来讲，有两个方面的问题需要注意：

第一，在外国法院诉讼时应该注意当地的法律规定，特别是英美这些国家，证明自己的"国家"身份是第一步，然后再看具体的被诉行为是否属于国家豁免的例外。

第二，我国国有企业继续深化改革的问题。我国自 1978 年开始国有企业改革，《中华人民共和国民法通则》规定"全民所有制企业法人以国家授予它经营管理的财产承担责任"，确立了国有企业在民商事活动中的法人主体地位。1988 年的《全民所有制企业法》规定，国家依照所有权和经营权分离的原则授予国有企业经营管理权，1992 年《全民所有制工业企业转换经营机制条例》将国有企业的自主经营权扩大到 14 项。这一系列改革措施促进了国有企业与政府的分离。

然而，到目前为止，我国国有企业仅仅是拥有经营权而没有财产权的"法人"。国有企业的财产权或许是由 2003 年成立的"国务院国有资产监督管理委员会"(以下简称"国资委")行使,但国资委也仅仅是由"国务院授权"履行出资人的职责。所以,国资委也是个"代理人"的角色。因此,对我国的国有企业来说,明晰财产权将是下一步改革的重点和难点。同时,这个问题对于我国国有企业在外国法院是否可以主张国家豁免以及能否享有国家豁免也将产生重要的影响,甚至后来的执行豁免也都有着重要的影响。

1.3 小　　结

什么是国家?国家的定义有那么重要吗?从法律上来讲,是的。因为法律就是关于"谁"享有什么权利(力),应尽什么义务,以及违反义务应承担什么责任的一套规则。所以,只有在涉及具体案件时候,国家的定义才会变得重要。而在更广泛的意义上,国家"做什么""怎么做"才更具有现实意义。

绝对豁免原则以国家的主体身份为基础,无论国家做什么都享有绝对的豁免权,那么为什么各国国内法都有行政法和行政诉讼法呢?各国给予外国主权国家的特权是为了礼节,更是为了行使国家职能的便利,如果外国主权国家无视当地国家的法律,违反了当地国家的法律,侵犯了当地国家国民的利益,这种行为本身就是对当地国家领土主权的侵犯。无论国家这个主体是在国内还是在国外,都应该遵守法律,国家的行为应该在法律规定许可的范围内。至少目前限制豁免原则还将国家行为区分为主权行为和管理行为,尽管区分国家行为的标准仍然含糊不清。

国家是什么?20 世纪及之前的法学学者们侧重于研究国家

"是什么",比如,霍布斯将其称为"利维坦"——《圣经》中一种力大无穷的巨兽的名字,它无所不能,是主权者;英国的洛克和法国的卢梭则认为主权归人民所有;到后来,学者们则侧重于研究国家"做什么",马克思认为国家是一个阶级统治的工具;而马利坦则认为国家只是主权的代理者;亚当·斯密认为国家是那只"看得见的手"。

当今的社会已经不再是历史上论出身门第的封建社会,而是一个契约社会;不再是农业经济,而是市场经济;调整人与人之间的关系,不仅需要道德,更要依靠法律来调整。受世界经济全球化的影响,国家的结构、国家职能受到极大影响。尽管主权国家仍然是国际社会的重要主体,但其核心地位和作用随着人权的发展和非政府组织的出现受到极大的挑战。在诸如环境保护、人权保护、经济贸易发展、货币政策等全球性议题上,各国不得不接受"集体行使主权"的现实。❶

---

❶ 郭连成、周铁赢:《经济全球化与转轨国家政府职能转换研究》,商务印书馆 2011 年版,第 181 页。

2 商业行为例外

商业行为例外是限制豁免原则的主要内容，它的意思是对于国家从事的商业行为不能享有豁免。所以，区分商业行为和主权行为的标准是一个核心问题，对这个问题的争论也由来已久。

2.1 商业例外的由来

商业行为是主权豁免例外的核心内容，是限制豁免原则和绝对豁免原则的分水岭，国际法研究会早在 1891 年在的汉堡会议上就通过了有关国家豁免问题的决议。❶ 该决议第 2 条第 1 款列举了国内法院可以受理的六项涉及外国主权国家的诉讼事项，这六项"非主权行为"例外主要是商业活动，这些活动包括但不限于如下活动，如与外国国家在法院地国领土上创立工业或商业，或经营铁路、有关财产继承、侵权行为、反诉等。除了在学理上确定商业行为例外，欧美等国通过一系列司法判例在法律上逐步确立限制豁免原则，这些司法判例也多与商业交易有关，如国家经营的船舶问题、国债问题、国家购买军鞋问题、大使馆的馆舍问题、国有船舶碰撞产生的损害赔偿问题等。❷ 很难肯定是先有了司法判例还是先有了商业例外的理论，但早期的法学理论和司

---

❶ 龚刃韧：《国家豁免问题的比较研究——当代国际公法、国际私法和国际经济法的一个共同课题》，北京大学出版社 1994 年版，第 62 页。

❷ 这几种重要判例详见龚刃韧：《国家豁免问题的比较研究——当代国际公法、国际私法和国际经济法的一个共同课题》，北京大学出版社 1994 年版，第二章第二节。

法实践活动促成了日后形成国内立法和国际公约。

  1926年11个欧洲国家和两个南美国家在布鲁塞尔签订了《关于统一国有船舶豁免的若干规则的公约》（以下简称《布鲁塞尔公约》），这是第一个实行限制豁免原则的国际公约，规定国有商用船舶及货物，应当服从适用于私有船舶及货物的同样规则，只有那些用于非商业目的的国有船舶，如军舰、巡逻船、医院船、辅助船及供应船等仍享有豁免。《布鲁塞尔公约》不是按所有权而是按性质和用途划分海运船舶，国家拥有或经营的船舶与私人拥有或经营的船舶视为同等地位，同时将国家拥有或经营的船舶划分为"专供政府使用非商业船舶"和"用于商业目的的船舶"。《布鲁塞尔公约》首先确定了按照性质划分主权行为和管理行为的方法，《联合国国家及其财产管辖豁免公约》、《英国国家豁免法》和《美国外国主权豁免法》也都沿袭这样的规定。随着国家参与经济活动的深度和广度不断增加，经济活动的复杂程度也超出以往的任何时候，要想在主权行为和商业行为之间划一条清晰的界限变得越来越困难。所以，区分主权行为和商业行为时也不再完全依靠性质或目的作为标准，还有其他一些方法作为补充。

2.2 区分商业行为的标准

  在《联合国国家及其财产管辖豁免公约》中有3个条款与商业行为有关，一个是第2条1款（c）项、2款和第10条"商业交易"。

第 2 条 1 款（c）项对"商业交易"是这样规定的：

（1）为销售货物或为提供服务而订立的任何商业合同或交易；

（2）任何贷款或其他金融性质之交易的合同，包括涉及任何此类贷款或交易的任何担保义务或补偿义务；

（3）商业、工业、贸易或专业性质的任何其他合同或交易，但不包括雇用人员的合同。

第 2 条 2 款紧接着规定，判断商业交易的标准是，主要参考该合同或交易的性质，但如果合同或交易的当事方已达成一致，或者根据法院地国的实践，合同或交易的目的与确定其非商业性质有关，则其目的也应予以考虑。

为了公约能被广泛接受，公约在最终版本中使用"商业交易"取代"商业合同"，扩大了覆盖面，公约中的"商业交易"包括 3 种类型：

第一，为了销售货物或提供服务而订立的任何商业合同或交易。

第二，有关贷款或金融性质的合同，也包括此类贷款或交易的担保或补偿义务。

公约认为，国家在以自己的名义进行贷款或发行债务时不能主张国家豁免，而且，国家在为本国企业贷款提供担保时，如果被提供的企业未能如约履行还款义务或给另一方造成损害，作为担保方的国家也不能主张国家豁免。

第三，"商业交易"还包括商业、工业、贸易和其他专业领域的合同或贸易。

《联合国国家及其财产管辖豁免公约》规定，对"商业交易"进行判断时应"主要参考交易的性质"，只有在目的可以确定行为的"非商业性质有关时,其目的也应予以考虑"。

1978年《英国国家豁免法》第3条(3)款对"商业交易"是这样规定的:"(a)任何提供货物或服务的契约;(b)任何贷款或其他提供资金和保证的行为,或有关此等行为的补偿,或其他金融债务;以及;(c)国家除行使主权外所参加或从事的任何其他行为或活动(不论是否为商业的、工业的、金融的、职业性的或其他类似性质的行为或活动)。"

英国的立法里没有明确规定判断行为是否属于商业交易的标准是性质还是目的,而是对"商业交易"采取了列举的方式,如契约——也就是合同、担保以及其他主权以外的任何行为。此外,英国还对商业交易加入了地域限制,即整个交易或者部分交易应该在英国境内完成。❶然而,更加具体的界定以上三类行为的标准则没有规定。

1976年《美国外国主权豁免法》第1603条(d)款规定,"商业行为"是指"任何一般的商业行为或特别的商业交易或行为"(either a regular course of commercial conduct or a particular commercial transaction or act)。美国法官要考虑的是,外国国家所进行的"这一特别的行为(不管其目的何在)是否是私人也可以从事的诸如'贸易、交通或者商业行为'"。❷这其实就是以行为的性质为判断标准。

《加拿大国家豁免法》采取了一种开放式的(open-ended)

---

❶ 1978年《英国国家豁免法》第2条。

❷ Republic of Argentina v. Weltover, Inc. , 504 US 607, Voest-Alpine Trading USA Corporation v. Bank Of China; Bank of China New York Branch, No. 97~20322. , Fifth Circuit.

方法。该法第2条规定"商业行为"是"进行或者以任何正常的方式进行的任何特别的交易、行为,其性质是商业性质"。这种规定在适用上造成了更大的困难,加拿大最高法院在解释《加拿大劳动法》时也承认这一点。❶ 大多数法官认为,那种兼采目的标准作为性质标准的补充的区分方法毫无用处。在一个行为中既包括公共行为又包含着私人行为的双重因素在里面。所以,加拿大采取了更加实用的方法——整体的方法(contextual approach),也就是说,不仅要考虑行为的性质或者目的,而是在这个事件的背景下评估有关的行为。1991年"科伊战争"结束后,科威特航空公司开始在世界范围内发起了向伊拉克航空公司追讨损失的诉讼,不仅在英国提起了诉讼,而且在加拿大也提起了诉讼。加拿大最高法院在判断行为是否属于商业行为时采取的方法就是整体地(in full context)看待这个行为。❷ 这种"整体的"方法好处在于,加拿大最高法院认为,这是一种适用限制豁免原则比较合理的方法,用那种"一次即全部"(once-and-for-all)的方法无法区分行为时就可以使用这种方法,而且完全不同于目的方法。❸ 与加拿大采取类似做法的还有澳大利亚。在确定案件所涉及的行为的性质有困难时,可以将这个行为放在整个事件当中,这样来判定这个行为的性质。

其他国家的国家豁免法中的规定深受英美两个法案的影响,

---

❶ Re Canada Labour Code [1992] 2 SCR 50.

❷ George Vuicic, *Sovereign Immunity and the "Commercial Activity" Exception*, Siobhan O'Brien.

❸ Malcolm N. Shaw, *International Law*, Cambridge University Press, fifth edition, pp. 634~635.

比如巴基斯坦的《国家豁免法》第 5 条（3）款对"商业交易"的规定与英国一样。相比较而言，《关于国家豁免的欧洲公约》第 7 条和美国的《外国主权豁免法》对"商业活动"的规定更为一般和广泛。正如《关于国家豁免的欧洲公约》对第 7 条规定的解释那样，这条的规定就是以"管理行为"为基础的，公约的这种规定就是试图建立一个更加广泛的框架能够涵盖所有国家从事的工业、商业或者金融活动。这条规定的关键词是"像私人那样从事"（in the same manner as a private person），这要求在判断外国的国家行为时按照法院地国的法律作为依据，而不是按照被诉国家的法律规定。这是因为每个国家对什么是"主权行为"（acta jure imperii）和"管理行为"（acta jure gestionis）有着不同的理解，《关于国家豁免的欧洲公约》的规定照顾到了其签约国的不同国情。❶ 与此类似，《联合国国家及其财产管辖豁免公约》对商业行为用"商业交易"（commercial transaction）一词，与英国的规定类似，"交易"比"合同"（contract）的意思更为广泛，包括了那些非合同的行为，例如商业谈判。❷

　　在判定行为属于商业行为还是主权行为时，依据的标准不同，作出的结论也就不同。比如，按照性质标准，为军队购买物资的行为就是商业行为，不能享有豁免，而按照目的标准就是主权行为，应该享有豁免。同样地，国家发行国债既可以是主权行为，也可以是商业行为。但越来越多的国家不把发债行为当做主

---

❶ *Explanatory Report to European Convention on State Immunity*, para. 37.

❷ Andrew Dickinson, Rae Lindsay and James P Loonam, *State Immunity, Selected Materials and Commentary*, Oxford University Press, p. 88.

权行为看待。❶

由此，不难得出这样的一个初步结论：区分商业行为和主权行为很复杂。

2.3 "商业行为"定义的复杂性

英国"比利时国会号案"确立的限制豁免原则的基础在于：（1）在私人与外国国家的交易中维护私人的正义；（2）对外国国家行使管辖权并没有损害外国国家的尊严，也没有干涉外国国家的主权职能。❷ 这也是商业行为作为例外能够为很多国家所接受的原因。但在实践中区分行为是商业行为还是主权行为的困难在于行为中经常同时包含着主权和商业性质的要素，使得判定行为的属性更加困难。香港的"刚果（金）案"就是一个非常典型的案例。

20 世纪 80 年代，刚果民主共和国，以下简称"刚果（金）"，同南斯拉夫的 Energoinvest 公司签订了建设水电设施和高压电输送网线工程的信贷协议。根据该协议 Energoinvest 公司向刚果（金）的国有电力公司 Société Nationale d'Electricité 提供贷款。贷款协议中双方同意适用 1998 年版的国际商会（ICC）仲裁条款。后来刚果（金）的公司没有履行还款责任，Energoinvest

---

❶ Andrew Dickinson, Rae Lindsay and James P Loonam, *State Immunity Selected Materials and Commentary*, Oxford University Press, 2004, p. 236.

❷ I Congreso del Partido [1983] 1 AC 244, Lord Wilberforce.

公司因此向巴黎仲裁委员会和苏黎世仲裁委员会申请仲裁，两个仲裁委员会都作出了不利于刚果（金）公司的仲裁裁决，要求刚果（金）政府和 Société Nationale d'Electricité 公司履行支付义务。刚果（金）对这两份仲裁裁决均未提出异议。❶

2004 年 11 月 16 日，Energoinvest 公司将它对刚果（金）的债权全部转让给美国的 FG Hemisphere Associates LLC（以下简称"FG 公司"）。FG 公司是美国纽约一家专门对新兴国家和不良资产进行投资的有限公司。截止到 2010 年 11 月 1 日，FG 公司宣称刚果（金）应付债务已达到 1.2 亿美元。❷

2008 年 5 月 16 日，FG 公司发现中国的国有企业中铁集团在刚果（金）有大型投资项目，并要向刚果（金）支付 2.21 亿美元的入门费。FG 公司随即在香港法院申请执行仲裁裁决，要求将中铁集团支付给刚果（金）的采矿入门费用抵偿债务，并禁止中铁集团直接向刚果（金）支付这笔入门费。❸

FG 公司所主张执行的"入门费"牵涉到中国公司和刚果（金）以及刚果（金）的公司之间复杂的合作项目，主要包括：

刚果（金）和中国政府 2007 年 9 月 17 日签订了一份《备忘协议》，刚果（金）和中国的几家企业，包括中国进出口银行、中国铁路和水电公司要建立一个"联合企业公司"（JVC）。这个"联合企业公司"32% 的股份由刚果（金）持有，中国公司持股 68%。联合企业公司要在刚果（金）负责一系列基础设施建设，同时还获得在刚果（金）的矿业开采权。

---

❶ "刚果（金）案"香港上诉法院判决第 3 段和第 4 段。
❷ "刚果（金）案"香港终审法院判决第 14~15 段。
❸ "刚果（金）案"香港上诉法院判决第 8 段。

2008年4月22日，中国铁路和水电公司与刚果（金）签署了"合作协议"（CA）。根据"合作协议"规定，中国公司组成的公司集团，包括中国中铁（香港）有限公司、中国中铁资源开发股份有限公司和中国中铁华刚矿业股份公司以及2个水电公司的下属分公司，与刚果（金）方面的投资人——Gecamines 公司[一家刚果（金）的国有矿业公司]和Gilbert Kalamba Banika 先生——签订了JVA协议。按照JVA协议的规定，各方出资在刚果（金）成立一家合资公司——JVC公司，其中中方公司集团持有43%的股份，两个水电公司持有25%，刚果（金）的Gecamines 公司占20%，Banika 先生占12%。

JVC公司的出资资本全部责任由中方承担。为此，刚果（金）的Gecamines 公司将通过向JVC公司转让一定的采矿权作为对价，同时中方公司还要向刚果（金）的投资人提供贷款。此外，中方公司还需支付3.5亿美元入门费给刚果（金）政府和Gecamines 公司以开发刚果（金）的矿业资源。其中2.21亿美元（入门费的63.2%）将由中国中铁（香港）有限公司、中国中铁资源开发股份有限公司和中国中铁华刚矿业股份公司支付。

按照JVA的规定，JVA协议将在获得中国发改委、中国商务部和中国外汇管理局的批准后才能生效。在此之前中方公司不会支付入门费。

之后，中方公司和刚果（金）又达成了若干补充协议，最终参加项目的刚果（金）一方包括Gecamines 公司和Simco 公司这也是刚果（金）的一家国有公司，相关各方的股份比例有所变更，其他内容未作改变。

刚果（金）负责公共事务的部长在一份官方声明中表示，这笔入门费已经有了安排，其中的1亿美元由Gecamines 公司获得，

用于公司业务发展，另外的 2 亿美元已经列入 2009 年刚果（金）的国家预算。❶

刚果（金）和中国之间的经济合作可以分成两个部分：第一部分是两个政府间的经济合作，两国政府签署了"合作协议"规定了合作的方式和领域等；第二部分是两国企业之间的合作，是为了落实两国政府的协议而进行的，双方的企业签订了 JVA 协议，具体规定企业间的合作内容、合作方式、出资比例等内容。

然而作为与案件有关的部分，法庭不必判断上述两部分的行为是主权行为还是商业行为，只要判断原告 FG 公司要求执行的那笔入门费就行，其实入门费就是采矿权。授予采矿权一般是国家的经济主权行为，这不是一般的法人或者个人可以从事的，然而，在"商业性质"的合同中国家完全可以将其作为一种"特权"予以交易，再将换取的经济利益用于国家的公共用途。那么，这种行为究竟是商业行为还是主权行为呢？

对于这个问题，香港原讼法院认为这是主权行为❷，但上诉法庭法官不这么认为，❸ 而香港终审法院没有给予充分的讨论。

美国联邦最高法院在"阿根廷诉 Weltover 公司案"❹ 中认为，阿根廷政府单方面再次发行债券以稳定其货币的计划已经充分地说明这是与商业行为联系在一起的，是一种商业例外，不应享有豁免。法院强调阿根廷政府正在做的"不是一个市场的管理者应

---

❶ "刚果（金）案"香港上诉法院判决第 276、277 段。这里面关于列入刚果（金）国家预算的数额有些出入，公共事务部部长的声明中说是 2.5 亿美元，但是刚果（金）的总理说是 2 亿美元。

❷ "刚果（金）案"香港原讼法院判决第 91 段。

❸ "刚果（金）案"香港上诉法院判决第 178~179 段。

❹ Republic of Argentina v. Weltover, Inc., 504 US 607(1992).

该做的,而是一个私人的行为"。❶

美国联邦最高法院非常清楚地知道国家发行债券的目的是稳定货币,但仍然采取性质的标准从而判定发行债券的行为是商业行为,也就沿袭了"比利时国会号案"的原则,作出了有利于债权人的判决。

2.4 小　　结

商业例外是国家豁免例外中的第一个,不仅将国家行为细化,而且进一步揭开了国家"神圣"的面纱。自从1648年《威斯特伐利亚公约》确立了世俗国家和国家间平等的原则以来,国家就开始走下了神坛。各国给予外国国家在本国内的豁免权是出于礼仪的考虑,❷ 因为这关系到国与国的关系。但从20世纪中叶开始越来越多的国家采纳商业例外,将国家的行为区分为主权行为(acta jure imperii)和管理行为(acta jure gestionis),对管理行为不予豁免。

商业行为例外是限制豁免原则的主要内容,然而判定商业行为的标准却并没有一个统一的规则,总结起来主要有以下几种方法:

其一,是以行为的性质作为区分标准,采用这种方法的多是

---

❶ Republic of Argentina v. Weltover, Inc., 504 US 607 (1992).

❷ 英国上诉法院,The Parlement Belge 案,[1880] 5 PD 197 第214~215页。

西方国家，当然也有巴基斯坦和新加坡等国。这种区分的方法扩大了商业例外适用的范围。

其二，是以行为的目的作为区分标准，采用这种方法的多是发展中国家。这种方法缩小了商业例外适用的范围。

其三，以行为的性质为主、以目的为辅的区分标准，这是《联合国国家及其财产管辖豁免公约》采用的标准。由于行为的性质和目的会导致截然不同的结果，国内法院遇到这种情况该如何解决呢？

这个问题其实从《联合国国家及其财产管辖豁免公约》的起草过程就可见一斑。《联合国国家及其财产管辖豁免公约》采用的是"商业交易"，英文是 commercial transaction，而没有使用"商业行为"一词。按照《联合国国家及其财产管辖豁免公约草案及其解释》（1991）的有关解释，commercial 和 transaction 在英文中都有"交易、商务"的意思。但是公约起草委员会找不到更合适的词取代 commercial，而且按照起草委员会的观点，commercial 一词带有"获得利润"（profit-making）的意思，诸如商品买卖、服务贸易、生产、投资、借贷等具有商业、工业、贸易和专业性质的大量活动都属于"商业行为"。❶ 因此，《联合国国家及其财产管辖豁免公约》主张以行为的性质为主要标准，只有在性质标准无法得出结论时才适用目的标准。

其四，加拿大采用的"整体的"方法，将需要判定的行为放在整个事件中分析。用这种方法实际上仍然要面临着判定"整个事件"属性的问题，是主权行为还是商业行为，是采用性质标准

---

❶ Draft articles on Jurisdictional Immunity of States and Their Property, with Commentaries, 1991, Paragraph 1 (c), pp. 19~20.

还是目的标准的问题。

其五，就是英国法院在"科威特航空公司诉伊拉克航空公司"案中采用的"区分"的方法。这种方法也只能适用于那些可以进行"区分"的行为，而如果行为不能进行分别处理的话，那么这种方法就不能使用了。

3

雇佣合同例外

全球化使各国间人员往来日益频繁，各国使领馆、驻外机构里雇佣外国人的情况也越来越多。雇佣合同例外条款就是专门为那些受雇于这些外国国家机构中工作的雇员而设计的，以便帮助这些雇员维护自身的权利。雇佣合同例外涉及的核心法律问题是，当地法院的管辖权与尊重外国主权问题、国家安全的考量、诉讼请求的性质、法院适用的法律问题。其中前三个问题是与国家豁免问题联系在一起的，关系到法院是否可以行使管辖权，国家是否享有豁免的问题；最后一个问题是国际私法的问题，即法院适用哪个国家法律的问题。《联合国国家及其财产管辖豁免公约》第11条第2款e项规定，在雇佣合同诉讼中，"雇员在诉讼提起时是雇用国的国民，除非此人长期居住在法院地国"，即"领土联系"原则。也就是说，如果雇员在起诉时并不具有法院地国的国籍，或者依照法院地国法律规定在法院地国并非长期居住的话，这类雇员就不属于雇佣合同例外中合格的起诉主体。

在雇佣合同的诉讼中，法院要同时考量上述四个问题，在保护雇员的利益和维护国家间友好关系之间寻求平衡。对任何一个法院来说，这都是艰巨而复杂的法律问题。

3.1 《联合国国家及其财产管辖豁免公约》的规定

《联合国国家及其财产管辖豁免公约》第11条1款规定："除有关国家间另有协议外，一国在该国和个人间关于已全部或部分在另一国领土进行，或将进行的工作之雇佣合同的诉讼中，不得向该另一国原应管辖的法院援引管辖豁免。"这一条款规定外国国家在有关雇佣的诉讼中不得享有豁免权，这是一个基本原则，但也有些例外情况。该条2款以列举的方式规定以下情况国家仍然享有豁免权，如：雇员履行政府权力职能的行为；根据《维也纳外交关系公约》或《维也纳领事关系公约》而受到外交或领事保护的外交人员、领事官员或其他享有外交豁免的人员；涉及对个人的招聘、解聘、复聘的事由；雇佣国是自己本国的公民；涉及安全利益的诉讼。归纳起来就是两点，雇佣合同诉讼涉及：第一，从属人上来说，享有外交豁免的人员和雇佣国国籍的公民；第二，从属事理由上来说，涉及国家权力职能和国家安全以及个人的招聘、解聘、复聘的，被诉的外国国家仍享有豁免权，除此之外的其他诉讼则不享有豁免权。当然，在雇佣合同中雇佣国和雇员可以商定用其他的方法解决雇佣合同而引起的争议。但是，这种自由选择的权利也并非不受限制，要考虑到雇佣国的安全利益和当地国法律。❶ 事实上，受雇于外国政府驻外机构的外国雇员除了诉诸司法解决外，根本无法与国家雇主抗衡。❷

按照《联合国国家及其财产管辖豁免公约》第11条2款（d）和（f）项规定，雇佣国可以"国家安全利益"为由主张国家豁免。在公约的附件对"安全利益"作了解释，即针对国家安

---

❶ 《联合国国家及其财产管辖豁免公约》第11条2款（f）项。

❷ Draft articles on Jurisdictional Immunities of States and Their Property, with commentaries, 1991, p42. Fogarty v. United Kingdom ECHR Application 37112/97 (2001) 34 EHRR 302. 该案件涉及美国驻英国大使馆的一个爱尔兰籍前雇员申请该大使馆的空缺职位，但没有成功。该前雇员向英国劳工法庭对美国提起性别歧视的劳动诉讼。美国政府声称国家豁免并获得法院支持。

全事项和外交使团和领事馆的安全而言。虽然 1961 年《维也纳外交关系公约》第 41 条和 1963 年《维也纳领事关系公约》第 55 条规定，条款提及的所有个人都有义务遵守东道国的法律规章，包括遵守东道国的劳工法。然而同时，1961 年《维也纳外交关系公约》第 38 条和 1963 年《维也纳领事关系公约》第 71 条规定，接受国有义务在行使管辖时，不对使团或领馆开展工作造成不当妨碍。所以，如果法院地国行使管辖权对被告国家的国家安全或者使领馆的安全造成了"不当妨碍"，那么这将影响国家间关系，严重的会造成国家责任。

在雇佣合同诉讼中，解决争端适用的法律也是一个重要问题。由于在这类诉讼中涉及两个国家，即被诉国和法院地国，因此法院就面临着适用被诉国的法律还是适用本国法律的问题，这实际是一个国际私法问题。一方面，雇佣国在人员雇佣方面会优先考虑本国的安全和利益，因此，在人员的雇佣与否、提供的条件、薪酬甚至是保密协定等都是单方面的决定。另一方面，法院地国的法院却有责任执行本国的劳动法的规定。劳动法的规定主要与各种保险、最低工资、带薪休假、提前终止合同的赔偿等有关。因此，按照国际私法的规则，毫无疑问，有管辖权的法院应该是法院地国的法院、雇员的国籍国的法院或其长期居住地国的法院。❶

---

❶ 1984 年瑞士联邦法院审理了 S. v. Etat indien 案，这个案件涉及印度驻瑞士大使馆解雇了一个意大利籍雇员。法庭认为，该雇员是意大利国籍，在印度以外工作，因此印度的法律不能适用于本案，而要适用瑞士法律。参见 Draft articles on Jurisdictional Immunities of States and Their Property, with commentaries, 1991, p. 42。

《联合国国家及其财产管辖豁免公约》规定的雇佣合同例外条款并不完善，就是缺乏对那些既不是雇佣国国籍也不是法院地国国籍的第三国雇员的保护。如果该第三国国民在当地国长期居住，那么根据第11条2款（e）项的规定，以居住地作为联系，法院地国法院可以行使管辖权。否则即使是第三国雇员的国籍国亦并不能以国籍为联系行使管辖权。

3.2 其他公约或国家的有关规定

《英国国家豁免法》第4条、《关于国家豁免的欧洲公约》第5条与《联合国国家及其财产管辖豁免公约》第11条规定的雇佣合同例外适用的范围几乎一样，但也有一些差别。

在"弗卡蒂诉英国案"（Fogarty v. UK，2001）中，原告是一个受雇于美国驻英国大使馆的爱尔兰籍雇员。因为遭到解雇，她先是在一个商业法庭起诉美国使馆，理由是性骚扰，但诉讼被驳回。之后她再次申请使馆的工作没有成功，因而她再次起诉美国使馆性别歧视，美国大使馆主张国家豁免，获得法庭支持。然而法庭给予美国豁免的依据不是《英国国家豁免法》，而是《英国性别歧视法》。❶

英国法庭认为，在与雇佣有关的诉讼中有限制国家豁免权是一个趋势，然而，在这个案子中，法庭认为给予美国大使馆的豁

---

❶ Human Rights and Public Law Update，参见http：//www.1cor.com/1315/？form_ 1155. replyids＝422。

免没有超出英国法律的规定。因为根据《英国性别歧视法》第14条的规定,除了有关性别、国籍或其他属于抱怨的争议之外,国家豁免原则适用于所有涉及雇佣争议的案件。也就是说,在涉及招聘这个环节上,雇主国享有豁免权。

欧洲人权法院在"Cudak 诉立陶宛案"❶ 中也坚持同样的立场,并且认为国内法院在雇佣合同的诉讼中应至少保护雇员诉诸司法的权利。Cudak 女士是立陶宛籍人,1997 年 11 月受雇于波兰驻立陶宛首都维尔纽斯的大使馆,她的主要工作是秘书兼接线员。1999 年 Cudak 女士向"立陶宛平等机会调查委员会"(Lithuanian Equal Opportunities Ombudsman)申诉说其受到了一名外交官的性骚扰。调查委员会经过调查发现 Cudak 女士是性骚扰的受害人。之后,Cudak 女士病休了 2 个月。当她 10 月 29 日返回使馆工作时却被拒绝进入使馆,同样,在 11 月 22 日和 23 日也未被允许进入使馆工作。Cudak 女士给波兰大使写了封信说明自己的境况。12 月 2 日,Cudak 女士得到通知说,因为 11 月 22~29 日之间无故没来工作而被解雇。

Cudak 女士于是提起对波兰大使馆的民事诉讼,要求赔偿其受到的不公平解雇。立陶宛维尔纽斯地区法院因缺乏管辖权而驳回了 Cudak 女士的起诉,立陶宛最高法院也支持这个裁决。于是,Cudak 女士向位于斯特拉斯堡的欧洲人权法院提起对立陶宛的诉讼,声称立陶宛法院剥夺了她按照《欧洲保护人权和基本自由公约》(the Convention for the Protection of Human Rights and Fundamental Freedoms)第 6 条第 1 款规定的权利。这一款的规定是,

---

❶ Cudak v. Lithuania, No. 15869/02, judgment on 24 February 2010, European Human Rights Court.

任何人有权在针对自己的有关民事权利和责任或者刑事指控的判决中获得及时、公平且公开审判的权利。

立陶宛共和国认为：

（1）不管是从理论上还是从实践来说，原告都应该到波兰的法院起诉。法庭拒绝原告诉讼是因为原告没有穷尽当地救济；

（2）该诉讼也不符合《欧洲保护人权和基本自由公约》规定的属物诉讼理由，原告是波兰大使馆雇佣的一名服务人员（civil servant），不是立陶宛的服务人员，不是本公约第6条保护范围内的人员。因此，立陶宛法院并没有违反公约第6条的规定。

欧洲人权法院认为，本案的关键问题在于立陶宛国内法院宣布自己没有管辖权和赋予个人诉诸司法审判的权利之间的冲突。在这个问题上，欧洲人权法院使用了"比例原则"（proportionality），强调第6条第1款的作用是赋予各国国民诉诸法庭诉讼的权利，对这个权利的限制应该在合法且合理的范围内，也就是要符合比例原则，即限制性的规定不能从根本上损害这种权利。根据"比例原则"，欧洲人权法院认为，在"弗卡蒂诉英国案"中，给予外国国家豁免权和保障各国国民诉诸法律的权利没有"不合比例"，因为，规定外国国家民事豁免权的法律目的是遵从国际法，促进国家间的礼仪和良好关系，同时案件的原告行使诉讼的权利也得到了保障。

此外，欧洲人权法院还与2004年《联合国国家及其财产管辖豁免公约》进行了比较。尽管立陶宛并没有在2004年《联合国国家及其财产管辖豁免公约》上签字，却没有投票反对这个公约。因此，欧洲人权法院认为，从立陶宛的这个举动来看就可以表明，即使不是公约的签字国，但如果公约的规定反映了习惯国际法的话，那么立陶宛仍然有义务要遵守。而欧洲人权法院认为

2004 年《联合国国家及其财产管辖豁免公约》反映的就是习惯国际法，立陶宛国内法院对本案并非没有管辖权。因此立陶宛主张执行法院判决将破坏与波兰之间的友好关系的理由是站不住脚的，违反了《欧洲保护人权和基本自由公约》第 6 条第 1 款的规定，此外，立陶宛的法院也没有遵从比例原则，过分地夸大了国家豁免而忽视了对原告权利的保护。

最后，欧洲人权法院 18 位法官一致通过了以下判决：

第一，《欧洲保护人权和基本自由公约》第 6 条第 1 款适用于本案。

第二，被告，立陶宛要在 3 个月内支付给原告 10 000 欧元以补偿其经济以及非经济损失；如果立陶宛没能在 3 个月内支付这笔赔偿金，那么赔偿金的数额将在同期欧洲中央银行规定的借款利率基础上再加上 3% 增加赔偿金。

第三，驳回原告的其他请求。

虽然《美国外国主权豁免法》没有关于雇佣合同例外的条款，然而，《美国外国主权豁免法》的立法历史却表明"外国支付的……雇佣员工……"或者"给外国政府修建大楼的"合同都是典型的商业行为，[1] 所以，在美国雇佣合同作为商业例外的一种，而没有规定单独的条款。但是，另一方面，这也给那些起诉自己的外国雇主的美国人造成了很多困难，比方说"尼尔森诉沙特阿拉伯案"（Nelson v. Saudi Arabia）[2] 以及"Berkovitz 诉伊朗

---

[1] H. R. Rep. 94~1487, supra, at 16, 1976 U. S. Code Cong. & Ad. News at 6615.

[2] Saudi Arabia v. Nelson, 113 S. Ct. 1471 (1993).

共和国案"❶。这两个案件都是发生在被害人受雇期间内,但由于案件的直接原因是与雇佣无关,因而诉讼请求都被驳回了。

在类似的案件中,美国法院仍然给予外国国家以豁免权,并且认为受害人的美国国籍不足以满足"直接的"或者"实质的"联系,美国法院不能行使管辖权。❷ 在"尼尔森诉沙特阿拉伯案"中,尼尔森夫妇之所以可以将沙特阿拉伯和这家医院起诉至法院的直接原因在于他们实施了关押和酷刑的行为,而不是医院雇佣尼尔森的行为。作为商业行为的雇佣行为并非本案的核心问题,尽管没有前面的雇佣就不会有后来的酷刑。虽然尼尔森夫妇的遭遇令人同情,但是他们却无法根据《美国外国主权豁免法》的"商业行为"例外为自己寻求法律救济。而且,案件发生地也并不在美国本土,而是发生在沙特阿拉伯境内。受害人的美国国籍不足以让美国法院行使管辖权。

3.3 小　　结

雇佣合同例外作为国家豁免例外出现得比较晚,在雇佣合同中涉及两个国家,即雇佣国和法院地国。作为雇佣国来说,它当然拥有完全的权力决定雇佣、任命、解雇雇员,并且在工作中要求他们遵守雇佣国的规定。对于法院地国来说,它则要执行本国的法律,保护劳动者的权益,比如说,获得报酬的权利、休息的

---

❶ Berkovitz v. Republic of Iran, 735 F. 2d, 9th Circuit, 1984.
❷ Ibid..

权利、医疗的权利、最低工资的权利、获得赔偿的权利等。而法院行使管辖权的前提条件是领土联系,原告必须是法院国国民,或者在当地有居所。

《联合国国家及其财产管辖豁免公约》充分考虑到两个国家的利益以及保护弱者——雇员的利益,不仅将雇佣合同从商业例外中独立出来,而且限制外国国家豁免的范围,只有那些外交代表、领事官员享有豁免权,而针对行政、技术人员提起的诉讼则不享有豁免权。

4

人身伤害和财产损害例外

随着国际社会对人权日益加强的重视和保护，国家尊重和保护人权的责任也在不断地增加。从传统国际法来说，对个人权利或财产受到外国侵害时，个人的国籍国一般通过外交途径来解决，直到20世纪70年代后逐渐有了这方面的判例和立法，《联合国国家及其财产管辖豁免公约》也将人身伤害和财产损害列入公约。然而，最初的这类案件是为了处理外国大使馆车辆造成的交通事故的，但是发展到现在已经完全超过了当初的立法初衷。自从人身伤害和财产损害列入国家豁免的例外，不仅出现了大量的案例，而且带来更多更严重的问题，这些问题挑战着国家豁免原则，也许会成为限制豁免原则发展的一个契机。

4.1　基本原则

《联合国国家及其财产管辖豁免公约》第12条规定，除有关国家间另有协议外，一国在对主张由可归因于该国的作为或不作为引起的死亡或人身伤害、或有形财产的损害或灭失要求金钱赔偿的诉讼中，如果该作为或不作为全部或部分发生在法院地国领土内，而且作为或不作为的行为人在作为或不作为发生时处于法院地国领土内，则不得向另一国原应管辖的法院援引管辖豁免。

《美国外国主权豁免法》第1605条（a）款（5）项规定：即某外国或者该外国任何官员或雇员在职务或雇佣范围内的行动中发生侵权行为或过失，从而在美国境内造成人身伤害、死亡或者财产损害或丧失，（受害一方）为此向该外国追索损害赔偿金的；但本项规定不适用于下列情况：

（甲）基于行使和履行或者不行使和履行自由裁量权能而提起的任何权利要求，不管此项自由裁量是否被滥用。

（乙）由于诬告、滥用程序、文字诽谤、口头诽谤、歪曲、欺骗或者干涉契约权利而引起的任何权利要求。

《英国国家豁免法》第5条规定，国家在涉及下列情事的诉讼中，不得享有豁免：（a）死亡或人身伤害；或（b）有形财产的损害或灭失，只要此等情事是因在联合王国境内的作为或不作为引起的。

法院在审理此类诉讼时，将适用侵权行为地的法律（lex loci delicti commissi），外国国家不得主张豁免。❶ 这是为了个人能够在遭受因为外国国家的作为或不作为而造成人身死伤或者财产损失时能够诉诸司法寻求有效的救济和弥补损失，这时能够行使管辖权的法院就是侵权行为地国的法院。

从法律规定上看，国际条约和有关国内法不约而同地强调三个方面：

第一，侵权行为发生地必须是在法院地国的领土内，这是国内法院行使管辖权的前提条件，排除了人身或财产受到侵害的国籍国法院的管辖权。❷

第二，在此类侵权案件中适用的法律应当是当地的法律，这与一般的国际私法上适用侵权的法律规则不同，排除了适用其他国家法律的可能性。

---

❶ Draft articles on Jurisdictional Immunities of States and Their Property, with commentaries, 1991, p. 44.

❷ Foot note 149, Draft articles on Jurisdictional Immunities of States and Their Property, with commentaries, 1991.

第三，在侵权行为例外中没有适用国家行为原则，也不按照主权行为和商业行为进行分类，只要造成了人身伤害和财产损害，国家不能主张国家豁免。❶

4.2　侵权例外与国家责任

人身伤害和财产损害例外在适用时也有诸多的限制条件，按照《联合国国家及其财产管辖豁免公约》的规定，这些限制条件包括：

（1）侵权发生的行为地为接收国的领土内；❷

（2）侵权行为主要是指各种交通事故造成人员死伤和财产损失，这主要是为了避免那些保险公司逃避赔偿的责任；❸

（3）必须是"有形的"人身伤害和财产的灭失，至于名誉、经济权利或者社会权利的损失都不在这个范围之内；❹

（4）该侵权行为是一般含义上的侵权行为，按照《联合国国

---

❶ Sienho Yee, Foreign Sovereign Immunities, Acta Jure Imperii and Acta Jure Gestionis: A Recent Exposition from the Canadian Supreme Court, Chinese Journal of International Law, 2003, Vol. 2, No. 2, p. 653. Draft articles on Jurisdictional Immunities of States and Their Property, with commentaries, 1991, p. 45.

❷ Draft articles on Jurisdictional Immunities of States and Their Property, with commentaries, 1991, p. 45.

❸ Ibid..

❹ Ibid..

家及其财产管辖豁免公约的解释说明》就是，对于那些由于边境冲突或者跨界的行为而造成的人身伤害和财产损失则不在第12条所规定的范围之内；❶

(5) 侵权行为发生的"主权"性质还是"管理"性质在所不论；❷

(6) 造成侵害行为的行为人在起诉时应该出现在法院地国的境内，如果起诉时被诉人离开该国，那么法院地国的法院无权发出命令强制被诉人回到法院地国参加诉讼；❸

(7) 对人身损伤和财产损失的赔偿要求应该是给付一定的金钱。这是起草委员会二读时加入的"金钱"（pecuniary），以便说明赔偿的形式。❹

不少国家在侵权例外中认为这有可能产生国家责任问题❺，但是《联合国国家及其财产管辖豁免公约》在导言部分非常明确地说明公约不影响传统的国家元首豁免、外交豁免等领域。那么，侵权例外会不会造成国家责任呢？

说明这个问题，我们必须要区分清楚国家豁免原则与国家责任之间的区别和联系。

首先，两者之间的联系体现在：

第一，两者都与国家主体密切联系。国家的行为不是抽象

---

❶ Draft articles on Jurisdictional Immunities of States and Their Property, with commentaries, 1991, p. 45.

❷ Ibid..

❸ Draft articles on Jurisdictional Immunities of States and Their Property, with commentaries, 1991, p. 46.

❹ Ibid., p. 45.

❺ Ibid., p. 46 12 (10).

的，总是由具体的机构、组织或个人来进行的，这些机构、组织或个人是否是国家的组成部分或者代表国家，是确定这些机构、组织或个人能否享有豁免特权或承担国家责任的前提条件。

第二，在侵权行为例外方面由于不要求区分国家的主权行为和管理权行为，所以就会造成国家承担国家责任的法律结果。比如，外交官员或使领馆雇员在行使公务时造成的侵权行为并承担赔偿责任。这种情况在英美等国表现得尤为突出，侵权行为已不再限于交通肇事之类的私法性质的行为，而是扩展至国家的公务行为。国家享有豁免特权的范围缩小了，而国家要为其违法行为承担的责任则更加落实了。

国际法的规则可以分为基本规则（primary rules）和次级规则（secondary rules）。基本规则包括诸如国家豁免、外国人待遇、外交和领事豁免、尊重领土主权等在内的习惯国际法和条约。次级规则包括：（1）在哪些条件下可以认定行为违反了基本规则；（2）违反基本规则的法律后果。次级规则包含了独立和相对自治的国际法，这就是国家责任规则。[1]

国家豁免属于基本规则范畴，但是国家实施的侵权行为引起的国家责任属于次级规则。因而两者之间的区别也是显而易见的，具体表现为：

第一，行为的对象不同。侵权行为的对象限定于国家对个人或法人的权益的损害，而国家责任中受到损害的对象不仅包括个人、法人，还包括其他国家。

第二，行为发生地不同。侵权行为是外国国家在法院地国内

---

[1] Antonio Cassese, *International Law*, Second Edition, Oxford University Press, p. 244.

因作为或不作为而产生的损害。在国家责任中，国家的作为或不作为既可以发生在国内，也可以发生在国外。

第三，解决的方式不同。侵权例外中的侵权行为限于发生在法院地国境内，法院地国法院行使管辖权。而在国家责任里，国际上通行的做法是国家间组成委员会共同解决，或者由受害国提起国际仲裁或国际诉讼。

第四，责任的侧重点不同。侵权行为例外主要涉及的问题是外国国家主权和法院地国属地管辖权之间的冲突，而国家责任强调的是国家行为的违法性。

正如国际法院在"逮捕令案"中所强调的那样，"（外交部长的）刑事管辖豁免和个人刑事责任是两个概念。管辖豁免是一个程序规则，而刑事责任则是实体法的范畴。管辖豁免在一定时期内可以起到阻止国内检察官起诉的作用；但这并不等于就免除了个人所应当承担的刑事责任"。[1]

国际法院的判决也说明了国家豁免与国家责任之间的关系。国家豁免是一个程序规则，而国家责任是实体法的范畴。国家豁免可以使得国家免于在外国法院受到审判，但这并不等于可以免除国家应当承担的（民事）责任。作为次级规则的国家责任法使得国际法上各项原则、规则不再是抽象的空中楼阁，包括在国家豁免之内，它建立起一套机制，用来追究国家违反基本规则的责任。这是实现国际法治的需要，国际法不再是仅仅具有一些基本原则规则的"软法"，而是可以实实在在发挥法律约束力的"硬法"。当代国际法更关心的是，国家在违反了这些基本规则时如何承担责任的问题。

---

[1] ICJ, Judgment of Warrant Case, para. 60.

《联合国国家及其财产管辖豁免公约》及各国的立法说明，国际法在国家豁免这个问题上所体现出来的功能化的发展趋势，基于礼让和保持友好关系而使外国主权国家享有管辖豁免特权，绝对豁免原则考虑的是国家的"身份特质"，强调国家主权平等，不考虑国家行为的合法性。而限制豁免原则基于国家的现代职能多样化、复杂化，侧重于规范国家行为的合法性。也正因此，限制豁免原则的内容总是不能确定，因为它要随着人们对国家职能的不断认识而变化。

4.3 有关的司法实践

4.3.1 最初的司法实践

人身伤害和财产损害的司法判例出现得比较晚，从20世纪60年代才开始。较早的案例是奥地利最高法院审理的"与外国政府用车碰撞案"❶，这是一个因为交通事故导致的侵权案件。原告是一个奥地利人，因为其汽车被美国大使馆运送邮件的汽车撞坏，在法院提起诉讼要求赔偿。奥地利最高法院认为起诉的对象并非使馆运送邮件的行为，而是因为驾驶行为造成交通事故，所以判决法院有管辖权。

---

❶ J. Dunoff, S. Ratner, D. Wippman, International Law: Understanding Process Through Problems, 2002, p. 219.

《美国外国主权豁免法》和国会的立法报告显示，❶ 侵权行为不一定是主权行为，因而法院无须区分侵权行为是主权行为还是商业行为。虽然大多数的侵权行为与商业活动有关，比如"美国BP化学公司诉中国江苏SOPO公司案"，美国BP公司指控中国江苏SOPO公司不正当地使用了美国BP公司的商业秘密。美国第八上诉巡回法院侵犯知识产权的行为视此为"商业活动"❷，而那些"非商业活动"引发的侵权行为才是《美国外国主权豁免法》第1605条（a）款（5）项主要针对的侵权行为。❸

侵权例外与国家豁免例外的其他情形相比最主要的特点就是要求侵权行为与法院地国之间的领土联系，这是侵权地国法院行使管辖权的前提条件。然而各国的领土联系的标准并不一致，有的采用"损害发生地原则"，有的则采取"侵权行为发生地"原则。

《联合国国家及其财产管辖豁免公约》采用"侵权行为发生地"原则确定能够行使管辖权的法院，❹ 这是因为联合国公约制定侵权行为例外主要是针对在海、陆、空运输过程中发生的事故，这类事故一般会发生在一国的境内，而对于那些由于跨境行为造成的侵权事件则不能适用第12条，例如边境武装冲突造成

---

❶ House Report No. 94~1487, UN State Immunity Materials, p. 112. 转引自陈纯一：《国家豁免问题之研究——兼论美国的立场与实践》，三民书局2000年版，第227页。

❷ BP Chemicals Ltd., v. Jiangsu SOPO Corporation（Group）Ltd., 420 F. 3d 810, United States Court of Appeals, Eighth Circuit, August 25, 2005.

❸ 《美国对外关系第三次重述》，第410页。

❹ Draft articles on Jurisdictional Immunities of States and Their Property, with commentaries, 1991, p. 45.

的跨界枪击等。❶

《英国国家豁免法》采用的也是"侵权行为发生地"原则，只要侵权行为——作为或者不作为——发生在英国境内，英国的法院就可以行使管辖权。

《美国外国主权豁免法》的规定是"……在美国境内造成人身伤害、死亡或者财产损害或丧失"（... personnal injury or death, or damage to or loss of property, occurring in the United States），美国国会的立法报告强调"侵权行为必须发生在美国境内"❷。但在《美国对外关系第三次重述》里却认为，只要损害发生在美国境内，不论侵权行为发生在哪里，美国法院都有管辖权。❸ 而美国法院的多数案例说明，除了"损害发生地"在美国境内之外，侵权行为的主要部分也必须发生在美国境内，法院才会行使管辖权。❶

4.3.2 新近发展

美国和英国近些年的一些典型案件说明在人身伤害和财产损

---

❶ Draft articles on Jurisdictional Immunities of States and Their Property, with commentaries, 1991, p. 45.

❷ House Report No. 94~1487, UN State Immunity Materials, p. 112. 转引自陈纯一：《国家豁免问题之研究——兼论美国的立场与实践》，三民书局2000年版，第227页。

❸ 《美国对外关系第三次重述》，第409页。

❶ 龚刃韧：《国家豁免问题的比较研究——当代国际公法、国际私法和国际经济法的一个共同课题》，北京大学出版社1994年版，第69页。陈纯一：《国家豁免问题之研究——兼论美国的立场与实践》，三民书局2000年版，第228页。

害例外方面一些新的进展和问题。

在美国主要有两个案子,"尼尔森诉沙特阿拉伯案"(Nelson v. Saudi Arabia)❶ 和"Berkovitz 诉伊朗共和国案"❷。"尼尔森诉沙特阿拉伯案"的受害人尼尔森受雇于沙特的一家医院,在工作中遭受到了警察的酷刑,美国联邦最高法院以本案涉及的主要是酷刑而非雇佣合同,警察行使的是主权行为等理由,判定法院没有管辖权。Berkovitz 在伊朗受雇于一家美国航空公司,被伊朗的一个革命组织——Kavir 杀害了。第9巡回法院认为,本案的诉由主要是谋杀行为,并不是《外国主权豁免法》中的商业行为,而谋杀行为的发生也与 Berkovitz 的工作没有联系,谋杀行为本身对美国也没有造成直接的影响。

不少美国学者对"尼尔森诉沙特阿拉伯案"中法官认为没有商业行为的结论有不同意见,❸ 并认为沙特阿拉伯明显地介入商业交易中,理由有三:其一,沙特通过美国的公司在美国当地招聘员工,这是商业行为;其二,沙特雇佣尼尔森并且签订雇佣合同,这也是商业行为;其三,沙特的商业行为一直持续到尼尔森的工作中。但是学者最后也承认,从沙特一系列行为中很难区分哪些是商业行为而哪些又属于国家行为。在这样的案件中受害人的美国国籍被认为是不足以满足"直接的"或者"实质的"联系,❹ 法院因而没有管辖权。

---

❶ Saudi Arabia v. Nelson, 113 S. Ct. 1471 (1993).
❷ Berkovitz v. Republic of Iran, 735 F. 2d, 9th Circuit, 1984.
❸ Andrew Jackson, *The Commercial Activity Exception-Justice Demands Congress Define a Line in the Shifting Sands of Sovereign Immunity*, Marquette Law Review, Vol. 77, pp. 893~923, 1994.
❹ Berkovitz v. Republic of Iran, 735 F. 2d, 9th Circuit, 1984.

在"尼尔森诉沙特阿拉伯案"等类似案件里,仅仅因为存在雇佣关系而适用雇佣例外或者商业行为的做法显然无法保障被害人的权益,但美国法院也没有适用《美国外国主权豁免法》第1605条(a)款(7)项中规定的"酷刑例外",这是因为沙特不是美国国务院公布的"流氓国家"(rogue states)❶。酷刑例外条款只适用于美国国务院公布的"流氓国家"名单上的那些国家。因此,对于像尼尔森这样的受害人来说,他们根本无法得到公正的法律救济。

而公布后一直处于"休眠"状态的《外国人侵权请求法》(the Alien Tort Claims Act of USA)也开始"活跃"起来,一些外国人来到美国向法院起诉他们受到外国甚至是本国政府实施的侵权行为。然而案例表明法院的实践也非常不一致。在"Tachiona女士诉穆加贝案"❷中法庭接受了美国国务院发出的"豁免建议函",从而驳回了原告对穆加贝的指控,但根据美国的《外国人侵权法案》(Alien Tort Claims Act,ATCA)和《酷刑受害者保护法案》(Torture Victim Protection Act,TVPA)的规定,同时判定穆加贝所在政党——津巴布韦非洲人联盟-爱国前线(Zimbabwe African National Union-Patriotic Front,ZANU-PF)——要为在竞选期

---

❶ "流氓国家"是美国等西方国家针对那些集权统治、严重侵犯人权、支持恐怖主义、寻求拥有大规模杀伤性武器等国家的称呼,2000年美国国务院不再使用"流氓国家",改为"受关注的国家"(States of Concern),名单上的国家也总在变化,目前名单包括的国家有古巴、伊朗、朝鲜、苏丹和叙利亚。参见http://en.wikipedia.org/wiki/State_of_concern,2014年5月22日访问。

❷ Tachiona v. Mugabe, 169 F. Supp. 2d 259, South District of New York 2001.

间造成的人员伤亡和财产损失赔偿 7300 万美元给政治对手。从法律上来讲，穆加贝是清白的，但他领导的政党却犯了法。原告 Tachiona 女士指控穆加贝在大选期间命令、指示实施了这些违法行为，而这些指控同时也针对穆加贝所在的政党，或者至少穆加贝是这些行为的直接受益人——在 2000 年的大选中他再次当选为总统。

行为本身的违法性不能成为拒绝给予国家豁免的理由。❶ 然而有的案例并非如此。菲律宾前总统费迪南德·马科斯下台后与其家人流亡美国夏威夷，由于他主政菲律宾期间在国内实行军事独裁统治，对不同政见者采取非法逮捕、酷刑和监禁，他和他的夫人伊梅尔达·马科斯官司不断，在美国和菲律宾都有针对他们的起诉。第九巡回上诉法院在"马克西姆等诉马科斯案"（Maximo HILAO, et al. v. ESTATE OF Ferdinand MARCOS）❷ 的判决中认为马科斯受到指控的行为以政府授权为幌子，实际上超出了授权的范围，违反国际法，《美国外国主权豁免法》没有给予这类行为豁免的特权。

同样是外国人起诉本国国家元首，也同样是侵犯人权的行为，但最后的结果却截然相反。对"行为本身的违法性不是拒绝给予国家豁免的理由"这句话或许可以这样理解，行为的违法性涉及实体法问题，而国家豁免是程序规则。

---

❶ House of Lords Opinions of the Lords of Appeal For Judgment in the Cause, Jones v. Saudi Arabia, 14 June, 2006, para. 12.

❷ Maximo HILAO, et al., Class Plaintiffs; Vicente Clemente, et al., Class Plaintiffs; Jaime Piopongco, et al., Class Plaintiffs. Plaintiffs-Appellees, v. ESTATE OF Ferdinand MARCOS, 25 F. 3d 1467, No. 92 ~ 15526, United States Court of Appeals, Ninth Circuit, June 16, 1994.

在英国有两个类似的案件,即"阿尔·阿德萨尼诉英国案"和"琼斯诉沙特阿拉伯案"(Jones v. Saudi Arabia)([2006] UKHL 26)。在"琼斯诉沙特阿拉伯案"❶ 中,上议院认为沙特国家因为实施了酷刑行为不应享有国家豁免,理由之一是1984年《禁止酷刑公约》第14条规定"缔约国应在各自的法律体制内确保酷刑受害者得到补偿",英国作为公约的缔约国应保证公约的规定得到执行。所以,英国法院没有给予沙特国家豁免并非因为法官们认为强行法应该优先于程序法,而是因为英国有遵守条约的义务。

在强行法和国家豁免哪个优先的问题上有两种对立的观点,一种观点认为,国家豁免是程序性规则,而禁止酷刑的强行法属于实体法的内容,程序性规则并不与实体法相冲突,国家豁免只是否定了司法解决争议的方法从而可以改用其他的方式解决,强行法的规定不能影响司法程序中的国家豁免。❷ 持有这种观点的是英国上议院的法官以及欧洲人权法院的大多数法官们,以及国际法院的法官们❸。另一种观点认为,"禁止酷刑成为强行法的结果就是在国际法的范围内剥夺了国家豁免在所有法律领域中的适

---

❶ Jones v. Ministry of Interior Al-Mamlaka Al-Arabyia AS Saudiya (the Kingdom of Saudi Arabia) [2006] UKHL 16.

❷ House of Lords Opinions of the Lords of Appeal For Judgment in the Cause, Jones v. Saudi Arabia, 14 June, 2006.

❸ 2012年2月国际法院在"德国诉意大利国家豁免案(希腊介入)"的判决中认为,意大利国内法院作出的德国就其在"二战"期间给意大利受害者造成的损害予以赔偿的判决违反了德国作为一个主权国家应享有的国家豁免的权利。

用，国内的刑事诉讼程序或者民事诉讼程序都不是问题。"❶ 持这种观点的是"阿尔·阿德萨尼诉英国案"和"琼斯诉沙特阿拉伯案"的英国上诉法院以及欧洲人权法院在"阿尔·阿德萨尼案"中的少数法官。

首先我们来分析第一种观点，即认为强行法不能影响司法程序中的国家豁免原则。支持这一观点的理由可以总结为以下四点：

第一，《维也纳条约法公约》第53条对强行法的规定是："条约在缔结时与一般国际法强制规律抵触者无效。就适用本公约而言，一般国际法强制规律指国家之国际社会全体接受并公认为不许损抑且仅有以后具有同等性质之一般国际法规律始得更改之规律。"禁止酷刑属于强行法的范畴，而国家豁免是程序性规则，在法庭确定自己有无管辖权的程序性阶段不涉及案件的实质问题，因此，强行法对程序性规则不应当有任何影响。对于具有官方或者政府性质的行为必须找到属物豁免的理由，这个方法是被诉国家阻止法院行使民事管辖权的重要方法，这个方法现在也适用于刑事诉讼程序。这一点在"皮诺切特引渡案"中体现得最为明显。

第二，行为本身的违法性不是拒绝给予国家豁免的理由。❷ 正如在上文曾经提到的"Tachiona诉穆加贝案"一样，法庭接受

---

❶ Joint dissenting opinion of Mr Rozakis and Mr Caflisch joined by Mr Wildhaber, Mr Costa, Mr Cabral Barreto and Mrs Vaji？, Judgment of case of Al-Adsani v. the United Kingdom, Application No. 35763/97, 21 November, 2001.

❷ House of Lords Opinions of the Lords of Appeal For Judgment in the Cause, Jones v. Saudi Arabia, 14 June, 2006, para. 12.

了美国国务院发出的"豁免建议函",驳回了原告对穆加贝的指控,但根据美国的《外国人侵权法》和《酷刑受害者保护法》判定穆加贝所在政党——津巴布韦非洲人联盟－爱国前线——为在竞选期间造成的人员伤亡和财产损失赔偿 7 300 万美元。

所以,对于"行为本身的违法性不是拒绝给予国家豁免的理由"这句话的理解是,行为的违法性涉及的是实体法的问题,而国家豁免是程序规则。这句话又再次印证了第一个理由,也就是说,强行法也好,非强行法也好,都是实体法的范畴,它都不是拒绝给予国家豁免的理由。

第三,习惯国际法还没有确立这样的规则,即国际法上禁止酷刑已成为强行法的现实剥夺了国家在实施了酷刑行为时在外国法院的诉讼中不得主张国家豁免。❶ 英国上议院法官在判决中引用了国际法院在"逮捕令案"中的一些结论,即,在民事诉讼方面已经出现了行使域外管辖权(extraterritorial jurisdiction)的情况,国际法院指的是美国法院适用《外国人侵权法》而审理外国国家在侵犯人权方面的案件,然而美国的这种做法并没有得到多少国家的支持。从国家实践方面,确实没有这方面的趋势,因而也更无从找到习惯国际法所要求的法律确信。

第四,作为《欧洲保护人权和基本自由公约》的缔约国之一,英国还有义务执行公约的规定,尤其是该公约第 6 条第 1 款有关公民获得及时、公平、公正的司法救济的权利。英国法院给予实施了酷刑行为的外国国家豁免权是否违反了英国所承担的其他条约义务呢?

---

❶ Judgment of Al-Adsani v. United Kingdom,No. 35763/97,21 Nov. 2001,European Human Right Court,para. 61.

欧洲人权法院在"阿尔·阿德萨尼诉英国案"中认为，英国给予科威特以国家豁免并没有给阿德萨尼诉诸司法救济的权利造成任何"不成比例"的损害。❶ 也就是说，很多国家像英国一样承担着多重公约义务，英国不仅是《禁止酷刑公约》的缔约国，还是《欧洲保护人权和基本自由公约》的缔约国。在欧洲人权法院看来，《禁止酷刑公约》并没有影响到国家在民事诉讼方面享有的属人管辖特权，尽管禁止酷刑是强行法；同时英国法院受理了阿尔·阿德萨尼以及后来琼斯的起诉，虽然没有支持他们的诉讼请求，但是英国并没有违反《欧洲保护人权和基本自由公约》第6（1）条所规定的公民有获得及时、公平、公正审判的权利。

与上述观点相反的一种观点则是针锋相对，他们的理由主要有三个：

第一，接受禁止酷刑作为强行法就意味着被诉的国家不能再以较低级别的规则，如国家豁免，来避免违法行为带来的后果。❷

第二，意大利的"费里尼诉德国案"（Ferrini v. Germany）表明，禁止酷刑这样的强行法规定中所包含的价值要高于国家豁免原则中所包含的价值。❸

第三，强制性法律规范的典型效力是，国家不能通过条约或者习惯国际法加以减损，与此类规范相抵触的条约或者习惯国际

---

❶ Judgment of Al-Adsani v. United Kingdom, No. 35763/97, 21 Nov. 2001, European Human Right Court, para. 56.

❷ Appeal judgment in case of Al-Adsani v. Kuwait, 34 EHRR 273, 298~299.

❸ Pasquale De Sena and Francesca De Vittor, State Immunity and Human Rights: the Italian Supreme Court Decision on the Ferrini Case, 2005, 16 EJIL, pp. 89~112.

法自始无效。❶ 强行法具有的"威慑效力"使得"任何人不得背离"的绝对价值。❷ 在国内层面上任何违反强行法的法令都丧失了合法性。正如前南刑庭在"Furundzja 案"中所指出的那样,"(因违反强行法而受到损害的)受害人在适格的国际或者国内司法机构中拥有当事方地位,他们可以提起诉讼,请求该司法机构判决有关国内措施在国际法是非法的,受害人也可以在外国法院提起民事诉讼,并可以请求该外国法院对有关国家制定的授权性法令的法令价值不予理会。"❸

上述两种观点都可以用一句话来概括,第一种观点的中心意思是,强行法在实体法的范围内总是优先适用,但不能影响程序法。第二种观点的中心意思是,强行法对于其他所有法律,不管是实体法还是程序法,强行法优先适用。

然而目前主要的国家实践和国际法院判例表明,即使国家的行为违反了国际法,外国法院也不得对其进行诉讼行为。对国家的这类违法行为,只能通过司法诉讼之外的其他方式解决,比如通过谈判、协商、调解等。

---

❶ [意]安东尼奥·卡塞斯:《国际法》,蔡从燕等译,法律出版社 2009 年版,第 274 页。

❷ Furundzja case, ICTY, IT−95−17/1, para. 154~157.

❸ Ibid., para. 155.

4.4 小　　结

就侵犯人权和财产损害例外来说，国内法院仍然将其与商业行为挂钩，面对大量的因为国家或政府实施的侵害人权的行为，国内法院倾向于避免行使管辖权。在"Berkovitz 诉伊朗共和国案"中，美国第九巡回法院认为，Berkovitz 在伊朗被杀害是一种侵权行为，不是商业行为，但对于美国公民在外国遭受到的侵权行为，美国法院没有管辖权。[1]

侵权例外并不能为那些受害人提供救济，这也说明作为限制豁免原则在理论和实践中存在的严重不足。尽管《联合国关于国家不法行为责任的草案》已经将侵犯人权和财产损害列入条款作为一项国家不法行为，然而，各国并没有建立起与之相适应的国内法，在这个问题上各国法院依然小心翼翼，避免由此而给国家间关系带来任何可能的问题。

---

[1] Para. 14, Margot Berkovitz v. the Islamic Republic of Iran, 735 F. 2d 329, United States Court of Appeals, Ninth Circuit, May 1, 1984.

5

国家豁免例外的其他四种情形

本章简要概述国家豁免例外的其他几种情形,包括"国家同意放弃豁免""财产的所有、占有和使用""知识产权和工业产权""参加公司或其他集体机构"和"国家拥有或经营的船舶",主要探讨这几种例外情形及其与限制豁免原则之间的关系,特别是与商业例外之间的关系。

5.1 国家同意放弃豁免

国家同意放弃豁免的重点和难点在于放弃豁免的方式,明示的或者暗示的,尤其是暗示放弃豁免,以及它们的效力问题。

《联合国国家及其财产管辖豁免公约》对于同意放弃管辖豁免规定了3个条款,即第7条、第8条和第9条,国家同意另一国国内法院行使管辖权的形式包括:

(1) 第7条,以书面形式放弃国家管辖豁免的特权,书面形式包括国际协定、书面合同、在法院发表的声明或在特定诉讼中提出的书面函件;

(2) 第8条,国家本身提起诉讼,或者就案件的实体问题采取了步骤;

(3) 第9条,反诉。

国家同意放弃豁免意味着同意将自己———一个主权国家——置于另一个主权国家国内法院的管辖权之下。除了上述三种形式的同意之外,国家为了主张国家豁免而参与法庭诉讼(《联合国国家及其财产管辖豁免公约》第8条3款)、国家未出庭参加法庭诉讼(《联合国国家及其财产管辖豁免公约》第8条4款)以及国家为了对诉讼中的待决财产主张权利（益）（《联合国国家及其财产管辖豁免公约》第8条2款［b］项）都不得解释为国家同意放弃豁免。

除了明示放弃管辖豁免之外，还有暗示放弃管辖豁免的方式，后者也是最复杂、争议最大的。暗示放弃管辖豁免的方式多种多样，惯常的做法是在仲裁条款里规定放弃管辖豁免。《联合国国家及其财产管辖豁免公约》第17条规定，仲裁的效果仅限于有管辖权的法院管辖的下列事项："（a）仲裁协议的有效性、解释或适用；（b）仲裁程序；或（c）裁决的确认或撤销，但仲裁协议另有规定者除外。"显然，这与法院行使司法管辖权完全不同。

不仅法律上规定有所不同，在司法实践上也有差异。香港"刚果（金）案"中，刚果（金）在与南斯拉夫的Energoinvest公司签订的合同中就规定了将合同争议诉诸仲裁的条款。刚果（金）既没有参加在法国和瑞士进行的仲裁，对不利于自己的两个仲裁结果也没有提出异议，❶ 而是拒不执行这两个仲裁决定。当FG公司在香港法院申请执行入门费时，刚果（金）提出了享有国家豁免特权的请求。原告FG公司认为刚果（金）通过签订仲裁协议的方式已经"默示地"放弃了豁免特权，但是香港原讼法院和上诉法院的法官们却一致认为，刚果（金）没有放弃其司法管辖权的豁免和执行豁免。❷ 终审法院多数法官更是直接指出，刚果（金）签署仲裁条款的行为并不构成接受任何国家的司法管

---

❶ "刚果（金）案"香港上诉法院判决第4段。

❷ "刚果（金）案"香港原讼法院判决第117段，上诉法院判决第180段和第234段。

辖权，而只是涉及对协议的另一方承担合约责任。❶

然而，也有人持不同意见，认为签订仲裁条款就意味着放弃了管辖豁免和执行豁免。在"刚果（金）案"中，终审法院少数法官认为刚果（金）已经放弃了管辖豁免和强制执行豁免的特权，无论香港实行的是绝对豁免原则还是限制豁免原则。❷ 因为合同的仲裁条款表明刚果（金）同意按照《纽约公约》的规则进行仲裁，尽管刚果（金）不是《纽约公约》的缔约国。《纽约公约》的主旨在于解决外国仲裁裁决和非内国仲裁裁决的执行问题，作为《纽约公约》的缔约国应该承认这些仲裁裁决的效力，承认并执行之。❸ 而我国香港特区作为适用《纽约公约》的地区，负有承认和执行仲裁裁决的条约义务。法院还同时援引美国、英国、瑞典等国的一些案例以及学者们在这个问题上的观点，认为仲裁条款的作用在于放弃管辖豁免，而"豁免的放弃延伸适用于执行"。❹ 这种观点的理由是，一个国家执行它已经订立的商业交易的判决及仲裁裁决，正符合该国的尊严。❺ 这里其实包含着普通人在进行商业合作时对合作者持有的合理期待，这种合理期待不会因为对方是一个主权国家而有所改变。

国内法院对于仲裁行使的权力仅仅是"监督"的权力，并不涉及仲裁裁决的执行问题，这是《联合国国家及其财产管辖豁

---

❶ "刚果（金）案"香港终审法院判决第 377 段。
❷ "刚果（金）案"香港终审法院判决第 150 段。
❸ 《纽约公约》第 1 条。
❹ "刚果（金）案"香港终审法院判决第 157 段。
❺ "刚果（金）案"香港终审法院判决第 161 段。

公约》中司法对仲裁进行干预的"边界"。仲裁本身所具有的自愿[1]和灵活性[2]的特点使它明显地区别于司法的强制,有的国家甚至简化国内法院对仲裁的监督程序,目的就在于吸引外国到本国来进行仲裁。[3] 这就会造成一种现象,比如说,在法国国内进行的仲裁,但是仲裁依据的法律却是德国的,那么这个仲裁对法国而言是非内国仲裁,对德国却是国内仲裁,法国法院和德国法院都有权对这个仲裁进行司法干预和监督。[4] 如果是有关投资方面的仲裁,按照1965年《关于解决国家与其他国家国民之间投资争端公约》(以下简称《华盛顿公约》)第54条的规定,缔约国对于按照该公约作出的仲裁裁决要像执行本国法院的最后判决一样执行。如果仲裁裁决不利于外国国家,那么执行仲裁裁决的国家就不可避免地将涉及执行外国国家在本国财产的问题,如果没有《华盛顿公约》条约义务的限制,就会引起执行仲裁裁决的国家和被执行仲裁裁决国家之间的冲突。然而,规范国家与外国个人或者法人之间仲裁裁决执行问题的公约到目前为止也只有《华盛顿公约》,在其他经济合作领域里国家与外国个人或者法人之间的仲裁裁决该如何承认和执行的问题还是交由各国国内法来解决。

---

[1] 赵秀文:《国际贸易法专题研究》,中国人民大学出版社2009年版,第378页。

[2] [英]伊恩·布朗利:《国际公法原理》,曾令良等译,法律出版社2007年版,第624页。

[3] Draft Article on Jurisdictional Community on States and Their Property, with commentaries, 1991, para 17 (4), p. 43.

[4] 赵秀文:《国际贸易法专题研究》,中国人民大学出版社2009年版,第379页。

美国在这个问题上采取了仲裁地原则,即如果仲裁是在美国境内进行的,那么就可以认为外国国家放弃了管辖豁免,❶ 但对于仲裁地不在美国境内的仲裁,美国国内法院的做法又并不一致,有的认为外国国家已经放弃了管辖豁免,有的认为没有放弃豁免。尽管美国 1988 年修改了《美国外国主权豁免法》,在第 1605 条(a)款中规定,除了仲裁地联系之外,又增加了按照美国承认的条约所支配的仲裁裁决也要予以承认和执行的规定。由此,美国法院对于仲裁裁决的承认和执行范围将扩大到有美国参加的条约为依据进行的仲裁裁决,这类仲裁裁决就不限于那些在美国国内进行的仲裁裁决。

《英国国家豁免法》第 9 条(1)款规定:"国家以书面形式同意把一项已发生或者将要发生的争议提交仲裁,则该国对在英国法院与此项仲裁有关的诉讼中不享有管辖豁免。"由于英国法律规定中没有设定领土联系,所以,非内国裁决也可以在英国法院执行,外国国家不享有豁免。

《关于国家豁免的欧洲公约》的有关规定比较特别,该公约第 12 条第一款规定:"当一缔约国以书面形式同意将已发生或可能发生的民事或者商事争议提交仲裁时,则该国不得在另一缔约国法院就有关下列诉讼程序中主张管辖豁免,如仲裁在后者领土内,或者依照后者的法律已经进行或将要进行:

"(a)仲裁协定的有效性或解释;

"(b)仲裁程序;

"(c)裁决的撤销。

---

❶ 龚刃韧:《国家豁免问题的比较研究——当代国际公法、国际私法和国际经济法的一个共同课题》,北京大学出版社 1994 年版,第 252 页。

但仲裁协定另有规定的除外。"

欧洲公约对仲裁与国家豁免之间的关系规定得比较中庸。首先，它将仲裁限制在民事和商事的范围内，这与商业行为不享有豁免保持一致；其次，国内法院行使对仲裁裁决的管辖权的前提条件是，必须是仲裁地国的法院，或者是仲裁裁决所依据的准据法国的法院才能行使管辖权，限制了可以行使管辖权的国家的范围；再次，国内法院对外国国家的管辖权仅限于司法管辖权，没有延伸到仲裁的执行阶段，这与将国家管辖豁免和执行豁免分别对待的现状保持了一致。

在有关仲裁协定是否构成默示地放弃管辖豁免方面的争议，总结起来可以这样认为：

一方面，对于那些否认仲裁协定构成默示放弃管辖豁免的观点来说，国家放弃管辖豁免的范围严格地限制在与仲裁协定有关的特定事项。然而这个观点的缺陷在于对于那些没有履行仲裁裁决的国家来说，与之合作的个人和法人除了依靠司法程序强制执行仲裁裁决以外，他们还能依靠什么才能"迫使"国家履行它的义务呢？

另一方面，对于那些支持仲裁协定构成默示放弃管辖豁免的观点来说，扩大解释了国家放弃豁免的范围，将其延伸到了执行豁免领域。即使是坚持限制豁免原则的国家，在执行司法判决时仍然抱持着非常审慎的态度，对国家财产的执行限定一些条件，以避免给国家间关系制造问题。

仲裁协定是否具有国家默示地放弃管辖豁免乃至执行豁免的效果是一个颇具争议的问题，然而即使答案是肯定的，这种效果也是非常有限的。即使在理论上可以认定仲裁协定具有否定国家豁免以及执行豁免的效果，在国家的司法实践中也不能成行。[1] 这是因为国内法院行使管辖权必须要具备一些前提条件，仲裁必须与国家有某种联系，即或者属地联系，或者属人联系，或者是条约义务，这些问题还需要国际私法的配合才能解决。

作为主权者的国家有签署条约的能力，并且有遵守条约规定的义务。而作为商业合同中一个调控的仲裁协定意味着，合同的当事人选择用仲裁的方式解决他们之间的争端。但国家不是一般的当事人，国家还是一个主权者。

5.2 豁免例外的其他情形

《联合国国家及其财产管辖豁免公约》第三部分"不得援引国家豁免的诉讼"中还规定了其他几种不得享有豁免的情形，第13条的"财产的所有、占有和使用"、第14条的"知识产权和工业产权"、第15条的"参加公司或其他集体机构"和第16条的"国家拥有或经营的船舶"。这几种豁免例外在英国和欧洲的公约中也都有规定，《美国外国主权豁免法》中没有关于知识产权或者工业产权例外，或者类似《英国国家豁免法》中商标专利例外的规定，而是将这类例外一律放在"商业例外"中。

在"美国BP化学公司诉中国江苏SOPO公司案"中，美国BP公司指控中国江苏SOPO公司不正当地使用了美国BP公司的

---

[1] "刚果（金）案"香港终审法院判决第157段。

商业秘密。美国第八上诉巡回法院将此视为"商业活动",美国BP公司必须证明中国江苏SOPO公司的侵权行为与"商业活动"联系在一起。❶

这四种豁免例外情形可以综合起来分析,可以发现它们的共同点:

第一,《联合国国家及其财产管辖豁免公约》这4个条款都有"原应管辖的法院"(a court of another state which is otherwise competent)的规定。这4种豁免例外都属于民商法的领域,在法院的管辖方面也都涉及国际私法的问题,具体来说就是存在法律适用的冲突问题。在这种情况下,在多个国内法院都有管辖权时,不管哪个法院最终行使管辖权,按照《联合国国家及其财产管辖豁免公约》的规定,在这类诉讼中外国主权国家不得主张国家豁免。但是,《联合国国家及其财产管辖豁免公约》没有解决的问题是各国法院如何解决管辖权的冲突,将这个问题留给了各国法院根据本国的国际私法规定去解决。

与此类似的是《关于国家豁免的欧洲公约》,涉及的条款包括第6条"参加公司或者社团"、第8条"专利和版权"、第9条"不动产"和第10条"动产或者不动产的继承或者赠与"中。《关于国家豁免的欧洲公约》将"原应管辖的法院"变成了"另一缔约国的法院"(a court of another Contracting State)。与《联合国国家及其财产管辖豁免公约》的不同在于,欧洲公约确定了解决法律冲突的规则。《关于国家豁免的欧洲公约》第6条"参加公司或者社团"中规定,行使管辖权的法院应该

---

❶ BP Chemicals Ltd., v. Jiangsu SOPO Corporation (Group) Ltd., 420 F. 3d 810, United States Court of Appeals, Eighth Circuit, August 25, 2005.

是公司或者社团的注册地或者主营业地的法院；第8条"专利和版权"中确定有管辖权的法院是受理申请登记专利的国家的法院、或者是侵犯了第三人所有的专利权利的侵权发生地的法院；第9条"不动产"中确定有管辖权的法院是不动产所在地法院拥有管辖权；但是在第10条"动产或者不动产的继承或者赠与"则没有规定。

第二，《联合国国家及其财产管辖豁免公约》这4个条款涉及的多是民商事权利：第13条是关于动产或不动产的占有、所有和使用，是物权权利；第14条是关于知识产权；第15条是关于成员与法人或非法人间的关系；第16条是关于政府在船舶的商业用途中发生的诉讼。第16条规定的内容是有关商事权利，第13条、第14条和第15条则是民事权利。当国家成为这些民商事权利的主体时，在此类的民商事诉讼中，国家不得主张国家豁免。因为在民商事的法律关系中最基础、最根本的原则是主体之间的平等、意思自治为基本原则。当国家从统治者、管理者的角色转变为游戏的参与者时，国家就要放弃它原来高贵的身份，以及这种身份所带来的特权——国家豁免。

5.3 小　　结

从这4个豁免例外情形可以看到商业例外的局限性，《联合国国家及其财产管辖豁免公约》只能采用列举的方式规定国家从事的哪些行为不能享有豁免特权。同时这也是限制豁免原则的局限性，由于限制豁免原则的理论基础仍然是商业行为不享有豁免，但由于各国法律规定和司法实践千差万别，限制豁免原则的内容也缺乏稳定性，这就限制了限制豁免原则的继续发展，限制豁免原则要想获得更大的发展就需要有理论突破作为基础。

6

执行豁免

国家财产的执行豁免是一个与国家及其财产管辖豁免完全不同的问题,❶ 执行豁免是比管辖豁免更加敏感的问题,管辖豁免与执行豁免之间的区别反映了国家在面临指向其财产的强制执行措施时的某种敏感,以及执行措施可能导致在外交层面上的严重争端等问题。❷ 即使是在奉行限制豁免原则的国家,在执行豁免问题上也总是非常谨慎。

6.1 概 论

6.1.1 执行豁免的意义和性质

大量国家豁免的判决因为各种原因而得不到执行。美国地区法院在"杰克逊诉中华人民共和国案"中作出对中国不利的缺席判决后,中国当时的领导人邓小平在接见来访的美国国务卿舒尔茨时表达了中国对这个缺席判决的关切,并提醒美国这个事件将会严重影响两国的双边外交关系。❸ 为了避免因国内法院采取的强制措施而造成外交关系的紧张,执行豁免比管辖豁免更趋向于

---

❶ 龚刃韧:《国家豁免问题的比较研究:当代国际公法、国际私法和国际经济法的一个共同课题》,北京大学出版社1994年版,第353页。

❷ Sinclair, 167 Hague Recueil (1980, II), 218 – 20; Fox, 34 ICLQ (1985), 121. 转引自[英]伊恩·布朗利:《国际公法原理》,曾令良等译,法律出版社2007年版,第296页。

❸ Jackson v. the People's Republic of China, 794 F. 2d 1490, US Court of Appeals, Eleventh Circuit, July 25, 1986, paras. 33 ~ 34. 11.

采取"绝对豁免"的立场。❶

执行豁免包括所有指向外国财产的约束性措施，或是为执行判决，或是为判决前的扣押。❷《联合国国家及其财产管辖豁免公约》采用"强制措施"（measure of constraint）这个词来表示查封、扣押和执行（attachment, arrest and execution）等法律程序，❸《美国外国主权豁免法》使用"扣押"（attachment）和"执行"（execution），❹《英国国家豁免法》规定对外国国家及其财产的执行包括"扣押"（arrest）、"留置"（detention）和"拍卖"（sale）的法律行为。❺ 本书将采用联合国公约中使用的"强制措施"来表示对国家及其财产所进行的扣押、留置、拍卖、执行等法律行为。

"二战"之前，大多数国家在执行豁免上采取的是绝对豁免的立场，随着欧美等国家从绝对豁免立场转向限制豁免立场，执行的绝对豁免立场也随之改变，这些国家通过立法的形式确定外国国家财产不享有执行豁免。但是，在执行豁免方面同样面临判断被采取强制措施的国家财产是否适宜的问题。在对国家财产的判定标准上，与管辖豁免不同，是看财产的目的，即只有用于商

---

❶ H. Fox, "Enforcement Jurisdiction, Foreign State Property and Diplomatic Immunity", ILCQ, Vol. 34 (1985), p. 123. 转引自陈纯一：《国家豁免问题之研究——兼论美国的立场与实践》，三民书局2000年版，第270页。

❷ ［英］伊恩·布朗利：《国际公法原理》，曾令良等译，法律出版社2007年版，第296页。

❸《联合国国家及其财产管辖豁免公约》第四部分"在法院诉讼中免于强制措施的国家豁免"。

❹《美国外国主权豁免法》第1609条。

❺《英国国家豁免法》第13条（2）项（b）款。

业活动或者用于非公共用途的国家财产,不得享有执行豁免。

《联合国国家及其财产管辖豁免公约》第 21 条 1 款规定:"一国的以下各类财产尤其不应被视为第 19 条(c)项所指被一国具体用于或意图用于政府非商业性用途以外目的的财产。"《美国外国主权豁免法》第 1610 条(a)款(2)项规定:"财产是现在用于或者过去用于商业活动的财产"不得享有执行豁免。《英国国家豁免法》第 13 条(4)款规定:"对正用于或拟用于商业目的财产可以采取任何程序。"在财产的目的上尤其重要的是财产"未来的"用途,而不是"过去的"用途。德国宪法法院在"菲律宾大使馆银行账号案"中对此作了经典的解释:"针对一个外国国家基于行使司法管辖权作出的判决而采取执行措施的问题,在国际法上有这种一般规则,在没有被执行国家的同意的情况下,对位于法院地国境内的该国家的非主权行为有关的、在执行措施开始时用于该国的主权目的财产,不得采取措施。"❶

6.1.2 执行豁免与管辖豁免的关系

管辖豁免和执行豁免是不同的两个问题,这两者之间既有联系,又有着明显的区别。

两者的区别在于:

首先,管辖豁免的核心问题在于判断已经发生了国家行为的性质,而执行豁免的核心问题在于判断国家财产在未来的使用目的。

其次,从诉讼程序来讲,管辖豁免在诉讼的最初始阶段,这

---

❶ August Reinisch, European Court Practice Concerning State Immunity from Enforcement Measures, EJIL (2006), Vol. 17 No. 4, p. 808.

个阶段如果法院裁定自己没有管辖权的话那就不会产生后续的执行问题，除非是审判前的临时措施，执行程序可以被看作是与诉讼程序相对独立的一个阶段，这个阶段是从实质上满足权利人诉讼请求的一种法定程序。如果被执行人是自然人或者法人的话，就不存在是否同意执行的问题。但是当被执行人是一个外国主权国家时，就会有这样的问题，外国国家同意当地法院行使管辖权并不意味着也同意法院可以依据裁决对其采取强制执行，除非该国明示或者默示地放弃了执行豁免。❶

所以，就必须对执行豁免作出特别的规定，以区别于管辖豁免。《联合国国家及其财产管辖豁免公约》在第四部分的第19条"免于判决后的强制措施的国家豁免"一条中作出了这样的规定：

不得在另一国法院的诉讼中针对一国财产采取判决后的强制措施，例如查封、扣押和执行措施，除非：

（a）该国以下列方式明示同意采取此类措施：

（一）国际协定；

（二）仲裁协议或书面合同；或

（三）在法院发表的声明或在当事方发生争端后提出的书面函件；或

（b）该国已经拨出或专门指定该财产用于清偿该诉讼标的的请求；或

（c）已经证明该财产被该国具体用于或意图用于政府非商业性用途以外的目的，并且处于法院地国领土内，但条件是只可对与被诉实体有联系的财产采取判决后强制措施。

---

❶ ［英］伊恩·布朗利：《国际公法原理》，曾令良等译，法律出版社2007年版，第297页。

《关于国家豁免的欧洲公约》第 23 条规定，缔约国"不得对另一缔约国在其领土内的财产采取执行或者妨碍措施，除非该缔约国在特别的案件书面明示放弃执行豁免"。《美国外国主权豁免法》第 1609～1611 条、《英国国家豁免法》第 13 条（2）款（b）项也有类似的规定。

法律上的这种安排就是为了避免因为执行外国国家财产而给外国国家行使国家职能带来妨碍，从而损害被执行国家的利益。1976 年尼日利亚中央银行就因为资产被冻结而无法使用其外汇给国内人民的生活造成了巨大损失。❶

当然，两者之间也有联系，管辖在前、执行在后，没有一个法院判决就不存在执行的问题。对于国家来说，它所能承担的只能是民事责任，国家不可能承担刑事责任，也不能要求国家割让其领土。❷

6.2　执行国家财产的前提条件

对一个外国主权国家的财产采取强制措施时要满足一些前提条件，否则就会对国家间的外交关系产生实质性的影响。

---

❶ 陈纯一：《国家豁免问题之研究——兼论美国的立场与实践》，三民书局 2000 年版，第 275 页。

❷ 《英国国家豁免法》第 13（2）（a）条规定，不得对国家发出要求其特别行为、或者复原土地或者其他财产的禁令或者命令。

6.2.1 前提条件之一：可执行的司法判决

只有在法院作出了对国家从事商业活动的行为不享有司法管辖豁免的终局裁决后，才具备对该国国家财产采取强制措施的前提条件。❶

《关于国家豁免的欧洲公约》要求各成员国互相承认各自国内法院作出的裁决，从而保证了国内法院不再审查外国判决有效性和可执行性的问题，以此保证判决的可执行。❷

6.2.2 前提条件之二：国家放弃执行豁免

执行豁免特权像管辖豁免特权一样，外国国家可以放弃，那么国内法院就可以针对外国国家财产采取强制措施，而国家放弃执行豁免的方式必须是明示的放弃。《联合国国家及其财产管辖豁免公约》第 19 条（a）款规定：国家以下列方式明示同意采取此类措施："（一）国际协定；（二）仲裁协议或书面合同；或（三）在法院发表的声明或在当事方发生争端后提出的书面函件。"《关于国家豁免的欧洲公约》第 23 条也有类似的规定，除非国家在特定的案件中明确地书面表示同意，否则不得对该国位于法院地国境内的国家财产采取强制措施。《美国外国主权豁免法》第 1610 条（1）款（1）项规定，在扣押和执行问题上，外国国家可以明示地或者暗示地放弃豁免权。《英国国家豁免法》第 13 条（3）款规定，只有国家书面同意才能开始救济或执行程序。

---

❶ 《关于国家豁免的欧洲公约》第 25 条一款。
❷ 《关于国家豁免的欧洲公约》第 20 条一款。

针对执行豁免的放弃必须单独作出，外国国家同意国内法院行使司法管辖权并不能包括也同意对其行使强制措施。《联合国国家及其财产管辖豁免公约》第20条对此作出了明确的规定。

香港"刚果（金）案"中原讼法院、上诉法院和终审法院的法官也认为，刚果（金）在合同的仲裁条款中表示放弃豁免不足以说明刚果（金）也放弃了执行豁免的特权。❶

国家在合同、协议中对执行豁免的同意是可以撤销的，但是，国家在法庭面前作出的口头或者书面的同意就不能撤销。❷

6.2.3 前提条件之三：无须国家的同意

在强制执行阶段，被指向的财产是用于商业目的的财产并不享有执行豁免，也就不需要国家的同意。《联合国国家及其财产管辖豁免公约》第19条（c）款规定，免于被判决后强制执行的财产不包括那些"已经证明财产被用于或者意图用于政府非商业性用途以外的目的的财产"。该公约第19条列举了5类财产不得作为判决前、后的强制措施的标的，因为这5类财产被认为是政府的非商业用途，对于这类财产需要国家明确表示放弃执行豁免才可以采取强制措施。这5类财产是：外交财产、军事财产、银行财产（账户）、文化遗产和用于展览的科学、文化和历史价值的物品。

6.2.3.1 银行账户

可以将银行账户分为中央银行账户和一般的银行账户。

---

❶ 香港原讼法院判决第97~119段，上诉法院判决第124~129段，终审法院多数法官判决第374~393段。

❷ Draft articles on Jurisdictional Immunities of States and Their Property, with commentaries, 1991, Article 18, (9), p.47.

各国中央银行的职能及其地位不同,因此,对于中央银行账户是否享有执行豁免的实践也并不一致。对"Trendtex 诉尼日利亚中央银行案"的判决就能说明这个问题。在该案中,尼日利亚新政府命令尼日利亚中央银行不得向瑞士的 Trendtex 公司支付国防部购买的水泥货款,Trendtex 公司要求法院作出要求尼日利亚中央银行付款的判决。英国上诉法院认为,尼日利亚中央银行不享有国家豁免,因为它不能被看做是国家的一个实体。[1] 这个判决是 1977 年 1 月 13 日作出的。而《英国国家豁免法》是 1978 年颁布的,要想执行这个判决还必须证明尼日利亚中央银行的账户也是用于商业目的,否则就不能执行这个判决。

《联合国国家及其财产管辖豁免公约》第 21 条 1 款(c)项认为中央银行或者货币当局的账户不应被视为商业财产而应免于强制执行。《英国国家豁免法》第 14 条(4)款的规定与此类似。《美国外国主权豁免法》第 1611 条(b)款(1)项规定,对于外国中央银行或货币当局的财产给予绝对的执行豁免,但要满足 3 个条件:首先,主体必须是中央银行或者是货币当局;其次,财产必须为中央银行或者货币当局自己持有;最后,没有明示放弃豁免的情况。美国法律的这种规定有它自己特别的考虑,这样可以鼓励外国国家将自己的外汇存放在美国,而不用担心面临被冻结的风险。

其他一般的国家所有的银行账户,包括使领馆的账户在内,又是什么样的地位呢?就目前各国司法实践表明,国家账户不能因为仅仅宣称其是用于公务就可以享有豁免,然而,所有银行存

---

[1] Trendtex Trading Corporation v. Central Bank of Nigeria, United Kingdom, Court of Appeal, 13 January 1977, 1975 T. No. 3663.

款一律被视为商业用途的看法也并未被接受。❶

使领馆的财产免于强制执行是习惯国际法,❷ 然而,使领馆的账户是否具有这样的地位并不确定。虽然《维也纳外交关系公约》和《维也纳领事关系公约》都没有明确的规定,但案例显示,对于外国大使馆的银行账户,即使其也同时用于商业活动,它仍然享有执行豁免。❸

这里的问题在于那些"混合账户"——既包括公务目的,又用于商业目的——是否也应该享有豁免呢?对这个问题,美国国内法院的态度并不一致。有的法院认为:"……混合账户享有豁免将会产生一个漏洞,因为任何财产都可以随时因为一些微小的公共目的,利用它而获得豁免。被告宣称,如果财产未获得豁免将使得该外国无法维持大使馆。即使它被显示真的是一个问题,解决之道也不应当是被告所要求的广泛豁免,而是应区分公共目的的金钱和商业目的的金钱。"然而,同一个法院在另一个案件中又这样认为:"保护大使馆的账户免于被强制执行,而账户内资金有时偶尔用于商业交易不应当导致整个账户都失去了主权豁免。"❶

---

❶ 陈纯一:《国家豁免问题之研究——兼论美国的立场与实践》,三民书局 2000 年版,第 286 页。

❷ 《联合国国家及其财产管辖豁免公约》第 21 条第 1 款 a 项。龚刃韧:《国家豁免问题的比较研究——当代国际公法、国际私法和国际经济法的一个共同课题》,北京大学出版社 1994 年版,第 381~384 页。

❸ Alcom Ltd. v. Republic of Colombia, United Kingdom, House of Lords, 12 April 1984, 2 All ER 6, 74 ILR 170, 187.

❶ Draft articles on Jurisdictional Immunities of States and Their Property, with commentaries, 1991, Article 18, (9), pp. 287~288.

6.2.3.2 军事财产

《联合国国家及其财产管辖豁免公约》第21条1款（b）项规定，属于军事性质，或用于或意图用于军事目的的财产不得作为强制执行的目标。《英国国家豁免法》并没有特别规定用于军事目的财产也享有豁免。《美国外国主权豁免法》第1611条（2）款规定，"财产现在正用于或者打算用于与军事活动有关，并且（a）属于军事性质的，或者（b）在军事当局或国防机构控制之下的"享有执行和扣押的豁免。这些军事财产包括：武器、弹药、通信设备、战船、坦克、军事运输车；等等。但是，已经淘汰的军事财产并不享有豁免。❶

作为被执行的一方要承担证明被执行的财产是军事用途的责任。美国新泽西地区法院否决了伊朗提出的豁免主张，理由是伊朗所购买的物资将用于与伊朗空军有关的主张不足以证明财产的"军事属性"。❷

6.2.3.3 文化遗产以及科学、文化和历史价值的物品

《联合国国家及其财产管辖豁免公约》第21条1款中的（d）和（e）项规定了两种享有执行豁免的财产，这两种财产就是文化遗产（cultural heritage）或国家档案的一部分，且非供出售或意图出售的财产；构成具有科学、文化或历史价值的物品展览的一部分，且非供出售或意图出售的财产。这是联合国公约在强制执行方面的特别之处。这两类财产要享有执行豁免就必须属于"非供出售或意图出售"的文化遗产、国家档案、科学、文化或

---

❶ Andrew Dickinson, Rae Lindsay and James P Loonam, *State Immunity: Selected Materials and Commentary*, Oxford University Press, p.326.

❷ Ibid., p.327.

历史价值的物品,而对于国家举办用于销售或者意图销售的有关这两类财产则不享有执行豁免。❶

意大利最高法院在"Ferrini案"中作出了对德国不利的判决后,又执行了这个判决,位于意大利的德意文化交流中心(Villa Vigoni)已经被"司法抵押"记入土地登记册准备拍卖。❷ 德国在国际法院提起对意大利的诉讼。在德国向国际法院提交的请求书中要求国际法院宣布意大利"对德国用于政府非商业性目的的财产德意文化交流中心采取限制措施,侵犯了德国的司法豁免"。国际法院在考察了该中心是"意大利和德国进行研究、文化交流和教育"之用,且德国没有表示同意放弃执行豁免,因此判决意大利强制执行该中心的行为违反了德国应享有的豁免。❸

6.2.4 前提条件之四:被执行的财产与法院地国的联系

《联合国国家及其财产管辖豁免公约》第19条(c)款规定,被执行的财产应"处于法院地国的领土内",《美国外国主权豁免法》第1610条(a)款也有类似的规定。❶ 这是因为,一国法院作出的判决,其效力仅限于法院地国领土范围内,不得延及被告

---

❶ Draft articles on Jurisdictional Immunities of States and Their Property, with commentaries, 1991, Article 19, (6)(7), p.59.

❷ 第65届联合国大会国际法院2008年8月1日~2009年7月30日的年度报告第190~204段。

❸ ICJ judgment, Jurisdictional immunities of the States (Germany v. Italy, Greece intervening), para. 119~120.

❶ 《美国外国主权豁免法》第1610条(a)款规定:按照第1603条(a)款规定的而位于美国境内的外国国家财产,且在美国用于商业活动,不得免于依据美国法院作出的判决而进行的扣押或者执行的豁免。

国的领土或者第三国领土内。

伊拉克从科威特撤出后,科威特航空公司在伊拉克航空公司有业务的 15 个国家发起了类似的索赔诉讼,并在英国和加拿大赢得了诉讼,但要对位于约旦境内的伊拉克航空公司的财产采取强制措施,还必须获得约旦法院发出的命令才可以。❶ 在"彼得森诉伊朗案"(Peterson v. Islamic Republic of Iran)中原告获得了有利于自己的司法判决,为了执行这个判决,原告提出扣押一些伊朗的船只。美国第九巡回上诉法院在判决中支持了加利福尼亚北区地区法院作出的否决原告主张的判决,理由是,原告提出扣押的这些船只虽然是用于商业目的,但它们现在并不在美国境内,而是正位于法国境内。❷

6.2.5 前提条件之五:被执行的财产与被诉实体之间的联系

强制执行问题的复杂之处在于,一是判定被执行的财产的商业用途的标准并不确定,二是判决的执行将给被告国家造成比行使司法管辖权更具实质性的影响。各国因此也对判决的执行抱持更加审慎的态度,附加了更为严苛的条件,其中之一就是被执行的财产与被诉实体之间要有联系。

《联合国国家及其财产管辖豁免公约》第 19 条 c 项中规定了"只可对与被诉实体有联系的财产采取判决后强制措施"。然而联合国公约并没有解释究竟是怎样的"联系",直接、间接、所有

---

❶ "因与科威特纠纷,约旦冻结 150 万美元伊航资产",载 http://finance.people.com.cn/caac/GB/14787878.html,2011 年 5 月访问。

❷ Peterson v. Islamic Republic of Iran, United States, 9th Circuit, 3 Dec. 2010, No. 8~17756.

(ownership)或者有效控制(possession),或者其他形式的某种"联系"。如果从广义上理解联合国公约的规定,对我国政府和国有企业就非常不利。我国实行公有制,某一国有企业被诉就有可能影响到其他国有企业的财产。1999年中国国有公司海南洋浦国信海洋船务有限公司(以下简称"海南洋浦公司")的"恒裕"轮在南非被扣押,起因是山西明迈特实业贸易有限公司(以下简称"山西明迈特公司")(山西省对外经济贸易合作厅控股)拖欠一家德国公司的款项,南非法院认为海南洋浦公司与山西明迈特公司是联营公司,为了抵偿欠款而将海南洋浦公司的"恒裕"轮扣押,给海南洋浦公司造成了巨大经济损失。❶

《美国外国主权豁免法》第1610条(a)款(2)项规定了"与诉讼请求有关的"财产来界定执行财产的范围。美国的这个规定比联合国公约规定中可以执行的财产的范围要"窄"很多,这就避免了对其他国有公司财产造成影响。美国法律的规定充分考虑到美国作为世界金融和财富中心的地位,它要能吸引并且保障外国资产在美国的安全。美国第九巡回上诉法院在"弗莱托诉伊朗共和国案"中认为原告没有能够证明伊朗 Saderat 银行是在伊朗国家控制下的银行,它也不是伊朗国家的一部分,因而 Saderat 银行的财产不能作为执行判决的标的。❷ 本案原告 Stephen Flatow 先生是被害人 Alisa Flatow 的父亲,Alisa 在以色列旅行期间遭遇自杀式炸弹袭击身亡,一个名叫 Shaqaqi 的巴勒斯坦极端

---

❶ 朱文奇主编:《国际法学原理与案例教程》,中国人民大学出版社2009年版,第244页。

❷ Stephen M. Flatow v. Bank Saderat Iran, United States Court of Appeals, Ninth Circuit, October 23, 2002, 308 F. 3d 1065.

组织声称为这起恐怖事件负责，美国国务院认为该组织获得了伊朗的实质性支持。在 Flatow 先生的起诉名单上包括伊朗共和国、巴勒斯坦自治政府、伊朗信息及安全部及部门的负责人在内。美国法院作出了不利于伊朗的缺席判决，要求伊朗赔偿原告总计达 2.4 亿多万美元的赔偿。Flatow 先生提出拍卖伊朗 Saderat 银行资产正是为了执行法院判决。然而，原告提出的伊朗政府控制该银行日常业务的证明没有被法院采纳，也就不能对其采取强制措施。❶

鉴于强制执行可能给国家间外交关系带来的影响，在强制执行时国内法院采取了更加谨慎的态度，上述的五项前提条件是采取强制执行时必须同时满足的条件，缺一不可。

6.3 强制措施中的其他问题

针对外国国家财产而采取的强制措施不仅包括判决后的强制措施，还包括判决前的查封、扣押等强制措施，这种行为同样会给国家间的外交关系带来影响，因而也是国内法院必须面临的问题。香港"刚果（金）案"中的原告 FG 公司在对刚果（金）提出诉讼时要求香港法院对中国即将支付给刚果（金）的费用发出临时禁止令，禁止中铁公司向刚果（金）支付这笔入门费，也同

---

❶ Stephen M. Flatow v. Bank Saderat Iran, United States Court of Appeals, Ninth Circuit, October 23, 2002, 308 F.3d 1065.

时禁止刚果（金）收取这笔费用。❶ 刚果（金）要求原讼法院撤销这个临时禁止令，理由就是"刚果（金）是一个外国主权国家，享有主权豁免（特别是执行豁免）"。❷

6.3.1 审判前的扣押

针对国家财产采取的审判前的扣押是在案件进行实质审理之前采取的临时性措施。但即使是临时性的强制措施对一个外国主权国家也会产生实质性的损害。正是考虑到这种情况，《联合国国家及其财产管辖豁免公约》第 18 条规定，"不得在另一国法院的诉讼中针对一国财产采取判决前的强制措施，例如查封和扣押措施，除非"该国以公约规定的方式"明示同意采取此类措施"。公约第 21 条 1 款中列举的 5 类财产，即外交财产、军事财产、中央银行或者货币当局的财产、文化遗产以及非供出售的科学、文化或历史价值的展品，不仅不得在判决后采取强制措施，也不得采取判决前的强制措施。《美国外国主权豁免法》第 1610 条（d）款规定，可以对外国国家的用于商业目的的财产或者国家明示同意的情况下采取扣押等审判前的措施，但是在这一款的第（2）项规定，扣押财产并不是为了获得司法管辖权的方法，除了因为外国国家为了针对海事法庭作出的扣押外国货物或者船只而在美国法院提起诉讼这一例外除外。❸ 《英国国家豁免法》第 13 条（4）款规定，对正用于或拟用于商业目的的财产可以采取任何程序，对用于商业目的的财产的"任何程序"可以理解为既包括审

---

❶ "刚果（金）案"香港终审法院判决第 19 段。
❷ "刚果（金）案"香港原讼法院判决第 7 段。
❸ 《美国外国主权豁免法》第 1605 条（b）款。

判后的程序也包括审判前的程序。❶

所以,对于外国主权国家财产采取审判前的扣押行为时必须获得外国国家的同意,外国国家通过三种方式表示放弃豁免,即国际协定、仲裁协议或书面合同、或在法院发表的声明或在当事方发生争端后提出的书面函件。只有经过外国国家明示同意或者该国已经拨出或专门指定了用于清偿诉讼请求的财产的情况下,国内法院才可以对外国国家的财产采取审判前的强制措施。

6.3.2 国有企业的财产

国有企业的财产能否享有执行豁免取决于国有企业的法律地位,即国有企业要证明在与诉讼有关的活动中,国有企业是否是在作为一个国家那样行为,还是一个区别于国家的独立实体。国有企业只有作为一个国家时,它的财产才能享有国家财产应该享有的执行豁免的特权。《英国国家豁免法》第14条(3)款规定,"如果一个独立的实体(不是一个国家的中央银行或者货币当局)在诉讼中享有国家豁免,那么本法第13条(1)款至(4)款国家应该享有的那些程序特权也可以适用于该独立实体"。《美国外国主权豁免法》第1610条(b)款规定,外国国家的代理或者实体的用于商业目的的财产不得豁免于任何执行措施。而《联合国国家及其财产管辖豁免公约》则没有在强制措施中区分国有企业的财产和国家财产,而是在第2条(1)款(b)项中规定了什么是"国家",身份确定之后其财产的地位也就相应的确定了。

国有企业的财产是国家所有或者国家出资这个事实本身并不

---

❶ Trendtex Trading Corp. v. Central Bank of Nigeria, UK, Court of Appeal, Civil Division.

能作为国有企业财产免于强制措施的理由,国有企业的司法豁免和执行豁免取决于国有企业是否取得了国家的地位,否则就不能享有豁免。

6.4 小　　结

与司法管辖豁免不同,各国在执行豁免上大部分仍坚持绝对豁免而不是限制豁免,执行豁免被称为国家豁免问题上"最后的堡垒",[1] 就是因为对外国国家财产采取强制措施将从实质上对外国国家的主权产生损害,影响国家间的外交关系,正如在上文中提到的中国和美国因"湖广铁路债券案"而面临的关系紧张一样,强制执行措施也是引起德国和意大利间两国争端的主要事由。

就强制措施本身来说也有很多问题并不确定,例如,混合账户是不是可以作为强制措施的标的。《联合国国家及其财产管辖豁免公约》也没有解释被强制执行的财产与被诉讼主体之间的联系,由此而带来的滥诉问题需要预防。

---

[1] ILC Draft Articles on Jurisdictional Immunities of State and Their Property, 2 (2) YBILC 56 (1991), UNDoc. A/46/10.

7

中国豁免法立法

中国政府在国家豁免问题上一直都坚持绝对豁免的立场，中国大陆的人民法院也没有受理过以外国国家为被告的案件。2008年5月，香港特区的法院受理了一起以刚果民主共和国为被告的案件，此案成为我国法院审理的第一个与国家豁免相关的案件。

"刚果（金）案"再次引发了人们对中国在国家豁免问题上的关注，特别是对中国在国家豁免立法上的讨论。

7.1 国家豁免在中国的现状

国家豁免在中国的现状可以从中国政府的政策和有关的司法实践这两个方面来考察。首先，梳理一下中国政府的有关政策。

7.1.1 中国政府的政策和立场

中国政府在国家豁免方面的立场可以从香港的"刚果（金）案"中窥见一斑。该案在香港经过了原讼法院、高级法院和终审法院的三审三诉，中国外交部驻香港特派员公署向三个法院分别发出公函，阐明中国的立场，这三封公函也被香港法院作为证据而接受。[1]

第一封公函是2008年11月20日发给原讼法院的，这封信是这样说的：

我国的一贯原则立场是，一个国家及其财产在外国法院享有

---

[1] "刚果（金）案"香港原讼法院判决第5段，香港上诉法院判决第91段，香港终审法院判决第47段。

绝对豁免，包括绝对的管辖豁免和执行豁免，从未适用所谓的'限制豁免'原则或理论。我国法院不能管辖、在实践中也从未受理过外国国家及政府为被告、或针对外国国家及政府财产的案件，不论该外国国家及政府的相关行为的性质和目的如何，也不论该外国国家及政府的相关财产的性质、目的和用途如何。同时，我国也不接受外国法院对以我国国家及政府为被告、或针对我国国家及政府财产的案件享有管辖权。我国政府的这一原则立场是明确和一贯的。❶

尽管原讼法院接受了特派员公署来信作为法庭证据，然而，在这封信中特派员公署并没有解释我国坚持绝对豁免立场与签署《联合国国家及其财产管辖豁免公约》之间的关系问题。法院作出判决的依据是"交易属于限制性处理方法所承认的主权豁免的例外情况"。❷法官回避了香港现行的国家豁免立场是绝对豁免原则还是限制豁免原则，而是认定诉讼所涉及的交易并非限制豁免原则的商业例外，由此而裁定法院没有管辖权。

上诉法院审理此案时，2009年5月21日特派员公署发出了第二封公函，主要内容是：❸

1. 我国认为，国家豁免问题是影响国家间关系的重要问题。国际社会对国家豁免问题长期存在的分歧和各国相互冲突的做法已对国际交往产生不利影响。就这一问题制定国际公约，有助于平衡和规范各国的实践，也将对维护国际关系的和谐和稳定产生积极影响。

---

❶ "刚果（金）案"香港终审法院判决第44段。
❷ "刚果（金）案"香港原讼法院判决第70段。
❸ "刚果（金）案"香港上诉法院判决第91段。

2. 本着协商、妥协、合作的精神，我国参与了制定《公约》的谈判。最后达成的《公约》案文虽不如我国期望的那样令人满意，但作为各方妥协的产物，是各方协调努力取得的结果，因此，我国支持联合国大会通过《公约》。

3. 我国于 2005 年 9 月 14 日签署了《公约》，以表明我国对国际社会上述协调努力的支持，但我国迄今尚未批准《公约》，《公约》本身也未生效，因此《公约》对我国不具有约束力，更不能作为判断我国的相关问题上的原则立场的依据。

4. 在签署《公约》后，我国坚持绝对豁免的立场并没有发生变化，也从未适用或认可所谓的"限制豁免"原则或理论（随函附我国处理莫里斯案的相关材料）。

香港上诉法院 3 位法官中的 2 位法官认为，坚持绝对豁免立场和签署《联合国国家及其财产管辖豁免公约》之间是"不合逻辑"的，❶ 无助于香港法院理解中国政府在国家豁免问题上的立场究竟是什么。第二封公函虽然提及了签署《联合国国家及其财产管辖豁免公约》的事，但却没有解释为何又同时坚持与《联合国国家及其财产管辖豁免公约》不一致的绝对豁免原则立场之间的矛盾，给人留下了"不合逻辑"的印象。第二封公函并没有发挥任何作用。

到香港终审法院审理该案时，特派员公署 2010 年 8 月 25 日发出了第三封公函，律政司总结第三封信的内容是，这封信"重申中央人民政府对国家豁免的立场，和进一步说明国家的原则立

---

❶ "刚果（金）案"香港上诉法院判决第 92 段。

场适用于'香港'"。❶ 直到第三封公函才真正说明特派员公署来信的目的,这个目的就是,不仅"告诉"香港法院中国政府在国家豁免问题上的原则立场是绝对豁免原则,更重要的是,香港——作为中国的一部分——也要适用绝对豁免原则。

香港终审法院的五位法官最终以 3∶2 的多数作出了一个"临时性的"最后判决,并且第一次根据《香港基本法》第 158 条第 3 款的规定向全国人大常委会提出释法请求,❷ 然后根据释法的结果再作出相应的安排和处理。❸

全国人大常委会 2011 年 8 月 26 日通过了《关于〈中华人民共和国香港特别行政区基本法〉第 13 条第 1 款和第 19 条的解释》❹ 的解释,这次释法可以归结为以下两点:

(1) 国务院是负责中国外交事务的机关,有关国家豁免的政策和立场属于外交事务的范畴;《香港基本法》第 19 条第 3 款中的"国防、外交等国家行为"包括中央政府决定国家豁免政策的行为。❺

(2) 香港作为中国享有高度自治权的一个地方行政区域,直辖于中央政府,必须执行中央政府的政策;香港特区法院对中央

---

❶ "刚果(金)案"香港终审法院判决第 47 段。终审法院在判决中没有公开特派员公署的第三封信的内容。

❷ 人民网,"香港终院首度请人大释法,各界给予正面回应",http://www.people.com.cn/h/2011/0610/c25408-15169491.html。

❸ "刚果(金)案"香港终审法院判决第 413~416 段。

❹ 中国人大网,http://www.npc.gov.cn/npc/xinwen/2011-08/27/content_1670103.htm。

❺ 《全国人民代表大会常务委员会关于〈中华人民共和国香港特别行政区基本法〉第十三条第一款和第十九条的解释》第一和第三。

政府的行为不仅没有管辖权,而且香港特区法院还有责任适用中央政府的政策,不得采取与中央政府政策不相一致的立场。❶

根据以上三封公函和全国人大常委会的法律解释可以先小结一下我国在国家豁免问题上的政策或者原则立场,具体如下:

第一,在国家豁免这个问题上,不管是司法管辖豁免还是执行豁免,我国都坚持绝对豁免原则。

第二,按照绝对豁免原则,我国既不接受外国法院针对我国国家和国家财产的诉讼,同时我国法院也不接受或审理针对外国国家和其国家财产的诉讼。

第三,虽然签署了《联合国国家及其财产管辖豁免公约》,由于该公约尚未生效,因此对我国并没有约束力,我国坚持绝对豁免原则的立场没有改变。

中国对联合国国际法委员会制定《联合国国家及其财产管辖豁免公约》的态度是积极的,但是对公约最后的条文并不十分满意,❷ 特别是在有关判定交易的标准问题上,中国认为这种做法会造成"不公平的现象"。❸ 尽管有不同意见,中国还是在2005年9月14日签署了公约,但到目前为止还没有批准该公约。按照《联合国国家及其财产管辖豁免公约》第29条的规定,该公约须经批准、接受、核准和加入。仅仅签署该公约只是表明中国政府

---

❶ 《全国人民代表大会常务委员会关于〈中华人民共和国香港特别行政区基本法〉第十三条第一款和第十九条的解释》第二和第四。

❷ 2004年10月25日,中国代表在第59届联大六委关于"国家及其财产的司法管辖豁免公约"议题的发言,http://www.china-un.org/chn/zgylhg/flyty/ldlwjh/t530821.htm。

❸ 同上。

认证了公约的约文，❶ 但公约对中国没有法律约束力。

中国政府认为，国家豁免的具体含义是：（1）未经一国放弃司法管辖豁免，另一国不得受理和审判以该国为被告的诉讼；（2）即使一国已放弃了司法管辖豁免，如未经该国放弃执行豁免，另一国法院不得对该国国家财产采取强制措施。国家豁免建基于国家主权和平等的原则，既是一个法律问题，又是一个涉及国家对外关系的政策问题。作为法律问题，它涉及一国法院对外国国家及其财产是否拥有管辖权，外国国家及其财产在一国法院是否享有豁免权；作为国家对外政策问题，它直接关系到一国与外国国家的关系和该国对外政策的实施，直接涉及国家的对外关系和利益，各国都按照本国国情需要和对外政策，采用符合本国利益的国家豁免制度。❷

7.1.2 中国国家豁免的立法状况

目前，除了2005年10月的《中华人民共和国外国中央银行财产司法强制措施豁免法》（以下简称《外国中央银行财产司法强制措施豁免法》）以外，在中国还没有专门的国家豁免的法律，❸《外国中央银行财产司法强制措施豁免法》也是香港和澳门

---

❶ ［英］伊恩·布朗利：《国际公法原理》，曾令良等译，法律出版社2007年版，第536页。

❷ 《关于〈全国人民代表大会常务委员会关于《中华人民共和国香港特别行政区基本法》第十三条第一款和第十九条的解释（草案）〉的说明》第一。

❸ 段洁龙：《中国国际法实践与案例》，法律出版社2011年版，第2页。

基本法的附件。❶

《外国中央银行财产司法强制措施豁免法》是中国第一部关于国家财产豁免的专门立法，该法只有4个条款，主要内容是：

（1）豁免的对象是外国中央银行财产。外国中央银行，既包括外国的中央银行，也包括区域经济一体化组织的中央银行，以及履行中央银行职能的金融管理机构。

（2）豁免的范围限于司法强制措施，即我国法院对外国央行的财产在判决前不能采取查封、扣押、冻结等财产保全措施，在判决后不能采取查封、扣押和执行措施。

（3）享有豁免的外国中央银行或该行所属国政府有权放弃强制执行豁免。通常放弃豁免有两种方式：一种是书面明示放弃，另一种是默示放弃，即指定央行的某一财产可被法院用于财产保全，或可被法院强制执行。

（4）对外国央行财产的豁免实行对等原则。如果外国不给予或给予我国中央银行或港澳两个特区的金融管理局财产的豁免低于本法规定的，我国对该外国央行的财产同样将不给予或只给予相应的豁免。

从《外国中央银行财产司法强制措施豁免法》的内容上来看，我国在对待外国中央银行财产方面奉行的是绝对豁免原则和对等原则的双重原则。对外国的中央银行财产以及货币当局的财产的强制措施采取绝对豁免原则也是大多数国家的实践，这为外国央行在中国的财产提供了法律保障，有利于吸引外国央行的资

---

❶ "我国第一部国家财产豁免立法公布施行"，载 http://www.fmprc.gov.cn/chn/pds/wjb/zzjg/tyfls/xwlb/t238012.htm，访问日期：2014年3月2日。

产,特别是对于香港这个国际金融中心来说,也有利于将上海建设成为国际金融中心的规划。❶ 然而,《外国中央银行财产司法强制措施豁免法》规定的对等原则仅限于书面规定,根本没有任何司法实践。

其他一些法律中也有涉及国家豁免的规定,这些法律法规主要包括:

首先,《民事诉讼法》第237条规定,对享有管辖豁免的外国人、外国组织或国际组织提起的民事诉讼,按照中国的有关法律和中国缔结或参加的国际条约的规定办理。法律规定中的"享有管辖豁免的外国人、外国组织或国际组织"是指外国使领馆、外国组织或国际组织中的外交人员、使领馆的工作人员及其家属,中国要按照1961年《维也纳外交关系公约》、1963年《维也纳领事关系公约》、1969年《特别使团公约》、1973年《国际保护人员的公约》等中国缔结或参加的公约的规定给予这些人员和组织以管辖豁免特权。外交人员和国际组织的豁免实际上是一种职能豁免（functional immunity）,这是东道国为了保证这些人员和组织在其境内行使职务而给予的便利。❷ 这种外交豁免与国家及其财产豁免是有区别的。

其次,1992年颁布的《领海及毗连区法》中第10条规定:外国军用船舶或者用于非商业目的的外国政府船舶在通过中华人

---

❶ "国务院：将上海建成国际金融中心和航运中心",载 http://news.sina.com.cn/c/2009-03-26/031017482257.shtml,访问日期:2014年3月26日。

❷ [英]伊恩·布朗利:《国际公法原理》,曾令良等译,法律出版社2007年版,第307页。

民共和国领海时，违反中华人民共和国法律、法规的，中华人民共和国有关主管机关有权令其立即离开领海，对所造成的损失或者损害，船旗国应当负国际责任。这种规定与中国 1996 年批准的《联合国海洋法公约》中第 30～32 条的规定是一致的，实际上是规定军舰和政府所有或经营的非商业船舶享有绝对的豁免特权。

除了国内的法律规定以外，中国签署的国际公约中也有关于国家豁免规定的内容，如中国 1980 年加入的 1969 年《国际油污损害民事责任公约》第 11 条规定，缔约国就油污损害赔偿案件放弃在油污损害所在缔约国法院的管辖豁免；中国 1996 年批准《联合国海洋法公约》，其中第 32 条、第 95～96 条等规定军舰和其他用于非商业目的的政府船舶享有绝对的豁免权；1974 年中国加入《国际民用航空公约》，其中第 3 条将一国的航空器分为国家航空器和民用航空器，国家航空器包括军事、海关和警察部门的航空器，该公约中规定的各种权利，如在缔约国领土上空飞行的权利、载客载物的权利等不适用于国家航空器；1996 年中国加入《1989 年国际救助公约》第 25 条规定，公约不应被用于任何法律程序的捕拿、逮捕或监禁，或用于针对任何国家所有的非商业船只的程序。

尽管《联合国海洋法公约》《国际民用航空公约》和《1989 年国际救助公约》中都有将航空器船舶进行商业性和非商业性区分的规定，不过这些规定都是对国家所有或经营的非商业用途的船舶和航空器享有司法管辖豁免的肯定，但至少中国在海上油污损害赔偿这个问题上不再坚持绝对豁免原则。

7.1.3 中国历经的主要外国司法案例

尽管中国政府坚持绝对豁免原则，但是却无法阻止外国法院针对中国的诉讼，通过对这些案件的研究不仅有助于我们了解国外的法律规定，了解我国在国家豁免上的态度和立场的变化，也有助于我国今后国家豁免的立法工作。

中国政府在外国法院被起诉的案件不少，但中国政府拒绝出庭应诉的案件也只有2个，一个是1952年的"两航公司案"，另一个是1957年的"贝克曼诉中华人民共和国案"（Beckman v. the People's Republic of China），自1979年"烟花案"之后的诉讼中国政府都有派人出庭参加法庭答辩。在"两航公司案"中，中国政府通过外交途径表达自己的立场，国务院在发表的声明中指出："两航公司的财产只有中央人民政府才有权处置……英国政府绝对没有任何权利行使管辖权，也绝对没有丝毫权利加以侵犯、损害和转移。英国政府应该立即停止其侵犯中华人民共和国主权的非法行为。"❶

中国政府对主权的态度非常鲜明，国家主权不容侵犯，国家主权至高无上，国家之间主权平等，没有国家的同意，另一个国家的法院不能对其行使司法管辖权，国家财产也享有豁免权，不受外国法院的管辖。中国政府对国家主权的认识是一贯的，在国

---

❶ Civil Air Transport Incorporated v Claire Lee Chennault and Whiting Willauer and H. C. Wang, F. Y. Ho, F. HWA, C. H. Chang, V. S. LOH, C. H. Ku, C. C. Wu, S. P. HSU, Regino Yap, Howard Chow, C. Y. Wang, Y. P. Loh, J. L. Ling, F. H. Hwa and Y. C. Chen；（1950）34 HKLR386，（1950）34 HKLR 358，1950 Wl 38851（AJ）.

家豁免问题上也是坚持绝对豁免原则,即使在以后的诉讼中中国政府派人出席法庭辩论,表达的立场也没有改变。

中国对国家主权的珍视和维护很大原因是中国自1840年以来至新中国成立这100多年来遭受外强入侵、国家丧失主权、国贫民弱的惨痛经历有关。国家主权如此至高无上,中国不去侵犯他国的主权,也不会允许他国侵犯中国主权。对当时的中国来说,一个外国法院居然向一个外国主权国家发出传票,这是不可理解的事情,因为中国的法院是不会给中国政府发传票,更不会给外国国家发传票的。外国法院的这种行为被当做是对中国主权的侵犯,是坚决不能允许的,中国政府绝不能接受外国法院的审判,也拒绝出庭应诉。

中国政府拒绝出庭应诉的态度从1979年美国的"烟花案"中发生了转变。但是在美国法庭审理的初期,中国政府还是拒绝出庭应诉,仍然通过外交途径继续向美国政府主张中国享有国家豁免的立场。然而,美国法院是独立于美国政府的司法机构,并不会因为中国政府缺席就不作出判决。类似的情况也发生在同年的"杰克逊诉中华人民共和国案",也就是著名的"湖广铁路债券案"中。在中国外交部拒绝美国法院发出的传票后,亚拉巴马州地方法院于1982年9月1日作出了缺席判决,判决中国赔偿原告4 300万美元。还声称,如果中国政府对本判决置之不理,美国法院将扣押中国在美国的财产,以强制执行判决。❶ 中国政府针对这一判决向美国国务院递交了一份备忘录,严正指出美国法院的这一做法完全违反主权原则和联合国宪章,中国政府对历届

---

❶ 朱文奇:《国际法学原理与案例教程》,中国人民大学出版社2009年版,第366页。

反动政府的旧债概不承认,也不承担偿还义务。如果美国政府无视国际法,强制扣押中国在美国的财产,中国政府保留采取相应措施的权利。

在中国政府的压力下,美国国务院向司法部和亚拉巴马州地方法庭发出了利益声明书。美国地区法院重新开庭,中国政府委派了律师出席了法庭审理,直接向法庭阐明中国政府的立场,要求撤销1982年9月1日的判决,驳回原诉,同时声明中国政府出庭并不意味着接受美国1976年《外国主权豁免法》的管辖,也不意味着中国政府放弃国家主权绝对豁免的一贯立场。最后判决时,法院认为《美国外国主权豁免法》没有溯及力,而且传票没有翻译成中文,通知方式不合程序,撤销了原来的判决。

与本案类似的另一个案子是2005年"莫里斯诉中华人民共和国案",该案是1913年中国发行的"五厘金币善后贷款债券"引发的。然而,由于美国联邦最高法院在"奥特曼案"❶中判决《外国主权豁免法》具有溯及力而使情况发生了改变,中国政府不能再依据溯及力这个理由了。2006年5月12日,中国政府提出了答辩状,要求法院撤销此案,理由是,中国作为主权国家应享有主权豁免,原告起诉的事由并非《外国主权豁免法》中国家豁免的例外而无法适用。❷

这时,中国政府的态度已经转变到利用美国的法律维护自己的利益,这是非常重要的一个转变。虽然中国仍旧坚持主权国家

---

❶ Republic of Austria v. Altmann, No. 3 ~ 13, U. S. Supreme Court, June 7, 2004.

❷ 黄进、李庆明:"2007年莫里斯诉中华人民共和国案述评",载《法学》2007年第9期,第60~68页。

享有绝对豁免，但同时也能够注意到世界上有的国家已经改为限制豁免原则，一味地坚持绝对豁免原则，一味地拒绝出庭并不会让外国的法院不对中国行使管辖权，反而会因为缺乏有效的辩护而导致对中国不利的判决。从立场上来说，中国并没有改变，而是变换了战术，从消极抵抗转为积极应诉，这样做并没有损害或者减损中国的国家主权，而是有力地维护了中国的国家主权。

除了中国政府在国外的法院被起诉以外，我国的地方政府也有被起诉的经历，这就是"仰融案"和"天宇案"，被起诉的分别是辽宁省政府、四川省政府和成都市青羊区政府。"仰融案"涉及的是政府征收行为是否是政府行为从而享有豁免，"天宇案"涉及的是执行政府政策导致无法继续履行合同是否属于商业例外。中国的地方政府也是通过积极应诉最后赢得了诉讼。❶

中国在外国法院被起诉的案件中更多的是针对中国国有企业的诉讼，如1977年的"海后一号案"❷、1991年的"中国民航总局案"❸、1998年"中国银行案"❹、2005年"江苏SOPO公司

---

❶ "盘根错节，娓娓道来'仰融案'始末"，载http://auto.hexun.com/2010-08-06/124512719.html，访问日期：2010年8月6日。

❷ 黄惠康、黄进：《国际公法国际私法成案选》，武汉大学出版社1987年版，第314～315页。

❸ 《美国联邦上诉法院判例汇编（第二编）》第923卷第957页。转引自齐静的博士论文《国家及其财产豁免的国内立法问题研究》，2009年。

❹ VOEST-ALPINE Trading USA Corporation v. Bank Of China；Bank of China New York Branch，No. 97～20322，United States Court of Appeals，Fifth Circuit，June 12，1998.

案"❶、2007年"中粮集团案"❷等。这些国有企业在法庭诉讼中无一不主张国家豁免,但是除了"海后一号案"外,其他国有企业都以败诉告终,都没有获得国家豁免。

中国自己的经历可以总结为以下两点。

第一,中国政府面对外国法院起诉的态度非常重要,从消极被动的抗议到积极主动的应诉,这种转变不仅没有损害中国的主权,反而维护了中国的主权。

第二,中国国有企业虽然主张国家豁免,但几乎无法获得法庭的支持。

对于中国国有企业的地位问题,中国政府认为:"国有企业具有独立的法人资格,自主经营、自负盈亏,有起诉和被诉的能力,无论在理论上还是实际上都不应被看作是国家的一部分,应当对其与国家作出明确的区分。"❸不过,在具体的司法诉讼中,国有企业也有权主张国家豁免为辩护理由,最终将由法庭决定国有企业是否可以享有国家豁免的特权。但是,即使国有企业享有国家豁免的特权,也不能改变国有企业仍然是独立法人的地位。

---

❶ BP Chemicals LTD v. JIANGSU SOPO Corporation (Group) LTD., No. 4~1814, United States Court of Appeals, Eighth Circuit, August 25, 2005.

❷ "中粮集团国家豁免权案在美败诉",载 http://hi.baidu.com/dingo8282/blog/item/176882d4a8693802a18bb7f0.html,访问日期:2007年12月24日。

❸ 段洁龙:《中国国际法实践与案例》,法律出版社2011年版,第9页。

7.2　中国的法律文化传统

中国坚持绝对豁免原则的立场在客观上并没有阻止中国在外国法院被起诉的案件发生，此外，中国实行改革开放，与外国之间的交往不断增加，贸易往来日益频繁，产生争议的概率增加，对于在中国境内的外国人、外国公司和外国机构实施的违反中国法律的行为不行使司法管辖权是对中国司法主权的损害。然而，即使如此，中国仍然坚持绝对豁免原则。

所以，要对中国坚持绝对豁免原则的理由进行更深入的探讨，从更大的背景——中国法律文化——中去寻求答案。

纵观中国的历史，或许可以按时间将其分成三个大的阶段：第一阶段，从遥远的上古时期到1840年，主要是中华法系时期；第二阶段，1840~1949年，受到西方列强入侵，中国沦为半殖民地半封建的状态，中华法系遭到治外法权的侵蚀；第三阶段，从1949年至今，主要是社会主义法制体系的建设时期。

在第一阶段，中国法律深受儒家、法家文化的影响。

中国现代意义上的"法"在封建时期对应的是"礼"，而古代的"法"对应的是现代意义上的刑法和行政法。[1] 中国人的法观念，如同它在法律思想和立法方面表现出来的那样，经过后来所谓的"儒家"和"法家"这两个哲学流派的塑造，深深地刻上

---

[1] ［德］何意志：《法治的东方经验——中国法律文化导论》，李中华等译，北京大学出版社2010年版，第45页。

了"儒家"和"法家"的印记。儒家将"礼"看成秩序的源泉；法家则把目光投向了（成文）法。"礼"是一种仪式、一种宗教规则，是社会生活必须遵守的规范的集合，"礼"已经预设好了人们的行为规范和社会规范。❶ 法是一种惩戒，其规制的对象是那些依据礼的标准而具有危害性的行为。❷

儒家和法家共同的特点是集权甚至专制的国家管理秩序，以（贤）人治国、以德治国；二者的区别在治国方式上的侧重点不同，儒家重在"礼"，而法家强调"（成文）法"。中国的传统法律思想就是这两种哲学思想相互交融的结果，对这种现象最经典的表述就是，"礼之所去，刑之所取，出礼则入刑"，言简意赅概括为"刑为礼之表"。❸

中国封建时期的法律文化具有以下几个特点：❹

（1）中国封建法律是礼与法的统一，出礼入刑，礼是基本的社会规范，法是惩戒规范。

（2）中国封建法律中财产法不发达，在儒家的经典中家庭居于中心地位，君权和父权是核心，以此来安排财产和继承关系，人们也不能确保自己对土地和房屋的所有权，"普天之下，莫非王土"，皇帝完全可以把"赏赐"出去的东西再"收"回来。

（3）中国传统法律文化强调义务、调节和纪律。中国封建法律以义务为本位，重视人与人之间的关系，强调自己的责任，不

---

❶ ［德］何意志：《法治的东方经验——中国法律文化导论》，李中华等译，北京大学出版社 2010 年版，第 47 页。

❷ 同上书，第 48 页。

❸ 同上书，第 53 页。

❹ 同上书，第 85～89 页。何意志在书中将中华传统法律文化归结了七点，论文作者只选取了最有关联的其中的四个特点。

苛求他人，所谓"克己复礼"，讲究的是"吾日三省吾身"，提倡的是"己所不欲，勿施于人"。

（4）中国传统法律文化追求息讼，国家的司法救济制度没有发展起来。以义务为中心的儒家化的法律不要求有完善的司法救济制度，以家庭为中心的社会，由"家长"来调解纠纷，由官府解决纠纷的方式太过极端，容易造成亲戚和邻里关系紧张。

对于世界上任何国家、民族来说，最重要的就是文化的延续性。中国传统文化对当今中国人的影响之深远恐怕我们自己都没有察觉。中国封建时期的法律体系虽历经后世的重大变迁，其所承载的法律文化绵延不绝；传统的中国法律是用文字书写的，文字可以修改、涂抹，但其中承载的文化却会继续传承。

第二阶段，中华法系受到西方法律的影响，特别是国际法对中国法律产生了重要影响。

清朝末期的欧洲已经在科学技术上远远超过了中国，在中国人为文字狱所挟持而继续做着无用的"八股"文章时，欧洲正在经历着工业革命。❶ 受制于西方列国强加于中国的不平等条约，中国在法律上丧失了司法主权，在中国的外国人享有"治外法权"，在经济上丧失了关税自主权。❷ 一系列不平等条约彻底打破了"天朝"制度，这些不平等条约迫使国人抬眼望世界。在对西方的各种科学技术感兴趣之外，中国人第一次感受到外国的法律

---

❶ 欧洲工业革命始于18世纪60~80年代，结束于19世纪末。

❷ 1856年中英签订《天津条约》，第15~18款规定了领事裁判权，规定在中国的英国人之间的案件、英国人和中国人的案件，皆由英国领事管理。第24~27款规定了进口税率。

也是有用的，而其中最有用的就是国际法。❶ 国际法之所以被认为是有用的，比如林则徐在虎门禁烟就是根据国际法上的"每个国家都有权决定对哪些货物发布进口禁令"这个规则，❷ 还因为国际法被认为是中国"进入文明大同世界，摆脱野蛮落后的地位"的途径。❸

不能否认，国际法是随着西方列强的枪炮来到中国的，由于国衰力弱，中国承受了众多不平等条约。但是，也必须承认，国际法改变了中国人用"俯视的"姿态看待"天朝"和蛮夷各国，开启了中国人用"平等的"眼光看待世界的时代，也开启了中国走向"现代文明"的历程。尽管用现代的标准来审视，以当初西方的文明标准来衡量其他国家文明与否本身就有失偏颇，但在当时外强内弱的情况下，清朝统治者选择了遵守条约义务，争取时间富国强兵，通过变法建立现代国家，以便迈向文明社会的大同世界。

第三阶段，主要是建设社会主义法制体系的时期，这个阶段包括了新中国成立初期的社会主义法制建设和1978年改革开放后中国开始的社会主义法治国家的建设。

新中国成立之初，中国的法律深受苏联的影响，当时的人们认为法律：是经济关系的反映；是不平衡的阶级矛盾的结果；具有阶级特性；是统治阶级的工具；是阶级斗争的工具；法律不能

---

❶ ［德］何意志：《法治的东方经验——中国法律文化导论》，李中华等译，北京大学出版社2010年版，第95页。

❷ 同上。

❸ 林学忠：《从万国公法到公法外交——晚清国际法的传入、诠释与应用》，上海古籍出版社2009年版，第68页。

脱离政治，政治是法律的灵魂；法律是建立社会主义社会的有力武器；适用法律是为了保护社会主义革命的胜利果实。❶ 基于对法律的这种认识，法律仅仅对敌人进行"专政"时有用，在政治斗争中，政策取代了法律。然而也不可否认，中国的法律从原来由"礼"规范的领域纳入到法律规范中来，这也是法律现代化的一种表现。

没有改革开放，就没有中国的今天；没有改革开放，中国就会成为世界上一个无足轻重的国家。

改革开放之初，中国社会面临着两种迫切的需要：一是社会稳定，二是发展经济。改革开放，法律先行。1979年中国颁布了三部法律，《刑法》《刑事诉讼法》和《中外合资经营企业法》。《刑法》和《刑事诉讼法》重建了国家的社会秩序和司法体系，《中外合资经营企业法》开启了有中国特色的社会主义市场经济建设的步伐。

旧的传统被打破，不过它仍然还在潜移默化地产生影响。我们这个时代的法律文化正经历着重大的转变，表现在以下几个方面：❷

（1）规范体系的转变。从自给自足的小农经济转变到多元的市场经济，人与人之间的关系向多元化、契约化的方向发展。

（2）规范方向的转变。从传统的义务本位向权利本位的转变，从原来的"和为贵"转变为"为权利而斗争"，原来的息讼观念向着求助于司法的方向转变。

---

❶ ［德］何意志：《法治的东方经验——中国法律文化导论》，李中华等译，北京大学出版社2010年版，第113页。

❷ 同上书，第11页。

（3）国家立法功能的转变。从惩戒违背社会道德规范转变为实现国家经济目标的手段，并对权力和权利进行调整的转变。

（4）作为社会分化结果的权力分配的转变。从自给自足的小农经济到通过国家和市场进行调整的市场经济，使得原来的行政控制的社会转变为法律控制的社会。

（5）统治结构的转变。从法律作为阶级统治工具向作为政治制约手段，即从"法制"到"法治"的法权国家的转变。

改革开放带给中国的不仅是经济实力的崛起，2011年中国超越日本，成为世界第二大经济体。中国在世界上地位的变化必将影响到与其他国家的关系，特别是发达国家。这个问题不仅是中国的大事件，对其他国家也是大事件。

面对这样的巨大改变，中国是否已经准备好了呢？

7.3 中国对国家豁免法立法之需要

虽然中国政府已经签署了《联合国国家及其财产管辖豁免公约》，但是至今《联合国国家及其财产管辖豁免公约》的签字国只有28个，而批准的只有13个，❶ 距公约第30条规定的30份批准书的要求还差很远，公约的生效还遥遥无期。如果公约不生效，是不是中国就不需要一部"外国国家豁免法"了？

国内学者对国家豁免问题的态度也和中国政府一样经历了一

---

❶ http://treaties.un.org/Pages/ViewDetails.aspx?src=TREATY&mtdsg_no=III-13&chapter=3&lang=en，2012年3月16日访问。

个转变过程。在"文革"之前,我国学者深受苏联理论的影响而认为限制豁免"在国际法上没有根据,实行起来也有很大的困难,特别是对社会主义国家的经济活动"❶。"文革"之后改革开放之初,中国在外国法院被诉案件逐年增多,我国国际法理论界开始探索适合中国的国家豁免的理论。继续坚持绝对豁免理论的学者已经不多了,同时,主张限制豁免理论的学者似乎也不多,更多的是坚持国家享有豁免,国有企业不应享有豁免,主张用国际协议来消除各国在国家豁免问题上的分歧,对外国国家针对我国国家和财产的侵犯可以采取相应的报复措施,等等。❷ 随着改革开放的深化,中国与外部世界的联系日益紧密,经贸合作等日益频繁,中国国家及国有企业在国外被诉的案件也持续增加,❸尤其是中国在《联合国国家及其财产管辖豁免公约》上签字,是否进行有关国家豁免的立法就显得非常重要。

7.3.1 中国进行国家豁免立法之影响

立法的一个重要特征是"指向未来,并通过制定一个新规则去改变现行状况,而这个规则将在日后被适用于那些受其权力管

---

❶ 周鲠生:《国际法(上册)》,商务印书馆1981年版,第222~226页。转引自黄进:《国家及其财产豁免问题研究》,中国政法大学出版社1987年版,第270页。

❷ 黄进:《国家及其财产豁免问题研究》,中国政法大学出版社1987年版,第272页。

❸ 中国在美被诉涉及国家豁免问题的案件逐年增多,其中1980~1989年有3件;1990~1999年有5件,2000~2007年激增至15件。宋锡祥、高大力:"从'天宇案'透视国家主权豁免问题",载《东方法学》2010年第1期,第12~21页。

辖的所有或部分对象"❶。中国颁布"外国国家豁免法"也会改变现行状况，并为其所管辖的对象提供法律上的指引。而改变现状将带来国内和国外两方面的影响。

7.3.1.1 国内影响

颁布"外国国家豁免法"就意味着现行的绝对豁免立场将发生根本改变，即使不是英美等国的限制豁免原则也会是类似于《联合国国家及其财产管辖豁免公约》的立场——一种绝对豁免原则和限制豁免原则折中的产物。❷ 这意味着原来由中国政府决定的问题将要由中国的法院来决定。比如缅甸单方面中止了我国在缅甸的水电站建设项目，现在是通过政府间协商方式解决，缅甸将对中国作出赔偿。❸ 在"外国国家豁免法"颁布的情况下，这个问题也可以通过司法途径来解决。

"外国国家豁免法"颁布的意义绝不仅仅是一个案子的胜负与否，而是国家处理国家间关系的方式的转变。这一点从美国颁布《外国主权豁免法》的经验中就可以得到借鉴。在美国，外交事务主要是由行政机关处理，法院面对外国国家为被告的诉讼时会尽量听取并愿意接受来自行政机关的意见。在《外国主权豁免法》颁布以前，国家豁免的诉讼一直被当做包含了法律和外交政策的问题来处理，而不是一个单一的法律问题。"涉及国家豁免

---

❶ [美] E. 博登海默：《法理学法律哲学与法律方法》，邓正来译，中国政法大学出版社 2004 年版，第 432 页。

❷ 宋锡祥、谢璐："国家及其财产管辖豁免的国内法调整到国际公约的转变——兼论莫里斯和仰融两案"，载《政治与法律》2007 年第 1 期，第 39～44 页。

❸ 2011 年 10 月 13 日，外交部发言人刘为民主持例行记者会。http://www.fmprc.gov.cn/chn/gxh/tyb/fyrbt/jzhsl/t867058.htm。

的案件总是起始于法院,而最后发言权却握在国务院手中"。❶ 在《外国主权豁免法》颁布后,这类案件交由法院处理。法院在处理这类诉讼时还经常以"国家行为理论"限制自己的管辖权,避免给本国政府在处理外交事务时陷入尴尬的地步。❷

中国颁布"外国国家豁免法"后,中国政府和法院之间的关系将发生变化,政府行使管理国家的权力和法院行使司法权都要在法律规定的范围内、按照法律规定的程序进行。

这将是"外国国家豁免法"颁布对国内产生的最大影响,这要求政府和法院都要有高超的行政管理能力和司法能力,同时,这也是我国建设法治国家的应有之意。

7.3.1.2 国际影响

由于将外国国家是否享有国家豁免的权力从中国政府转移到了中国法院,外国国家不再享有绝对豁免,由此会给中国的对外关系造成一定的困扰和压力。在这个问题上,笔者认为,中国可以实行对等原则,对于实行绝对豁免原则的国家中国也对其适用绝对豁免原则,对于实行限制豁免原则的国家中国也以限制豁免原则对应。但是这种状态应该是"外国国家豁免法"颁布后初期的适用,作为过渡,这个过渡期可长可短,视中国政府和法院是否能够完全适应这种变化而定,做到"以我为主",而不是看外国国家是否接受。

---

❶ 黄进:《国家及其财产豁免问题研究》,中国政法大学出版社 1987 年版,第 139 页。

❷ Republic of Mexico v. Hoffman, U.S. Supreme Court, No. 455, 324 U.S. 30 (1945).

7.3.2 中国进行国家豁免立法之必要性

第一，我国存在需要由"外国国家豁免法"调节的社会关系。

享有外交豁免的外国使领馆、国际组织或个人在中国国内也会参与经济活动，比如修缮使馆、车辆的维护保养等，在这类交易中难免会出现争议。笔者从同学那里了解到一个情况，就是有关中国国内的工程公司与芬兰大使馆之间因使馆装修问题出现的争议，国内法中没有任何规定可以作为中国的当事人发起诉讼的根据，国内法院也不会受理这类诉讼。外交部通知各驻华大使馆从2009年1月1日起，驻华大使馆的车辆在发生违反中国交通法规的情形下不再享有豁免。按照中国刑事诉讼法第16条第2款规定，享有外交特权和豁免的外国人犯罪应当追究刑事责任的，通过外交途径解决。外交部的通知就成了这个规定的一个例外。按照《最高人民法院关于执行刑事诉讼法若干问题的解释（法释〔1998〕23号）》第13条的规定，外国人犯罪的诉讼由中级法院审理。外交部的通知只是"通知"大使馆其车辆在违反中国交通法规的情况下不再享有豁免，却没有明确后续的违法行为的处理是否应按照中国有关法律规定执行。

而随着外国国家、国际组织和个人在我国从事经济活动的增加，再给予他们外交特权和豁免势必会影响到中国国民的利益。外国国家豁免法将填补这部分的法律空白，既能保证中国国民的利益，也能使中国的司法部门有法可依。

第二，随着中国海外投资的增加，中国企业在海外的利益需要外国国家豁免法的保护。

2010年中国的GDP已经超越日本，成为仅次于美国的世界第二大经济体,中国 3 万亿元的外汇储备意味着中国对外国的投资将变得越来越多。❶ 根据商务部、国家统计局等部门联合发布的《2012 年度中国对外直接投资统计公报》称,2012 年中国对外直接投资达 878 亿美元,成为世界第三大对外投资国;截止到 2012 年底,中国 1.6 万家境内投资者在中国境外有直接投资。❷

中国的海外投资虽然在近几年出现大幅度的增幅,但是由于起步晚,可供中国进行投资的环境好的国家和领域并不多,中国开拓海外投资的过程中还面临着很多困难,一些专业人士认为这些困难包括:一是美国等西方国家有必要改革自己的"体制",以适应中国的海外投资热潮;二是中国企业在修炼内功、提高自身产品和服务质量的基础上,对外投资之前应进行细致的可行性研究;三是中国政府不能"袖手旁观",应在政策制定等方面给予中国企业海外投资以必要的支持和助力。❸

中国政府的这种帮助既包括政策上的——放松并支持和鼓励中国企业的海外投资,也包括法律上的——遇有外国不履行与中国企业的合同时可以回到中国寻求司法上的救济,尤其当外国的

---

❶ "回放:商务部介绍中国对外投资合作情况",载 http://finance.people.com.cn/GB/13097901.html,访问日期:2014 年 3 月 26 日;"2011 世界投资报告:中国对外投资增速猛",载 http://www.chinanews.com/cj/2011/07-27/3211617.shtml,访问日期:2014 年 3 月 26 日。

❷ "2012 年中国对外直接投资 878 亿美元,首列世界三甲",载 http://money.163.com/13/0909/11/98B0KHQB00253B0H.html,访问日期:2014 年 3 月 26 日。

❸ "我国海外投资转舵实体经济渐成靶心",载 http://cbu.ec.com.cn/article/mthc/mthctzhz/201109/1163002_1.html,访问日期:2014 年 3 月 26 日。

合作人是外国主权国家时，这时中国必须有法律支持，中国企业才能采取相应的司法诉讼活动。比如，缅甸政府2011年10月中止了中国投资36亿美元建设的密讼水电站项目，❶ 2011年由于叙利亚内战给我国造成的损失❷等。面对这些损失，中国投资者只能依赖中国政府通过外交途径来解决。而外国国家豁免法的颁布就可以为我国的投资者多提供一条解决途径，保护中国企业的海外利益。

第三，对等原则。中国颁布外国国家豁免法时可以规定执行"对等原则"，也就是说，如果外国执行限制豁免原则，中国也对其执行限制豁免原则，如果外国执行的是绝对豁免原则，那么中国也对其执行绝对豁免原则。

然而这种规定不宜持续太久，只能作为一个过渡，因为这会造成一定的混乱，同样是合同违约却会造成不同的结果，不利于中国市场经济的有序运行。

第四，法制建设的需要。进行外国国家豁免立法，也是我国法制建设的需要。

---

❶ 军情网，2011年10月11日，《缅甸冒险中止中国援建大项目转而亲近西方》，http：//www.24mil.com/2011/1011/6496.shtml。

❷ 中国这次在利比亚的损失究竟有多少各方说法不一，有的说是188亿美元，有的说上千亿美元，等等。"中国企业在利比亚损失大"，载http：//news.163.com/11/0408/11/7147B71000014JB5.html，访问日期：2014年3月26日；"梅新育：中国在利比亚的损失没那么多"，载http：//news.sina.com.cn/pl/2011-06-09/092722611163.shtml，访问日期：2014年3月26日；"盘点中国在利比亚损失：石油建筑和通信居前列"，载http：//military.china.com/critical2/23/20110612/16590392.html，访问日期：2014年3月26日；"商务部部长：中国在利比亚项目损失严重"，载http：//www.zg.cn/news/a/20120307/22959.html，访问日期：2014年3月26日。

十六届四中全会将"依法执政"作为我国在新的历史条件下马克思主义政党执政的基本方式。依法执政的前提是健全法制。香港的"刚果（金）案"引发的不仅是香港基本法的解释问题，也揭示了我国在国家豁免立法方面的缺失。

正如《美国外国主权豁免法》立法的目的那样，将决定外国国家要求豁免的申请的基本责任从政府转移到法院。然而大量的案例，包括中国在美国被起诉的很多案件，说明这种做法不仅并未削弱政府处理外国国家关系的决定性地位，而且使政府处在一个更加超然的地位，同时还树立了政府遵守法律的形象。这种处理国家间关系的做法值得我国借鉴。

7.4 小　　结

在我国处理与外国国家的关系的职责归中央政府行使，国家豁免规则属于国家对外事务中的外交事务范畴，中央人民政府有权决定中华人民共和国的国家豁免规则或政策，在中华人民共和国领域内统一实施。❶ 中国经历了35年的改革开放，取得了世人瞩目的成就，中国和中国人也越来越多地融入国际社会，中国国内也存在着大量涉外的民间交流，俨然已经形成了国际社会，大量的外国人、外国公司、外国机构与我国的公民及法人机构发生

---

❶ 2011年8月26日第十一届全国人民代表大会常务委员会第二十二次会议通过《全国人民代表大会常务委员会关于〈中华人民共和国香港特别行政区基本法〉第十三条第一款和第十九条的解释》。

关系，形成了涉外性质的民商事关系，调整这些关系主要由民法、商法等法律进行，但是我国缺少一部调整外国国家和我国公民及法人机构之间关系的法律。当然，如果发生这类纠纷的话仍然可以通过外交途径解决，但中国公民通过外交途径进行申诉的规定和有关程序却没有。这种现状不利于维护我国国民和法人机构的利益。

  按照中国《行政法》的规定，中国公民可以向法院起诉自己的政府，那么，为什么不能起诉外国政府呢？我们有理由相信，随着中国法治化的发展，规范外国国家在我国境内的行为，对于那些外国国家和我国国民及法人机构之间属于民商事关系的纠纷也能由我国法院来处理。

8

国家豁免原则问题之一：主权的再认识和国家行为原则

8 国家豁免原则问题之一：主权的再认识和国家行为原则

国家豁免，亦称主权豁免，是指一国的行为及其财产未经该国同意免受外国法律和外国法院的管辖。广义的国家豁免包括司法管辖豁免、行政管辖豁免和征税豁免；狭义上的国家豁免仅指司法管辖豁免，又包括管辖豁免、司法程序豁免和执行豁免。❶

限制豁免原则，又称有限豁免原则或相对豁免原则。限制豁免原则将国家行为分为主权行为（acta jure impreii）和管理行为（acta jure gestionis）。在司法实践中，英美国家将这两种行为称为主权行为和商业行为，大陆法系国家则称之为公法行为和私法行为。对于国家实施的主权行为或公法行为，如国家的政治、军事、外交等，属于国家豁免的范围；而对那些管理行为或商业行为或私法行为，则不属于豁免的范围。❷

国家豁免原则发展过程表明，国家豁免是从欧洲封建时代的君主豁免和外交代表豁免发展而来，同时也与国家在国内法上享有的特权有关。❸ 尽管国家豁免和外交豁免仍存在一些重叠的领域，如外交人员和外交财产豁免，这两者仍然是彼此独立的体系。为了更好地理解国家豁免的现状，有必要回顾国家豁免发展的历史。

---

❶ 龚刃韧：《国家豁免问题的比较研究》，北京大学出版社 1994 年版，第 1 页。朱文奇：《国际法学原理与案例教程》，中国人民大学出版社 2009 年版，第 345 页。

❷ 朱文奇：《国际法学原理与案例教程》，中国人民大学出版社 2009 年版，第 350 页。

❸ ［美］路易斯·亨金：《国际法：政治与价值》，张乃根等译，中国政法大学出版社 2005 年版，第 379 页。

8.1 主权的概念

限制豁免原则将国家行为划分为主权行为和管理行为，管理行为不享有豁免，而主权行为则享有豁免。国家实施的政治、军事、外交等行为属于主权行为的范畴，为什么这些行为具有主权的性质，进而什么是主权？

8.1.1 国内法上的主权

在封建国家的国内法庭面前，各国君主享有的当然是绝对的豁免，不仅中国的封建帝王如此，欧洲封建国家的君主也一样。欧洲君主的特权是建立在"国王无错事"（King can do no wrong.）的古老格言基础之上❶，在国内法庭上不得提出针对君主的人身或财产方面的任何诉讼。在研究了古希腊的城邦制，古罗马的共和制、贵族制和后来的君主专制等政体的特点之后，让·博丹创造了"主权"这个政治概念，也因此博丹被称为"政治科学之父"。在博丹看来，主权是国家所有的绝对且永久的权力，❷ 君主是主权的合法所有者。❸ 主权性权威和绝对权力的精义

---

❶ 龚刃韧：《国家豁免问题的比较研究》，北京大学出版社1994年版，第11页。

❷ ［法］让·博丹：《主权论》，［美］朱利安·H. 富兰克林编，李卫海、钱俊文译，北京大学出版社2008年版，第26页。

❸ 同上书，第27页。

在于不经臣民的同意可以颁行对全体臣民都适用的法律。❶但对于神法或自然法,世俗的君主也应服从。❷君主享有主权,不受法律约束和法庭裁判。

虽然博丹坚持君主主权的绝对性,但他并不否认主权者要受到某些限制,这些限制如下。

(1)作为主权者的君主受自然法或神法的约束,还要服从适用于不同民族的共同法。世俗的君主要服从神法和自然法的指引,否则就是违背上帝,君主的主权也要服从神法和自然法的安排。❸

博丹也受到宗教的影响,认为上帝将主权赋予君主代他行使统治凡间的权力,主权应该为上帝服务。将自然法从神法那里解放出来的任务由"国际法之父"——荷兰的雨果·格劳秀斯完成。虽然格劳秀斯没有关于主权的著述,但是来源于自然法的主权显然在理论上已经获得了与教会的神法平起平坐的地位。1555年和1648年的两次和会表明,想获得最大利益的新教贵族既要摆脱教会的统治,同时又要为自己统治的合法性找到借口。来源于自然法的主权就是最好的选择。

(2)主权者应受其作出的正当承诺和签订的公平契约的束缚❹,不论另一方签约人是他的臣民还是一个外国人。❺法律是君主颁布的,因而不能约束君主自己。但是君主与臣民间的合同却

---

❶ [法]让·博丹:《主权论》,[美]朱利安·H.富兰克林编,李卫海、钱俊文译,北京大学出版社2008年版,第60页。
❷ 同上书,第45页。
❸ 同上书,第45页。
❹ 同上书,第46页。
❺ 同上书,第77页。

是双方签订的，权利和义务是双向的，一方不能因此而服从另一方，除非得到对方的同意。

博丹将主权的特征归纳为立法权、宣战和媾和、设立国家首要官员、最终审判权或称终止上诉的权力以及赦免罪行和刑罚的权力。博丹认为，君主的职责来自两个方面：一是来自于自然正义的原则，君主需要维护契约和协议的履行；二是来自于君主的诚信，即使君主的诚信受到了一些贬损，臣民也应该尊重他。❶

博丹肯定不知道有所谓的国家豁免这类问题困扰当代人，但是他却已经看到了作为君主的两面性：一方面可以代表主权，另一方面代表他/她个人。当君主是主权的代表时，君主就是最高的，主权也是最高的；当君主作为个人而行为时，君主也要遵守自己颁布的法律的约束。欧洲受到罗马法的民法影响，"有约必守"的契约精神根深蒂固，即使是享有主权权力的君主亦不能违背契约，一个不守承诺的君主显然有损于主权的权威和荣誉。

（3）主权者要接受根本法的束缚。博丹所指的根本法是关于王位继承和不得抵押、割让或买卖领地的法律。这是为了保证该领地的君主能够延续其统治，保持国家的完整，而不是对君主主权的限制。❷

（4）拥有绝对主权的君主也要尊重自由臣民的个人自由和财产，除非在紧急状态下，为了公共的利益君主可以征用他人的财

---

❶ [法]让·博丹：《主权论》，[美]朱利安·H.富兰克林编，李卫海、钱俊文译，北京大学出版社2008年版，第77页。

❷ 同上书，第22页。

产。❶ 君主可以颁布法律征税，但是任意剥夺他人的自由和财产就是另外一回事，是违背神法和自然法的。除非是在紧急状态之下，君主才可以在不颁布法律的情况下征收他人的财产。

用现代国际法的观点分析博丹的观点主要有两个方面：一方面，对外，主权（或者是君主）是平等的，要遵守国际法；另一方面，对内，主权（或者是君主）是最高的，可以不遵守法律，但要尊重个人的自由和财产，信守和约。在博丹看来，代表国家最高权力的君主享有绝对的主权权力，但作为个人的君主也要受神法和自然法的限制。

博丹的君主主权理论顺应了16世纪欧洲王权处于集中和膨胀阶段的要求。1555年在奥格斯堡召开了新教与天主教的协商会议，会议的主题是信仰自由，实质是诸侯们确立各自的势力范围。会议的结果是，新教贵族获得了全面的自由和胜利。各诸侯在自己的领地内成为宗教的最高领袖，他们可以自己任命教会的官员，天主教会不得干涉。1648年签署的《威斯特伐利亚和约》使得一批获得承认的新独立的国家彻底摆脱了教会的控制，拥有了对抗教会的权力——主权。而1648年《威斯特伐利亚合约》的签署也被认为是现代国家确立的标志，❷ 主权成为国家的根本属性。❸

---

❶ ［法］让·博丹：《主权论》，［美］朱利安·H. 富兰克林编，李卫海、钱俊文译，北京大学出版社2008年版，第83、85页。

❷ 黄德明："论威斯特伐利亚和约对国际法的影响"，载《江汉论坛》2000年第6期。转引自朱文奇：《国际法学原理与案例教程》，中国人民大学出版社2009年版，第34页。

❸ 朱文奇：《国际法学原理与案例教程》，中国人民大学出版社2009年版，第34页。

8.1.2 国际法上的主权

到18～19世纪时,新兴资产阶级与封建地主的斗争中提出了对君主主权的质疑。英国的约翰·洛克是第一个提出了"自由、平等、博爱"是人的自然状态,是在国家出现之前就已经存在的状态。在资产阶级革命中,资产阶级借此提出了"天赋人权""契约自由"等口号反对封建专制,要求取消封建地主阶级享有的特权,尤其要废除君主享有的特权。在国内法上,随着封建专制体制的瓦解,君主不再享有特权,君主所代表的国家也不再享有特权。个人可以针对国家的具体行政行为提出诉讼,由此逐渐演变成现代宪政体系。

与"主权"一词出现相比较,"国际法"(international law)的出现比主权要晚。第一次使用国际法的是著名英国政治学者边沁(Jeremy Bentham),在其《道德和立法原则》(*An Introduction to the Principles of Morals and Legislation*,1789)一书中用来称呼调整国家之间关系的法律。❶ 在此之前,人们一直称之为"万国法"或"国家间法律"(law of nations)。❷ 国际法发展至今也没有一个权威的主权的概念,更多的是学者们对主权的解释。有的认为:"主权是国内宪法的权力和权威的问题,这种权力和权威被认为是国内最高的、原始的权力,具有国家内的排他性职

---

❶ 林学忠:《从万国公法到公法外交——晚清国际法的传入、诠释与应用》,上海古籍出版社2009年版,第103页。

❷ [意]安东尼奥·卡塞斯:《国际法》,蔡从燕等译,法律出版社2009年版,第41页注解6。

权。"❶ 有的认为:"所谓主权的国家,是谓国家之全不受他国支配者。而在附带的次一义,主权亦寓至尊、最高之意。"❷ 还有的认为:"主权是指一国最高、绝对和不受控制的统治权。它是具体政治权力的渊源;表现为一国在国内对其政府建制的最高管理权,在国际上的独立权和自主管理国内事务不受外国支配的权力,诸如在国内制定法律并适用、征纳捐税、同外国宣战媾和、缔结同盟条约或进行商业交往等。"❸

从上述观点可以看出,主权的一些特性:对内,主权是最高的、至尊的地位,是一切国家权力的渊源;对外,主权是平等的。

当时美英等国内法院在以外国国家为被告的案件中也有类似的判决。比如美国联邦最高法院法官马歇尔在"斯库诺交易号"案中认为:"一主权国不必服从另一个主权国;(一国)最高的责任就是不得通过将君主或其主权代表置于本国的司法管辖权之下而达到贬损他国的目的,(君主)只有在获得允许的情况下才可以进入外国领域,或者确信他作为独立主权而享有豁免,尽管有时并非明示,但至少总是暗示的。主权的平等和绝对独立,这种共同的利益迫使各国在相互交往、互派使节时,各国自愿放弃行

---

❶ [英]詹宁斯、瓦茨修订:《奥本海国际法》,第1卷第1分册,中国大百科全书出版社1995年版,第94页。

❷ 周鲠生著,周莉勘校:《国际法大纲》,中国方正出版社2004年版,第23页。

❸ 薛波主编,潘汉典总审订:《元照英美法词典》,法律出版社2003年版,第1274页。

使一部分排他性的属地管辖权，只有这样才能维护各国的利益"❶。

正是由于主权对内的绝对性和对外的平等性，在以外国国家为被告的诉讼中，国内法院都会坚持给予外国国家豁免权，这种豁免就是绝对豁免原则。马歇尔法官的判决精准地描述了主权和绝对豁免原则之间的关系，主权是各国处理国际关系重要的考量因素。正如马歇尔法官自己的解释那样：

第一，这个世界是由主权平等和独立的国家组成的。如果一个国家试图审判另一个国家就会破坏平等和独立的原则。为了避免破坏平等和独立，国家互相同意主权豁免原则。

第二，给予外国主权以主权豁免不会贬损外国主权的尊严和荣誉。这一点从各国给予外国使节的实践中得到最好的验证，这样做也是为了不破坏国际关系，也为了执行国家的对外政策。

第三，各国向外国派遣使节并不是意图让自己的使节屈从于外国当局。使节们的使命使得他们必须独立于接受国，而且要绝对忠于自己的国家。接受国同意接纳使节就意味着同意授予使节为了完成他们的使命而必要的权利和特权。❷

"二战"结束之前，主权表现出来的是一种权力和国家职能，"二战"结束联合国成立后，国际法的发展，特别是人权的发展影响了主权，即"保护责任"的出现给"主权"增添了人性化的

---

❶ Malcolm N. Shaw QC, *International Law*, Sixth edition, Cambridge University Press, p. 699.

❷ Thomas H. Hill, *A Policy Analysis of the American Law of Foreign State Immunity*, Fordham Law Review, Vol. 50, 1-1-1981.

色彩。[1]

作为国家基本属性的主权来说，它的内涵并不是一成不变的，最初博丹是在政治的意义上使用主权这个词，是世俗君主对内进行统治的合法性；1648年《威斯特伐利亚和约》后，从法律上承认世俗君主的主权权力，主权在对外时相互平等；此后直到联合国成立后，主权的内涵中增加了保护的责任。

8.2 限制豁免原则的特征

国家一直是国际关系的主角，也是国际法最主要的主体。正如马歇尔法官阐明的那样，国家间相互给予豁免不仅基于礼仪，也有利于维护国家间的关系。这种豁免是绝对的豁免，不仅包括人的豁免，如国家元首、外交代表等，也包括物的豁免，如国家财产。但限制豁免原则认为，对于国家从事的商业行为不能享有豁免。

8.2.1 限制豁免的最初实践

"二战"结束之前，大多数的亚非拉国家处于殖民或半殖民统治的地位，毫无国家主权可言，在国际上没有独立的地位和发言权，国际社会可以说是"欧洲的"国际社会。在国家豁免问题上的分歧也主要存在于欧洲国家和北美及少数南美国家之间，不

---

[1] 朱文奇：《国际法学原理与案例教程》，中国人民大学出版社2009年第2版，第35页。

过,由于政治实力悬殊,南美国家为数不多的两次打破欧洲和美国垄断地位的尝试都以失败而告终,分别是阿根廷提出的"卡尔沃主义"和委内瑞拉提出的"德拉果主义"。

卡尔沃主义旨在限制西方以输入资本为由对南美各国进行政治干涉。但这一条款被认为在法律上是无效的,理由是它不能剥夺国家进行保护的权利,因为这种权利源于国际法。因此,卡尔沃条款最后只得沦落成为一个多余的、至多只是一个"但书"条款,即规定在采取外交或司法行动前必须用尽当地救济。而反对大国使用武力手段要求穷国偿还债务的"德拉果主义"更被认为背离当时的国际法。美国认为,保护外国财产的必要性甚于防止欧洲国家对美洲大陆实施军事干涉,因而反对"德拉果主义"。尽管1907年通过了《关于限制用武力手段解决合同债务的海牙公约》,但由于主要的欧洲国家没有签署这个公约,问题并没有得到解决。

同时在国际法上也出现了有关国家豁免的公约,如1926年《布鲁塞尔公约》及其附加议定书,确立了国有船舶从事商业行为不再享有国家豁免的原则。❶ 但是,各国对该公约的理解并不一致,在司法实践中甚至认为《布鲁塞尔公约》调整的是特定标的物,并没有对国家豁免原则产生一般的效果。❷

"二战"结束后,国家越来越多地参与到商业活动,尤其在苏联的影响下在东欧、南欧以及亚洲出现了社会主义国家,在这些国家,经济完全掌握在国家手里,实行的是国有经济。在与外

---

❶ 《关于统一国有船舶豁免若干规则的公约》第1~3条的规定。

❷ 龚刃韧:《国家豁免问题的比较研究》,北京大学出版社1994年版,第75页。

国进行商业贸易活动时，外国的个人或法人处于一种不利的地位。正如英国枢密院法官克劳斯（Lord Cross）解释法院为何不遵循先例转而支持限制豁免原则时的四点理由。❶

第一，上诉法院错误地认为他们应该遵从"比利时国会号案"的判决。

第二，在"克里斯蒂娜号案"中上议院中有法官认为国有船只参与商业活动享有豁免。

第三，有趋势表明反对绝对豁免。

第四，在西方国家的法庭上国家可以因商业合同而被起诉，但外国国家却享有豁免，这是错误的，也是没有道理的。

限制豁免原则认为国家豁免只能给予国家的主权行为，而国家的商业行为不再享有豁免。国家的主权行为被认为是政府具有公法性质的行为，而商业行为则被认为具有商法或私法性质的行为。❷

8.2.2 国家行为原则

国家行为原则对于限制豁免原则来说是至关重要的基础，然而要想给这个原则下一个定义却是异常之难，即使是在国际公法的领域内来限定这个原则都很不容易，而且对于国家行为原则是否属于国际公法的范畴意见也不一致。

英国著名国际法学者 M. 阿库斯特认为，国家行为原则包括

---

❶ Malcolm N. Shaw QC, *International Law*, Sixth edition, Cambridge University Press, p. 705.

❷ ［英］M. 阿库斯特：《现代国际法概论》，汪瑄、朱奇武、余叔通、周仁译，中国社会科学出版社 1983 年第 2 版，第 129 页。

两种完全不同的情况。

第一种情况是,作为乙国雇员或代理人的个人因为在甲国所从事的行为而在甲国法院受民事控诉或刑事追诉。在这种情况下,国家行为原则其实是主权豁免原则的必然结果,因而是国际法的一项成规。

第二种情况是,一国征收位于其领土内的财产并将它出售给一个私人,其后这个私人被财产的原所有人在另一国法院起诉。这时,做法便与上述第一种情况不同,因为私人买主并不是被迫购买财产的,而国家雇员或代理人是奉命行事。在这种情况下,适用国家行为原则最多的是美国,在"古巴国家银行诉萨巴丁诺案"中美国法院也并不认为这一原则是国际公法的规则,而只认为这是由美国宪法的分权原则引申出来的规则,即法院不应对外国的行为提出异议,以免给行政部门在处理外交关系时造成困难。[1]

所以,在第一种情况下,对某国雇员或代理人的控诉就是间接地控诉这个国家,国家行为原则成为国家豁免的必然结果。这种诉讼因为包含着微妙的国际政治问题,因而不适合国内法院判决。在第二种情况下,美国法院认为,根据分权原则,法院不应对外国政府的行为提出异议,以免给行政部门造成困难。但在英国,按照国家行为原则,如果外国人在国外受到经英王授权或其后经英王批准的行为损害,该外国人不能在英国法院获得救济,他取得补救的唯一办法是设法使其本国向英国提出国际损害赔偿

---

[1] [英] M. 阿库斯特:《现代国际法概论》,汪瑄、朱奇武、余叔通、周仁译,中国社会科学出版社1983年第2版,第61页。

的要求。❶ 也就是说，在英国，按照国家行为原则，国家行为是不可诉的。但哪些行为属于国家行为呢？

《联合国国家及其财产司法管辖豁免公约》起草委员会在起草公约时曾试图对国家行为进行区分，这些分类包括：主权行为（acta jure imperii）和管理行为（acta jure gestionis）、公共性质的行为和私人性质的行为（public and private nature of state acts）、商业行为和非商业行为（commercial and non-commercial activities）。这些分类方法都有其不周延的地方。

按照公共性质和私人性质判定一个国家行为时就要看该行为最终的目的或目标，从而使这种判断更加具有主观性而缺少客观性；按照商业行为和非商业标准又给人一种强烈的暗示，即外国国家已经暗示同意法院地国的法院可以对其行使司法管辖权。与此类似，还可以将国家行为分为贸易行为和非贸易行为，或者政府行为或非政府行为。❷ 这种区分国家行为的方法显然太过灵活而缺乏严谨，在各国的实践中会造成更大的混淆。因此，在联合国的公约中并没有有关国家行为的规定，而只是列举了国家豁免例外的几种情形。

适用国家行为原则进行审判的司法实践主要来自英国和美国。早在17世纪的"布拉德诉邦菲尔德案"中，英国法官认为，英国法官有权决定丹麦国王在其自己的领土内授予其公民的专利

---

❶ ［英］M. 阿库斯特：《现代国际法概论》，汪瑄、朱奇武、余叔通、周仁译，中国社会科学出版社1983年第2版，第55页。

❷ Fourth report on jurisdictional immunities of States and their property, by Mr. Sompong Sucharitkul, Special Rapporteur, A/CN.4/357 and Corr.1, 31 March 1982, paras 30~46.

许可行为是否合法是"荒谬的和不合理的"❶。美国联邦最高法院富勒（Fuller）法官对国家行为原则做了第一次经典的阐述："每一主权国家都有义务尊重其他国家主权的独立，一国法院不应对其他外国国家在其领域内实施的行为进行审判，对此类行为造成的损害的补偿应通过主权间可行的方式进行。"❷

但英美法院对于国家行为原则的范围界定也并不一致。有的认为"法院不会调查行政部门'与外国国家往来期间进行'的行为是否恰当"，也有的认为国家行为原则是"法院不会就外国主权国间的交易作出判决这项较为一般性的原则"，还有的认为国家行为"是国内法院所不能质疑、控制或干预"的，并且进一步指出"法院须限制自己只是查清有关的国家行为确实是什么，而不是法院认为有关的国家行为应该是什么"。❸

这些主张的共同点是认为国家行为原则是，首先，法院与行政机关是相互独立的，法院不应干涉行政机关与外国国家进行的行为；其次，法院是裁判机构，应该清楚自己的权限范围，自我节制；最后，也是最重要的，一国的国内法院无权审判外国国家在其范围内行为的正当性。

"古巴国有银行诉萨巴蒂诺案"（Banco National de Cuba v. Sabbatino，1964）是适用国家行为原则的典型案例。在这个案子中，美国联邦最高法院法官几乎一致认为："本案中在没有条

---

❶ Blad v. Bamfield, 36 Eng. Rep. 992（Ch. 1674）. 转引自任明艳："美国国家行为原则评析"，载《比较法研究》2006年第7期，第120~127页。

❷ Underhill v. Hernandez, 26 U.S APP. 573（1897）, The Act of State, http://actsofstatelaws.uslegal.com/the-act-of-state-doctrine-article/.

❸ "刚果（金）案"香港终审法院判决第348~351段。

约或者其他协议规定法律原则的情况下,与其决定或反复确认一个僵化的规则,我们决定还是认为司法机构无权审查一个外国主权国家政府在其自己的领土内对财产采取措施的有效性,即使原告声称被告的行为违反了习惯国际法。"❶

该判决反映出美国联邦最高法院的法官们对司法权、行政权的基本认识,坚持分权为根本,对行政机关的行为不加干涉,更不会去裁判一个外国主权国家政府行为的有效性,反映了司法自我克制和被动的本质。但也正是这个原因,该判决激怒了美国国会,促使国会通过了第二个西金卢普修正案(the Second Hickenlooper Amendment,22 U. S. C § 2370)。该修正案要求美国法院在涉及1958年后的外国国家征收财产的案件中拒绝适用国家行为原则"决定案件而要适用国际法"❷。

尽管国家行为原则在美国的案件中广泛应用,然而1990年联邦最高法院要求各级法院在决定外国主权国家的官员行为合法性时要按照该外国的法律为依据,严格适用国家行为原则。1990年的 W. S. Kirkpatrick & Co. v. Environmental Tectonics Corp.,Int'l,493 U. S. 400(U. S. 1990)案就是一个例证。原告 Kirkpatrick 公司声称被告通过贿赂的方式获得了尼日利亚的合同。联邦最高法院判决再次确认,"美国法院有权,也有责任决定向它们提起诉讼的案件和争端"。同时,美国法院仅能在宣布外国行为"在本

---

❶ Banco Nacional De Cuba v. Sabbatino,376 U. S. 398(U. S. 1964),http://actsofstatelaws.uslegal.com/the-act-of-state-doctrine-article/.

❷ Ibid..

国不合适、因此也没有效果"时适用国家行为原则。❶

英国在"科威特航空公司诉伊拉克航空公司案"（2002年）中也持有类似观点。科威特航空公司在伊拉克1990年8月2日入侵科威特时被强行并入伊拉克航空公司。1991年2月27日第二次"海湾战争"结束后，科威特航空公司在英国、加拿大等国开始向伊拉克航空公司发起追偿损失的诉讼。2002年5月16日英国上议院作出最后判决，5位法官中4位否决了双方的请求。案件审理涉及的其中一个问题就是，伊拉克航空公司吞并科威特航空公司的行为是否合法。法官们一致认为，判定这个问题应该适用伊拉克的法律，而不是按照英国的法律进行裁决。伊拉克航空公司是根据伊拉克政府颁布的第369号法律兼并了伊拉克航空公司，该法是伊拉克入侵科威特后颁布的，旨在将科威特———一个主权国家——并入自己的领土，并且攫取其财产归自己所有。尽管联合国安理会就伊拉克入侵科威特的行为通过了若干决议，并宣布伊拉克入侵科威特的行为本身及违反《联合国宪章》的行为都完全无效，这也包括伊拉克政府在此期间颁布的法律。❷然而，正如该案法官尼科尔斯（Lord Nicholls）在判决中阐释的那样，"只有违反人权的法律是不可接受的"。❸

从近期英国和美国的案例来看，在判定外国国家行为时，英

---

❶ W. S. Kirkpatrick & Co. v. Environmental Tectonics Corp., Int'l, 493 U. S. 400（U. S. 1990），The Act of State，http：//actsofstatelaws.uslegal.com/the-act-of-state-doctrine-article/.

❷ 联合国安理会决议第670（1990）号。

❸ "科威特航空公司诉伊拉克航空公司"上议院判决第18段，http：//www. publications. parliament. uk/pa/ld200102/ldjudgmt/jd020516/kuwait - 1. htm。

国和美国的法院将按照外国的法律——仅指实体法的规定——裁判争议方的权利义务。

从英美两国的司法实践和国际公约的编纂情况来看，国家行为原则的基本内容可以归纳为以下两点。

第一，初期诉讼中的国家行为原则是基于国际法所要求的国家间礼让为基础，国家行为原则是排除国内法院管辖权的一个法律原则。

第二，国家行为原则作为法院选择法律的一个原则，法院要按照被告国家的法律作为判定行为合法性的依据。

因此，国家行为原则的作用有两个。第一，起到排除法院的管辖权的作用。在奉行限制豁免原则的国家里，可以基于国家行为原则排除法院的管辖权。第二，起到国际私法上的系属公式的作用，亦称为法律适用原则，就是选择哪个国家的法律作为准据法的作用。在审查外国国家行为合法性的时候，法院要以被告国家的法律作为行为合法性的判断标准，而不能适用法院地国的法律。

8.3 小　　结

现代国际法最基础的一些重要原则大都与主权有关，比如，国家主权平等原则、不干涉内政原则等，这让主权带有绝对的、不可侵犯的特点。从国内来看，主权处于最高的、至尊的地位，是国家权力的源泉。博丹创造的主权概念成为现代国家的基本属性，一个没有主权的国家就是"不完整的国际人格"❶。在"二战"之前，所谓的主权国家就是那些欧洲国家，大多数的亚非拉国家，也包括中国在内，由于受到殖民统治，而不被当做主权国家。在联合国的体系里，主权是平等的，不再有等级之分，但国家有大小、强弱之分。主权徒有一个形式，决定主权等级的是国家。主权神圣的光环只留下一个礼仪的需要，它必须为国家实现职能服务。当主权是绝对的时候，国家当然享有绝对的豁免；当主权只剩下一个"形式"的时候，则由国家来决定它是绝对还是相对。主权是一个"瓶子"，而国家是"酒"。

  国家行为原则是排除国内法院管辖权的一个法律原则，在奉行限制豁免原则的国家里，为了避免法院的判决给政府造成不必要的尴尬，影响国家间关系，国家行为原则变成了又一个安全阀。

---

  ❶ ［日］篠田英朗：《重新审视主权——从古典理论到全球时代》，戚渊译，商务印书馆 2005 年第 2 版，第 63 页。

9

国家豁免原则问题之二：国家豁免原则与强行法和国家责任

9 国家豁免原则问题之二：国家豁免原则与强行法和国家责任

"强行法"（jus cogens，peremptory norms）第一次出现在国际公约中是在 1969 年《维也纳条约法公约》中，这种提法还是第三世界国家提出来，用来作为支持人人平等和国家主权平等，当时的西方国家对这一提法普遍采取戒备的立场。❶ 强行法的实质在于规则的法律效力，如果一个规则被认为具有强行法的地位，那么意味着该规则在任何情况下都不允许被减损。❷ 强行法所保护的是那些对整个国际社会和人类来说最基本、最重要的价值，"（强行法）的特点就是，它不仅具有明显的法律规范的特点，而且还包括道德和国际秩序"，❸ 包括禁止酷刑、禁止种族歧视、禁止侵略等在内的规则被视为强行法的范畴。国家违反强行法将导致国家责任，而且具体的实施者也要承担个人责任。

国家责任是现代国际法上最为重要的制度之一。国际法上的国家责任是指一国国际不法行为的法律后果，即一方面不法行为者要承担的义务，另一方面遭受不法行为影响的国家享有的权利

---

❶ 联合国条约法会议，第一次会议（1968 年），官方记录，第 300 页，第 9 段。转引自［意］安东尼奥·卡塞斯：《国际法》，中文第 265 页。当然，强行法的概念与建构的提出可以追溯到 17、18 世纪，由一些国际法学者提出，比如，德国的 Samuel Rachel（1628～1691）、Christian Wolff（1679～1754）以及 Georg Friedrich de Martens（1756～1821），以及瑞士的法学家与外交官 Emer de Vattel（1714～1767）（详见［意］安东尼奥·卡塞斯：《国际法》，蔡从燕等译，法律出版社 2009 年版，第 267 页）。

❷ E. Jimenez Arechage, International Law in the Past Third of a Century 159HR（1978－I）, at 297. 转引自［意］安东尼奥·卡塞斯：《国际法》，蔡从燕等译，法律出版社 2009 年版，第 267～268 页。

❸ Special Rapporteur, *Third Report on Law of Treaties*, *Commentary*, 1958.

及权力。❶ 有了国家责任，那些规范国家实体义务的规则才得到真正的保障。国家责任体系包含了独立的、相对自治的国际法体系，包括：(1) 在哪些条件下构成对实体义务的违反；(2) 违反实体义务的法律后果。❷

国家豁免原则是国际法的基本原则，和强行法一样属于初级规则，❸ 只是强行法大多是实体义务，而国家豁免原则不仅是一个实体义务，还是一个程序规则。如果一国违反了强行法，例如实施了酷刑，那么该国应承担什么样的国家责任？在国内法院是否可以享有豁免的特权？

9.1 概　　述

国际社会里没有比国家更高的权威机构存在，对于违反了实体权利义务的国家，传统国际法允许受侵害的国家自行决定采取何种行动以"惩罚"违法的国家，这些行动包括和平的方法，也包括武力的方法。❹ "二战"之后，为了避免战争给人类世界带来的灾难，《联合国宪章》第 2 条第 4 款规定，各国在其国际关系上不得使用威胁或武力。因此，诉诸武力解决的方式已经不被允

---

❶ [意] 安东尼奥·卡塞斯：《国际法》，蔡从燕等译，法律出版社 2009 年版，第 319 页。

❷ 同上书，第 323 页。

❸ 同上。

❹ 同上。

9 国家豁免原则问题之二：国家豁免原则与强行法和国家责任

许。"二战"后成立的纽伦堡国际军事法庭和远东国际军事法庭，用法庭审判的方式追究德国和日本的战争责任，除这两个国家承担责任——对给其他国家造成的损失予以经济赔偿以外，当时的国家领导人也承担个人刑事责任，国际刑法由此得到了巨大的发展。

对于国家这个特殊的主体来讲，它只能承担民事责任，不能承担刑事责任。国际法上的国家责任实际上也是国家的民事责任。国家承担责任的方式也是多种多样的，其核心在于终止违法行为和全面修复（full reparation）违法行为造成的损害。❶

在违反义务和承担责任之间应该有一个桥梁联结，这就是程序。目前，国际法上有关的程序规则除了国际性法院的规约，如国际法院规约、国际刑事法院的《程序与证据规则》及联合国成立的几个刑事法庭的规约以外，大多是国际经济领域中的争端解决办法，如1958年的《承认及执行外国仲裁裁决公约》和1965年的《关于解决国家与其他国家国民之间投资争端公约》，以及后来的世贸组织下的争端解决机制，即《马拉喀什建立世界贸易组织协议》附件二《关于争端解决规则与程序的谅解》。但这些适用于国际经济领域的程序规则不能普遍适用。就国际法的现状而言，实体法的发展已经相当发达，而程序法的发展则相当落后。特别是当违法者是国家这个主体时就变得更加复杂。如欧洲人权法院审理的"阿尔·阿德萨尼诉英国违反基本人权案"[2]中的阿尔·阿德萨尼在科威特遭受酷刑，但英国法院不能给予其有效的救济，到了欧洲人权法院仍然不能获得有效救济。

---

❶ Responsibility of States for Internationally Wrongful Acts with commentaries, p. 58, Article 28(2).

在强行法和国家责任之间仍然有一条无法逾越的鸿沟，这就是国家豁免原则。

9.2 强行法规范本身的局限性

既然强行法具有最高的法律效力，但在现实中为什么违反强行法却又不必承担相应的责任呢？这个问题就要看强行法本身的规定。1984年《联合国禁止酷刑和其他残忍、不人道或有辱人格的待遇或处罚公约》（以下简称《禁止酷刑公约》）属于强行法的范畴，那么公约有哪些内容？规定的权利义务是什么？有没有直接赋予个人一些权利？类似阿尔·阿德萨尼这样的受害人能否能得到有效的救济？

《禁止酷刑公约》共有3个部分33条，于1987年6月26日生效，目前有包括科威特和英国在内的154个成员国[1]，2002年12月18日第57届联大通过了《禁止酷刑公约任择议定书》，该议定书共7部分37条，2006年6月22日生效，目前有75个成员国签署了该议定书。[2]

《禁止酷刑公约》的主要内容如下：

首先，《禁止酷刑公约》的目的在于在全世界范围内促进对

---

[1] http://treaties.un.org/Pages/ViewDetails.aspx?src=TREATY&mtdsg_no=IV-9&chapter=4&lang=en，2013年11月21日访问。

[2] 同上。

于人类所固有的那种作为人的尊严的尊重和保护。❶

其次,对于酷刑行为,各国应该在国内法上将实施酷刑当作一种犯罪❷,对于实施了酷刑的犯罪嫌疑人可以行使刑事管辖权❸,任何特殊情况都不得成为实施酷刑的正当理由。❹

再次,对于各缔约国来说,各国要在立法、执法和行政方面采取措施建立一个或者多个预防酷刑行为的机制。❺ 国家间处理公约的履行问题的方式按照《禁止酷刑公约》第21条的规定是通过"沟通"（communication）的方法——书面通知（written communication）,一缔约国用书面通知的方式通知另一缔约国在履行公约义务方面的不当表现,也可通过禁止酷刑委员会来提醒另一缔约国。然而,对于第21条——这一授予禁止酷刑委员会以调查、协调国家间履行公约义务时发生争议的条款——需要国家的特别声明,也就是说国家在签署任择议定书时并不意味着对第21条的接受。这种安排考虑到一方面要鼓励国家加入保护人权、禁止酷刑的国家行列,另一方面要承认并尊重国家主权以及国家在保护人权和禁止酷刑方面所担负的首要责任。

最后,对于酷刑的受害人来说,公约及任择议定书给予的权利也是有限的,个人向禁止酷刑委员会的申诉被视作一种"情报",而禁止酷刑委员会的调查工作,特别是到缔约国境内进行

---

❶ 《禁止酷刑和其他残忍、不人道或有辱人格的待遇或处罚公约》,前言。
❷ 同上书,第4条。
❸ 同上书,第5条。
❹ 同上书,第2条第2款。
❺ 同上书,第2条第1款。

调查的话必须得到缔约国的合作和同意。❶

从整个《禁止酷刑公约》及任择议定书来看，实施酷刑是种违法行为，各国有义务采取必要措施防止并惩治这种犯罪行为。但是公约并没有解决各国行使刑事管辖权与国家豁免原则的冲突问题，也没有要求各国将酷刑作为国家豁免原则的例外。

《禁止酷刑公约》仍然是国家间的公约，针对的对象和主体仍然是国家，个人免受酷刑的权利是公约保护的对象。《禁止酷刑公约》规定国家不得针对个人实施酷刑行为是一种公约义务，当然这种义务具有强行法的效力不得减损，然而遗憾的是，如果国家违反了这种义务，公约规定的"提醒""调查"等"处罚"力度却微乎其微，与强行法效力之绝对性比较起来极为"不和谐"。

按照《禁止酷刑公约》的规定，阿尔·阿德萨尼除有权向联合国禁止酷刑委员会报告"情报"外，便再也没有其他的权利了。

9.3 有关履行强行法规范的司法实践

不仅公约本身规范存在缺陷，各国履行强行法义务时也遇到各种问题，这些问题有的是法律规范之间的冲突，有的则是现实的国际政治问题。

---

❶《禁止酷刑和其他残忍、不人道或有辱人格的待遇或处罚公约》，第22条。

9.3.1 美国的司法实践

从美国法院处理"尼尔森诉沙特阿拉伯案"❶ 和 "Berkovitz 诉伊朗共和国案"❷ 的结果来看，美国法院严格按照《外国主权豁免法》的规定，在这类案件的处理上谨小慎微。但美国法院的立场并非一成不变。2001 年美国第九上诉巡回法院处理的"Flatow 诉伊朗共和国案"❸ 却得出相反的结论，伊朗政府被认为支持一个名叫 Shaqaqi 的巴勒斯坦极端组织，而这个组织实施的一起恐怖爆炸导致原告的女儿死亡。美国法院作出了不利于伊朗的缺席判决，并要求伊朗赔偿原告总计达 2.4 亿多万美元的赔偿。

美国法院从一个极端走到了另一个极端，要解释美国法院发生的这种变化就需要了解其他几个有关国家元首豁免的案件。

美国纽约南区地区法院 1994 年审理了一个案件，"拉芳丹诉阿里斯蒂德案"（Gladys M. Lafontant v. Jean-Bertrand Aristide）。原告是海地一个政治人物拉芳丹医生（或者是博士）（Dr. Roger Lafontant）的遗孀，拉芳丹医生在海地曾供职于内务部长、国防部长和其他政府部门。他因参与 1991 年 1 月 7 日针对当时海地总统阿里斯蒂德的未遂政变而被捕，并于 1991 年 7 月 29 日被判终身监禁。阿里斯蒂德被指控命令海地军队的一名军官将拉芳丹医生杀死在监狱里，时间是 1991 年 9 月 29 日。两天以后，阿里斯蒂德总统由于一场成功的军事政变而被迫流亡美国。

---

❶ Saudi Arabia v. Nelson, 113 S. Ct. 1471（1993）.

❷ Berkovitz v. Republic of Iran, 735 F. 2d, 9th Circuit, 1984.

❸ Stephen M. Flatow v. Bank Saderat Iran, United States Court of Appeals, Ninth Circuit, October 23, 2002, 308 F. 3d 1065.

纽约南区地区法院要求美国国务院提供意见说明阿里斯蒂德总统是否应该享有国家元首豁免特权。美国国务院提交了"豁免信函",认为针对阿里斯蒂德总统案中涉及对一个友好外国的国家元首行使司法管辖权的问题,这个问题涉及美国利益,美国利益由美国政府部门中执行对外政策和国际关系的部门来决定,如果允许法庭对阿里斯蒂德总统的司法程序那将与美国的外交利益自相矛盾。法庭接受了国务院提交的信函,并对于这样一个问题,即一国元首违反了人权法——谋杀了一个人——是否可以由于他的身份而免于民事诉讼。答案是:是的。法院阐述了美国在这个问题上的基本立场,法院认为[1]:

首先,国家元首豁免,像外国主权豁免一样,其前提是国家和国家的统治者是豁免的对象。这一点早在1987年的"斯库诺交易号案"中就已经阐明。

其次,国家元首享有绝对豁免有两个基础:(1)基础之一是所有国家之间平等、一国不能对另外一国行使管辖权。外国国家元首,作为他自己国家的代表,在国外旅行时享有域外身份使得他并不想"使自己面临与其个人尊严和国家尊严不相匹配的管辖权"。(2)基础之二是出于礼让。每个国家都坚持豁免的观点,这样一来自己的国家元首在国外时也就享有豁免。

美国法院这样描述"礼让":(礼让)并非是绝对的责任(absolute obligation)……也不仅仅是礼貌或者良好的愿望(courtesy and good will)……然而这是普遍承认的,即一个国家允许在自己的领土内另外一个国家的立法、行政和司法行为,这样做是出于国

---

[1] Lafontant v. Aristide, 844F. Supp. 128, (E. D. N. Y. 1994).

际义务和便利的考虑（international duty and convenience）……❶国际法上的很多基本原则的基础理论就在于"你这样做，也希望他人这样对你"（doing to others as you would have them do to you）。❷

再次，国家元首豁免和外交豁免一样，是国家间相互尊重的基本要求。国家元首必须能够自由地履行其职责，不管是在国内还是在国外，免于受到外国民事和刑事责任。

最后，国家元首豁免不是给予个人的特权，而是给予国家的，因此，只有国家才可以放弃这种特权。

在"马克西姆等诉马克斯夫妇案"（Maximo HILAO, et al. v. Marcos）（1987年第四巡回上诉法庭）中，作为菲律宾前总统马克斯享有的国家元首豁免的特权由当时的阿基诺政府声明放弃，美国国务院也予以了确认，美国法院因而享有了对菲律宾前总统马克斯的管辖权。❸

在"拉芳丹诉阿里斯蒂德案"中，虽然原告拉芳丹的遗孀也出具了海地最高法院对阿里斯蒂德总统的逮捕令，但是美国法院认为，美国国务院没有对这份逮捕令予以确认，相反，美国政府一直支持并且承认阿里斯蒂德为海地正当的民选总统，所以法院只能按照美国政府的意见而不能承认海地现政府出具的逮捕令的效力。

地区法庭还对美国的《外国主权豁免法》和国家元首豁免进

---

❶ Hilton v. Guyot, 159 U. S. 113, 191, 40 L. Ed. 95, 16 S. Ct. 139 (1895).

❷ Mitsubishi Motors Corp. v. Soler Chrysler-Plymouth, Inc., 473 U. S. 614, 87 L. Ed. 2d 444, 105 S. Ct. 3346 (1985).

❸ re Grand Jury Proceedings, 817 F. 2d 1108 (4th Cir. 1987), cert. denied, 484 U. S. 890 (1987).

行了分析，法庭认为❶：《外国主权豁免法》是唯一判定外国主权是否享有豁免的根据，但在这个法案中却没有提及任何有关国家元首豁免或者外交豁免的规定。该法第1603条的"定义"中的"外国"并没有规定国家元首的地位。这表明《外国主权豁免法》并不想影响到更为敏感、更具政治性的国家元首豁免和外交豁免问题，而仅仅是针对当时国有公司的地位问题，奉行的是商业行为不豁免的原则。而在涉及外国国家元首和政府高官享有的豁免问题时仍然是由美国负责对外政策和国际关系的部门——国务院——决定是否给予外国元首或者政府官员以豁免。

9.3.2 英国"皮诺切特案"和国际法院"逮捕令案"

皮诺切特案是著名的国家元首豁免案件，上议院认为该案主要有两个法律问题❷：第一，被告皮诺切特是否符合1989年《引渡法》的"引渡罪行"？第二，如果这些行为都是可以被引渡的，皮诺切特是否可以得到豁免？

最后的结论是，英国上议院认为国家前领导人犯有酷刑等国际罪行时不得享有豁免，只是由于其健康原因不适合被引渡到西班牙受审而同意他回到智利。❸

英国法院的这个结论里的关键字在于一个"前"字，这意味着国内法院可以对已经卸任的国家元首行使管辖权，但是"现

---

❶ Lafontant v. Aristide, 844F. Supp. 128, (E.D.N.Y.1994).

❷ http://www.unc.edu/depts/diplomat/AD_Issues/amdipl_12/barker_pinochet.html。

❸ Opinions of the Lords of Appeal for Judgment in the Cause in Re Pinochet, http://www.publications.paliament.uk/pa/ld199899/ldjudgmt/jd990115/pino01.htm, 1999年1月15日。

任"国家元首仍然应该享有豁免。

英国法院的这个观点得到了包括国际法院在内的普遍支持。

国际法院在"逮捕令案"中强调：一国现任外交部长享有的豁免特权并不意味着该人对其曾犯下的罪行不负有刑事责任。刑事程序的豁免和个人刑事责任是两个不同的概念。刑事管辖上的豁免按照其性质来说是程序性的，而刑事责任是一个实体法的问题。刑事管辖豁免可能在一段特定的时期内或者就某些特定的行为阻碍起诉程序的启动，但并不能就此免除该享有豁免特权的人最终承担刑事责任。❶

此外，国际法院认为，外交部长享有绝对豁免特权既包括刑事管辖豁免，也包括民事和行政管辖豁免。这种绝对的豁免，正如国际法院所强调的那样，是为了他/她无阻碍地履行其职责，而对于现任或者前任外交部长应该承担的民事责任或者刑事责任并不是没有其他的途径予以落实。❷ 正如意大利著名国际法学者安东尼奥·卡塞斯所论述的那样，在外交部长享有的豁免特权中既有职能性的豁免，也包括个人性的豁免，个人性豁免不包括接受国的实体法的豁免，只是法院管辖豁免和执法机关的执法行为豁免，此外，个人性豁免将随着职能的终止而终止，而职能性的豁免是永久性的。❸

受国际法院"逮捕令案"判决的影响，比利时、德国、法国的法院纷纷取消了针对外国国家元首或政府首脑的案件，比利时

---

❶ 国际法院，刚果诉比利时逮捕令案判决第60段。

❷ 国际法院，刚果诉比利时逮捕令案判决第61段。

❸ Antonio Cassese, *International Law*, 2nd Edition, Oxford University Press, p. 115.

国会还修改了《普遍管辖权法》,新的法律规定了领土联系原则,并规定外国领导人或政府官员访问比利时期间享有外交豁免。❶

9.4 小　　结

随着国际社会对人权的重视,这一领域的国际公约也越来越多,可是国际公约的主体仍然还是国家,国际公约的制定、签署和批准需要"国家的同意"。国际政治是现实而无奈的。只要看一看比利时在"逮捕令案"和《普遍管辖权法》颁布前后的境遇就能理解,各国在考量增加公约义务时首先要维护的就是本国的利益,一方面,国家同意禁止酷刑等强行法规则,另一方面,国家并不希望自己国家的元首和外交人员在行使国家职能时面临别国管辖权的危险。

必须承认,国际法在不同领域发展并不平衡,在人权保护、环境保护、海洋及其资源保护、国际刑法、国家责任法等方面"二战"之后得到迅速发展,这也离不开国家和整个国际社会的推动。国际法在实体法方面的发展比在程序法方面的发展要全面。毕竟,作为规定权利义务的实体法来说更能体现国际社会的

---

❶ "比利时法院拒绝受理起诉沙龙、老布什和鲍威尔",载 http://news.sina.com.cn/w/2003-09-25/1054816398s.shtml。德国法院 2004 年曾经拒绝针对拉姆斯菲尔德的有关战争罪的起诉,详见 http://news.xinhuanet.com/video/2006-11/15/content_5332422.htm。2003 年时任美国国防部长的拉姆斯菲尔德威胁要取消比利时作为北约组织东道国的地位,详见 http://news.sina.com.cn/w/2003-06-24/0829258786s.shtml。

关切，更能体现国际社会的价值取向，而作为国家来说，对于那些国际社会普遍关注的，特别是视为强行法的那些规范所体现出的不容贬损的价值取向来说，没有一个国家会冒险承担与此背道而驰所带来的道义上、政治上的代价。

实体法上的权利义务如果没有程序法的支持就难以落实，特别是出现违反权利义务时，毕竟国家不是一般主体，国家豁免原则来源于同是强行法的国家主权平等原则。正如国际法院在"逮捕令案"中说明的那样，国家责任和国家豁免原则是不同的概念。作为主权者的国家享有免于国内法院诉讼的特权，这扇司法诉讼的大门关上了，但是还有其他的途径可以落实国家责任，比如通过双边谈判、协商、调解、仲裁等方式。

同时也应看到，国际法仍然是正在不断发展的（living law）法律规则。在强行法和国家豁免原则之间，英国上诉法院是支持阿尔·阿德萨尼的，意大利的宪法法院也支持费里尼。毕竟仍然有像瑞士这样坚信强行法的国家，将强行法的规范纳入到了本国的宪法之中。❶ 比利时的立法和司法实践虽然历经挫折，但这次勇敢的尝试却获得了普通民众的欢迎。对于未来的国际法来说，今天失败的尝试也许就是未来国际法的一部分。

---

❶ ［意］安东尼奥·卡塞斯：《国际法》，蔡从燕等译，法律出版社2009年版，第283页。

10

国家豁免原则问题之三：对限制豁免原则的一点思考

10 国家豁免原则问题之三：对限制豁免原则的一点思考

限制豁免原则是相对绝对豁免原则而言，传统国际法上的国家之所以绝对地享有豁免，是因为国家主权平等原则。国家豁免原则发展的过程显示，国家豁免是从欧洲封建时代的君主主权豁免及发展到后来的外交豁免发展而来的，与国家在国内法上享有的特权分不开。❶ 尽管到后来国家豁免随着国际法的发展而与外交豁免有了本质的区别。

绝对豁免原则的基础在于"平等者无管辖权"的古老法谚，限制豁免原则是随着20世纪50年代国家越来越多地参与商业活动而产生的，这种原则认为国家的商业行为不应该享有豁免，而不管国家是否放弃豁免权。随着联合国有关的立法工作和相关国家的立法及司法实践的发展，限制豁免原则的局限性愈发显现，主要表现在一方面国家豁免方面的立法采取列举的方式规定国家不得主张国家豁免的情形，另一方面在面临保护人权和财产权方面的无力。国际法院"德国诉意大利国家豁免案"的判决体现了当今各国在国家豁免原则和强行法的关系问题上的普遍立场，被忽视的是强行法代表的整个人类社会最基本的价值。现有的限制豁免原则理论已经不能适应现实的要求，需要进行理论上的创新和探索。

---

❶ ［美］路易斯·亨金：《国际法：政治与价值》，张乃根等译，中国政法大学出版社2005年版，第379页。

10.1 限制豁免原则的基础之争

尽管还不能认为限制豁免原则取得了习惯国际法的地位❶，这个原则已经为世界上的很多国家接受并进行了专门立法。限制豁免原则主张把国家行为依其性质或目的分为主权行为（或者称为统治权行为、公法行为或非商业行为）和非主权行为（或者称为管理权行为、私法行为或商业行为）；把国家财产也分为用于政府事务的财产和用于商业目的的财产。对于国家的主权行为和用于政府事务的财产给予豁免，对于国家的非主权行为和用于商业目的的财产不给予豁免。绝对豁免原则和限制豁免原则之间的争论从来就没有停止过。

绝对豁免原则对限制豁免原则的批评主要集中在两个方面。

第一，限制豁免原则的理论基础与国家主权原则不相容。❷一国拥有主权就意味着其始终能依据自己的意志行事，不容许外来干涉。主权国家只有根据自愿，其主权的行使才可受到限制：非经主权国家的同意，其不能作为被告被起诉，其财产不得被作为诉讼标的，也不得被法院强制执行。"不管国家活动的性质如

---

❶ [英] 伊恩·布朗利：《国际公法原理》，曾令良等译，法律出版社2007年版，第294页。

❷ 黄进：《国家及其财产豁免问题研究》，第89页，中国政法大学出版社1987年版。[英] 伊恩·布朗利：《国际公法原理》，曾令良等译，法律出版社2007年版，第291页。

何,强调国家主权不容侵犯是重要的。未经一个国家的同意在外国法院对该国提起诉讼,特别是对其财产采取强制措施,通常等于直接侵犯它的主权。"❶

第二,限制豁免原则的适用标准本身并不明确,在适用时非常不确定。❷ 国家作为主权者,所从事的任何活动都是国家主权的体现,现代国家从事经济领域的活动,正是国家职能发展的结果。即使承认限制豁免原则关于主权行为和非主权行为的划分,其划分标准也是很成问题的。例如行为性质标准、行为目的标准以及兼采二者的混合标准,由于各国采用的标准不尽相同,造成它们对国家的某些行为属于主权行为或者是非主权行为的理解偏差。英国的菲兹莫利斯认为:"事实是这样的,一个主权国家并不因为它从事私人可以从事的行为而不再是一个主权国家。"❸ 劳特派特更明确地说:"一般不接受这种理论:即国家的经济活动,如国家管理工业、国家从事买卖,必然是纯'私法性质',是事务权行为,并且国家参加这些活动就像一个私人一样行事。"他还认为,即使国家从事的行为与政治或行政无关,"国家仍然是

---

❶ [苏联]波格斯拉夫斯基:《国家豁免》,1965年,德文版,第44页。转引自黄进:《国家及其财产豁免问题研究》,中国政法大学出版社1987年版,第90页。

❷ 龚刃韧:《国家豁免问题的比较研究——当代国际公法、国际私法和国际经济法的一个共同课题》,第八章"限制豁免的若干理论问题",北京大学出版社1994年版。[英]伊恩·布朗利:《国际公法原理》,曾令良等译,法律出版社2007年版,第291页。

❸ [苏联]菲兹莫利斯:《在外国法院中国家享有的诉讼之豁免》,载《英国国际法年刊》,1933年,英文版,第121页,转引自黄进:《国家及其财产豁免问题研究》,中国政法大学出版社1987年版,第91页。

作为一个公人格者为全社会的一般目的而行事的。""在现代社会，统治权行为和事务权行为的划分不能建立在稳固的逻辑基础上。"❶ 采用性质标准是考察这种行为是否是根据私法进行的，如果是的话，那么这种行为就是管理权行为而不应享有豁免。这就会出现政府购买军靴的行为被认为是商业行为，而不享有国家豁免。但是，如果采取目的标准，政府购买军靴的行为就是主权行为，应该享有国家豁免。还有另外一种标准，采用的是整体的标准（contextual approach），这是加拿大最高法院在"科威特航空公司诉伊拉克航空公司案"中采纳的方法，在性质标准和目的标准完全不起作用的情况下而采取的一种方法。使用这种方法就必须对全部事实进行"平衡"，而平衡点在哪里却又并不清楚。判断行为的标准处在不确定的状态下，限制豁免原则的理论基础也就不牢固，其发展也就会因此而受到限制。

对于支持限制豁免原则的学者们则刚好相反，对批评者们的这些意见自然也有反馈。

首先，对于限制豁免原则损害了国家主权的问题，支持者们认为，限制豁免原则并不违反主权平等原则，而是对主权的一种合理的尊重。国家主权含有属人优越权，一国不仅有管理、支配和保护其境内本国人的权利和义务，而且有保护其在外国的本国人的权利。周鲠生老师指出："主权国家根据它的属人优越权，

---

❶ ［英］劳特派特："外国国家的管辖豁免问题"，载《英国国际法年刊》1951年，英文版，第224~225页，转引自黄进：《国家及其财产豁免问题研究》，中国政法大学出版社1987年版，第92页。

具有对本国在外国的侨民行使外交保护的权利。"❶ 同理,国家通过限制豁免也可以保护在国际经济交往中处于弱势地位的本国个人或法人。而且主权也具有对外独立权的属性,国家在与其他国家的交往中具有独立自主、不受别国管辖、支配和干涉的权利。这二者是主权性质的两个方面,不能只强调其中的一个。英国国际法学者劳特派特认为:"事实上很难认为独立和平等原则会排除一个国家的法院对另一个国家及其财产行使管辖权,只要行使管辖权的国家使用其一般法律……并以一种无可指责的方式加以适用。""如果一个国家的法院对外国国家就其在管辖国领域内所缔结的合同或做出的侵权行为行使管辖权,则并没有侵犯任何合法的主权权利。相反,如果外国国家在他国领域内按照该国法律进行合法交易或从事导致法律后果的行为但又主张国家豁免作为一项权利,即根据国际法他可以凌驾于该国法律之上,那么,这反而否定了该属地国的主权、独立和平等。"❷

其次,国家行为可以分为公法行为和私法行为。在当代,国家直接从事大量国际经济活动和民事活动,或者通过设立法人组织从事经济和民事活动。国家在对外商业活动中如果享有管辖豁免特权,那么与国家进行合作的另一方外国个人或法人组织就处于不平等的地位。因此划分出国家的私法行为,并使私法行为不能享有国家豁免,使国家不会滥用豁免特权。

当然,必须承认限制豁免原则中性质标准和目的标准存在着不足。目的标准带有很大的主观判断,比如国家在进行资源开

---

❶ 黄进:《国家及其财产豁免问题研究》,中国政法大学出版社1987年版,第92页。

❷ 同上。

发、购买先进设备的过程中既有发展本国的经济的目的,也有营利的目的。性质标准中客观因素要多一些,但也会遇到解决不了的难题。比如,在英国的"科威特航空公司诉伊拉克航空公司案"中就是这样,伊拉克航空公司合并科威特航空公司的行为如果在和平时期来说,可以认定是一种商业行为。但是,伊拉克航空公司的合并行为是在伊拉克政府颁布了第369号法令之后为了执行政府法令的公法行为。原来的商业性质的行为因为有了政府法令而发生了改变而成为公法行为。但是,在合并了科威特航空公司之后,其中有6架飞机执行商业航班任务而飞到了伊朗,另有4架飞机飞到了伊拉克北部的摩苏尔空军基地并在英美盟军的空袭中遭到毁损。英国上议院法官认为,伊拉克航空公司应该赔偿那6架飞机的损失而不应赔偿这4架飞机的损失。原因在于这4架飞机是用于军事的,是主权行为,可以享有豁免,而那6架飞机由于进行的是商业性质的飞行,属于商业行为,所以不得享有豁免。英国上议院法官们采取分别处理的方式,不是把这些行为作为一个整体来对待。也同样是处理"科威特航空公司诉伊拉克航空公司案"的加拿大最高法院则采取了整体的方法判断行为的性质,同时结合行为的目的。这样一来,伊拉克航空公司的行为被认为是商业行为而不得享有豁免。[1]

绝对豁免原则和限制豁免原则争论的焦点在于国家行为原则和商业行为的判断标准上,造成这种局面在于限制豁免原则没有一个更牢固、更能被普遍接受的理论基础。特别是在国家行为的判断标准的不确定性产生的矛盾,为此,不少学者尝试着在这方

---

[1] Judgment of Kuwait Airways Corporation v. Republic of Iraq and Bombardier Aerospace, Supreme Court of Canada, Docket: 33145, 21 October 2010.

面作出一些界定。

劳特派特认为下列行为应该作为国家的公法行为而应该享有豁免。❶

第一，国家的立法行为以及执法行为。这种行为包括国家依据法律对外国人的财产实行的国有化，即使这种行为被认为与国际法相冲突也是如此。外国国家的立法行为之所以享有豁免，仅仅是因为要使该外国国家与内国国家处于相同的地位，因为后者不可在自己的法院使前者就其立法行为被诉。

第二，外国国家在它自己的领域内的行政和管理行为享有豁免。例如，指控外国国家不公正的驱逐、征税、非法监禁或拒绝司法，外国国家享有豁免。而且，特别不应该对外国国家及其机关在自己领域内的侵权行为提起诉讼。这些问题必须留待在外国国家内的司法救济或适当的外交行为来解决。

第三，按照国际私法规则，与外国国家或由外国国家缔结的合同，如果在外缔结或不包含应由法院所在国的法院适用本国法律的因素，应豁免于该法院地国的法院管辖。

第四，在外交豁免问题上，不得与公认的国际法原则相抵触，受理外国国家的诉讼或对外国国家采取执行措施，也不得对为外国武装力量一部分的军舰或类似船舶进行对物之诉、或没收或扣押。

与劳特派特不同，另一位国际法学者瑞士的拉利弗认为国家公法行为包括：国内的行政行为；立法行为；涉及国家武装部队

---

❶ ［英］劳特派特："外国国家的管辖豁免问题"，载《英国国际法年刊》1951年，英文版，第237~239页，转引自黄进：《国家及其财产豁免问题研究》，中国政法大学出版社1987年版，第112~113页。

的行为；涉及外交活动的行为。公共贷款行为不在此列。❶

英国的布朗利教授则根据各国的立法和司法实践将国家豁免的例外总结为以下七种情形，说明国家基于属物理由而可以对外国国家行使管辖权，但是这些分类无论是单独还是综合起来都不能是国家豁免的全部例外，这七大类如下❷：

（1）对外国国家的商业行为的诉讼中，法院地国可以行使管辖权。

（2）外国国家在私法关系中产生的法律争端中，法院地国法院可以行使管辖权。私法关系包括但不限于：商业合同，提供服务的合同，贷款和财政安排，有关财政义务的担保和赔偿，财产的所有权、占有和使用，知识产权和工业产权的保护，有关有限、无限实体与社团、合伙的法律事务，对船舶和货物的对物（in rem）诉讼，汇票。

（3）在法院地国家归类为不具有"私法特征"的、但是依据当地法律应基于善意与信任（法律保险）的关系产生的法律诉讼中，法院地国法院可以行使管辖权。

（4）在雇佣合同和外国国家为当事一方的专业服务合同诉讼中，法院地国法院可以行使管辖权。

（5）在因为外国国家或者其机关的作为或者不作为而导致的自然人的死亡或者伤害，或者有形财产的损失或者损害的诉讼

---

❶ ［瑞士］拉利弗："国家和国际组织的管辖豁免"，载《海牙国际法学院讲演集》1953 年，第 3 分册，第 286～287 页。转引自黄进：《国家及其财产豁免问题研究》，中国政法大学出版社 1987 年版，第 112～113 页。

❷ ［英］伊恩·布朗利：《国际公法原理》，曾令良等译，法律出版社 2007 年版，第 292 页。

中，法院地国法院可以行使管辖权。

(6) 外国国家通过产生于继承、赠与或者无主物（bona vacantia）的权利，或者管理构成死者或者神志不健全或者破产人财产一部分的权利或者利益、或者管理遇清算或者破产公司财产的权利或者利益、或者管理基于信用的财产或者委托财产中的权利或者利益而取得对动产或不动产的利益，在这些权利或者利益的诉讼中，法院地国法院可以行使管辖权。

(7) 有关财政责任、所得税、关税、印花税、登记费用及类似的课税的诉讼中，如果按照当地法律制度，这些责任是商业性关系和其他法律关系的伴随物，或者如果可以无歧视地使用相关的立法，法院地国法院可以行使管辖权。

从上述三位著名国际法学家对国家豁免例外的论述中我们可以看到，在20世纪50年代限制豁免原则处于起始阶段时，限制豁免原则的一个基础是国家行为原则，由此而区别出国家的公法行为和私法行为，这种区分采取的就是列举的方式。到20世纪七八十年代开始有国家进行国内立法，为了避免在司法实践中出现太大的偏差，在确定国家的属人理由享有豁免的基础上，在属物理由的诉讼方面采取以商业行为例外为主，兼用列举的方式来规定国家豁免的例外。当时间已经来到21世纪时，历经40多年的发展，限制豁免原则仍然还停留在国家豁免属物理由例外、采取逐一列举的方式来说明限制豁免的范围。

国际法院2012年2月3日在"德国诉意大利案"中所作出的判决让我们看到了这样一个现状，即在国际社会无政府状态下，各国之间的平等且自治，使得履行国际义务成为各国的一种意愿。即使国家行为违反强行法的规则，由于国际社会缺乏有效的执行机制，追究国家的责任和对受害人的有效救济成为不可能。

国家豁免原则成了这条路上的"拦路虎"。目前的限制豁免原则中包括的国家豁免的例外情况实在是沧海一粟，微不足道。限制豁免原则要想获得更大的发展空间，作者认为有必要借鉴其他法律部门一些已经确立无疑的原则、概念或者理念，比如民法、侵权法、行政法等国内法律部门。当然，这种借鉴仍然立足于限制豁免原则的现状，着眼于国家豁免发展的未来。

10.2 债权与限制豁免原则

《联合国国家及其财产司法管辖豁免公约》列举了10种例外，除了第7条明示同意行使管辖和第9条反诉之外，其余8种例外属于民事关系和商事关系引起的国家和外国个人或法人的关系，这种关系可以概括为"债权"关系，这个在民法上早已经确立的概念。限制豁免原则的中心原则是国家从事的"私性质"的行为不得享有国家豁免，而"私"的行为属于民商法的领域，债权又是民商法领域重要的概念。当国家从事私法性质的行为时，为什么不能适用私法性质的民商事法律关系呢？同时，要建构限制豁免原则的理论基础还必须考虑到国家实施的酷刑行为造成的侵权行为，以及目前还无法预见到的可能情形。

借用国内民法上的债权概念作为限制豁免原则的理论基础是基于以下几个方面的考虑。

第一，合理性。

我们知道，债权是一个民法上的概念。现代民法上债的概念来源于罗马法，罗马人将债的概念界定为，债是一种以权利、义务为内容的法律关系，表现为债权、债务关系，但是又不仅仅是以权利、义务为内容的法律关系，而且这种法律关系因系请求与履行的关系，因而与物权有别，因此也叫做"法锁"。当债务人不履行债务，债权人可以拘押债务人，从而以人身作为债的担保，但是债权人与债务人之间在法律上仍然是平等的。罗马法学家保罗曾经说过："债的本质不在于我们取得某物的所有权或者获得役权，而在于其他人必须给我们某物或者做或者履行某事。"我国的债的概念来源于"责"字，从贝，表示与财产有关，专指所欠金钱债务，后来区别责与债，债则专指金钱债务。发生债的原因为"假"或"贷"，因此，"债，谓假贷人财务，未偿者也。"自清末变律为法，中国接受西方民法观念，开始采纳债及债法的概念。❶

在民法上，债的概念是这样的，债是因为法律行为或者法律的直接规定，在特定的当事人之间产生的请求为特定给付的权利、义务关系。❷ 债的发生原因有四，即合同、侵权行为、不当得利和无因管理。债又可以分为单一之债与多数人之债、按份之债与连带之债、简单之债与选择之债、特定之债与种类之债、财物之债与劳务之债等。债的关系反映了财产利益的流转关系，其

---

❶ 杨立新：《债法总则研究》，中国人民大学出版社 2006 年版，第 3 页。

❷ 王利明：《中国民法典学者建议稿及立法理由·债法总则编》，法律出版社 2005 年版，第 12 页。转引自杨立新：《债法总则研究》，中国人民大学出版社 2006 年版，第 3 页。

目的是保护财产的动态安全。❶ 债法是民法典的重要组成部分，统领合同法、不当得利法、无因管理法的基本规则，对侵权责任法也具有重要的指导意义。之所以借用"债"这个民法上的概念，也是因为民法遵循主体之间平等、意思自治和等价有偿等原则。

仅仅是债的发生原因就概括了《联合国国家及其财产司法管辖豁免公约》列举的 10 种例外情形中的 7 种，这可以说明债的涵盖面之广泛。不能因为在债权关系中的一方是国家而否定债的存在。不管是在商业交易中，还是在雇佣合同里，或是在人身伤害或财产损害中，都存在这样一个不可忽视的事实，即作为被告的外国国家负有一定的义务却没有履行这种义务，作为另一方当事人拥有对外国国家的请求权，而不管这种请求权的起因是契约关系（商业交易）还是违法行为（侵权）造成的。

债权就是请求特定人为特定行为（作为或者不作为）的权利。❷ 这种权利完全是因为国家的特殊身份——属人理由——而无法像个普通的个人或者法人那样接受外国法院的管辖权。这也是限制豁免原则从一开始就强调的，国家在从事私法性质的行为时不得享有豁免的主张。当外国国家与个人或者法人之间产生了有关债权关系的法律时，无论谁是债权人，谁是债务人，有权管辖的法院应当按照调整该类"债权"关系的有关法律进行裁决，

---

❶ 王利明：《中国民法典学者建议稿及立法理由·债法总则编》，法律出版社 2005 年版，第 12 页。转引自杨立新：《债法总则研究》，中国人民大学出版社 2006 年版，第 3 页。

❷ ［瑞士］拉利弗："国家和国际组织的管辖豁免"，载《海牙国际法学院讲演集》1953 年，第 3 分册，第 286～287 页。转引自黄进：《国家及其财产豁免问题研究》，中国政法大学出版社 1987 年版，第 112～113 页。

国家不应躲在国家豁免的牌子后面逃避自己应该履行的义务。

在诸如酷刑的侵权行为的案件中，如"阿尔·阿德萨尼诉科威特案"，英国上诉法院得出的结论是，根据1978年英国的《国家豁免法》第1条的规定，科威特政府享有国家豁免，英国法院对此案没有管辖权；而阿尔·阿德萨尼提出的禁止酷刑行为是强行法优于国家豁免原则，上诉法院认为由于《国家豁免法》中没有类似的酷刑例外的法律规定，因此国家豁免原则仍然适用。如果英国《国家豁免法》中规定了"侵权例外"，那么本案就会得出相反的结论。

根据属人管辖原则，受害人，也就是原告阿尔·阿德萨尼是英国人，英国法庭可以据此建立管辖权。对于在外国实施的侵权行为，接下来要确定是适用哪国法律的问题，是适用英国的法律还是科威特的法律。英国法院在审查针对在外国发生的行为能否在英国提起侵权诉讼时，外国法的影响其实非常小。行为地法原则起到的仅是判断该行为是否具有"不正当性"和"可处罚性"的作用，并不要求这种"不正当"行为根据行为地法产生一种可以起诉的损害赔偿义务。❶ 尽管阿尔·阿德萨尼1992年8月第一次提出民事诉讼时科威特还不是《禁止酷刑公约》的缔约国❷，但是英国早在1988年就加入了该公约。不过，即使如此，鉴于强行法遇到国家豁免原则"强不起来"的现状，英国法院也无法行使管辖权。

---

❶ Dicey and Morris, *The Conflict of Laws*, 12th edition, 1993, p. 1496.

❷ 科威特1996年加入《禁止酷刑公约》，http：//treaties. un. org/Pages/ViewDetails. aspx？ src ＝ UNTSONLINE&tabid ＝ 2&mtdsg _ no ＝ IV － 9&chapter ＝ 4&lang ＝ enJHJParticipants。

英国不必将酷刑例外规定到《国家豁免法》中，因为该法里已经有"人身伤害"例外的规定，只是囿于立法时对人身伤害的适用范围很窄，无法达到目前国内法里的侵权法所规定的广泛性而无法适用。

第二，稳定性。

如果从古罗马开始算起的话，民法的发展已经有上千年的历史，债权法作为民法的重要组成部分已经具有比较扎实而完整的理论体系，其权利义务的内容也非常翔实，包括债的履行、债的保全、债的转移、侵权行为之债等内容；债权作为请求权的一种，有效地沟通了民事的实体法和程序法。❶

国家豁免原则作为国家主权原则衍生出来的一项原则，主要适用于程序法方面，排除国内法院的司法管辖权。国内法院对外国国家行使司法管辖权的基础取决于两个方面，一个是实体法的规定，另一个就是程序法。国家豁免原则的作用是从程序上首先排除了一个国内法院的管辖权，如果实体法上也没有相应的规定，那么实际上外国国家享有的豁免特权就是绝对的豁免。

现有的限制豁免原则，以《联合国国家及其财产司法管辖豁免公约》为准，也只是规定了10种例外情形❷，明显已经不能满足现实的需要，商业例外不足以覆盖全部的例外情形，更无法适应国际社会对人权保护的要求，尤其是国家在公法行为中实施的

---

❶ 杨立新：《债法总则研究》，中国人民大学出版社2006年版，第5页。

❷ 《联合国国家及其财产司法管辖豁免公约》第三部分"不得援引国家豁免的诉讼"中的8条规定，以及第7条"明示同意行使管辖"和第9条"反诉"。

对人权的侵犯行为的情况下更加无力。在"尼尔森诉沙特阿拉伯案"中，美国最高法院虽然也认为沙特阿拉伯警察行使权力的方法是值得谴责的，但是，警察行使职权明显是国家的公法行为，也是主权行为，因此沙特阿拉伯享有国家豁免。❶然而，如果在国家豁免例外的立法中规定了以债权为基础的"侵权例外"的话，那么这样的侵权案件的审判结果就不一样了。

此外，以国家的公法行为和私法行为划分国家行为也存在着不确定性，这种划分国家行为的方法与各国实行的政治体制和政策分不开，正如美国在1952年的"泰特信函"之后出现了限制豁免原则和绝对豁免原则同时适用的情况，不仅让外国国家和政府无从适应，就是其本国的国内法院也变得无"法"适从。

比较稳定的是一国的现行法律。法律的制定、修改和适用要经过严格的立法程序，因此，在一段较长的时期内法律成为一国最稳定的"国家政策"。对于外国国家、个人或者法人来说，相比较于确定一个国家的政策来说，一国的法律规定更容易查找和确定。在国家豁免的国内法律规定上要面临的问题是，确定国家主权行为标准缺乏稳定性造成的同一种行为却出现不同的判决结果的问题。这其中最为明显的一个案例就是美国的"弗莱托（Flatow）修正案"。艾丽萨·弗莱托（Alisa Flatow）是一个美国大学生，1995年4月9日在以色列学习时外出旅游期间遭遇到汽车炸弹爆炸身亡。美国国务院认定这起爆炸事件应由巴勒斯坦伊斯兰吉哈德组织中的一个恐怖小组——沙奇奇（Shaqiqi faction）负责。这次爆炸事件发生后不久，美国国会修改了1976年的《外国主权豁免法》，在1605条（a）款中增加了第（7）项，使

---

❶ Nelson case, 113 S. Ct. 1480.

得该法又多了一个主权豁免的例外,即那些被国务院认定为恐怖主义的国家,或者为个人或者实体提供实质支持和资源以实施恐怖行为,并造成美国公民死亡或者人身伤害的,美国法院拥有管辖权,外国国家不得享有国家豁免。美国国会还明确表示,对那些支持或者资助恐怖主义行为的国家不得给予国家豁免。❶ 这个修正案于 1996 年 4 月 24 日生效。但是该条修正案只限于对那些美国国务院认为的所谓的"支持恐怖主义的国家"适用,这些国家包括伊朗、叙利亚、苏丹、古巴和朝鲜。❷ 受该修正案影响的案件有数十件之多,涉及伊朗、古巴和伊拉克。❸

该修正案满足了美国政府反恐的需要,然而这个修正案的目的并不是为了保护和救济所有在外国国家受到伤害的美国公民,而是在反恐的名义下针对特定国家的。同样是实施了酷刑行为,就因为实施酷刑行为的警察是沙特阿拉伯的,而沙特阿拉伯又不在"支持恐怖主义国家"的名单上,所以,在尼尔森的案件中法

---

❶ Jennifer K. Elsea, Lawsuits Against State Supporters of Terrorism: An Overview, Congressional Research Service Report for Congress received through the CRS Web, May 27, 2005.

❷ Amendment to Foreign Sovereign Immunities Act Makes It Easier for Victims to Recover Damages from State Sponsors of Terrorism, http://www.gibsondunn.com/Publications/Pages/Amendment-ForeignSovereignImmunitiesAct.aspx.

❸ Roeder v. Islamic Republic of Iran, 195 F. Supp. 2d 140(D. D. C. 2002), aff'd 333 F. 3d 228(D. C. Cir. 2003); Acree v. Reupblic Iraq, 271 F. Supp. 2d 179 (D. D. C. 2003); Cicippio-Puelo v. Islamic Republic of Iran, 353 F. 3d 1024(D. C. Cir. 2004); Alejandre v. Republic of Cuba, 996 F. Supp. 1239(S. D. Fla. 1997). Jennifer K. Elsea, Lawsuits Against State Supporters of Terrorism: An Overview, Congressional Research Service Report for Congress received through the CRS Web, May 27, 2005.

庭就没有管辖权。这种由法律造成的不平等和差别待遇不仅起不到保护受害者、震慑违法者的作用，而且是对受害者又一次的伤害，这是法律的无奈。

美国1952年"泰特信函"曾经明确指出，美国之所以要从原来的绝对豁免原则转向实行限制豁免原则是因为，"实行国营贸易的国家之愈加坚持绝对豁免的理由，使得美国有改变政策的必要，政府广泛地和日益频繁地参加商业活动的实践，使得有必要发展由法院来决定同政府做生意的人的权利的惯例。"❶

《美国外国主权豁免法》这种修改再次说明，限制豁免原则没有一个稳定的理论基础，而是随着现实政治的需要而进行规定的话，这样的法律规定不仅要遭到其他国家的批评和抵制，也达不到法律应发挥的作用。

第三，公正性。

如果上述的"弗莱托（Flatow）修正案"不是以反恐的名义，而是就以一般的"侵权例外"的话，那么，对于实施酷刑、非经司法程序而杀害、破坏航空器及劫持人质等行为的外国国家或者为上述行为提供了实质支持的外国国家，不管其是否是"支持恐怖主义国家"，在国内法院都不得享有国家豁免的话，那么，像尼尔森这样的受害者也就可以获得有效的司法救济。

毋庸置疑，实施酷刑、非经司法程序而杀害、破坏航空器及劫持人质这类的行为，已经不再仅仅是国内法上禁止的罪行，也

---

❶ 转引自黄进：《国家及其财产豁免问题研究》，中国政法大学出版社1987年版，第103页。

有专门的国际公约对这些行为加以禁止。❶ 然而，这些公约的目的在于追究实施了这些犯罪行为的个人的刑事责任，并非是追究支持这些个人的国家的责任。

从这个意义上来说，采纳"侵权例外"是为了让所有那些遭受到非法虐待的受害者可以获得司法救济的机会、让实施了这种违法行为的国家承担相应的责任。

10.3　阻却管辖权的程序规则

采用债权理论将不可避免地产生一个后果，那就是大大扩大了目前的国家豁免例外的领域，无须区分国家的公法行为和管理行为，只要存在"债权"这种关系，那么国家面临诉讼的风险比现在要大得多。将债权理论作为限制豁免原则的基础使得限制豁免原则变得更激进了，结果就是这样的规则不仅支持的国家少，

---

❶ 这些公约包括《禁止酷刑公约》，在民用航空领域里的4个姊妹国际公约，即1963年《关于在航空器内犯罪和其他某些行为的公约》、1970年《关于制止非法劫持航空器的公约》和1971年《关于制止危害民用航空安全的非法行为的公约》，以及1979年《反对劫持人质国际公约》。这些公约针对的是个人犯罪活动，针对个人的犯罪活动，各公约的缔约国有义务或起诉或引渡这些犯罪的个人。同时，如果在这些犯罪活动中发现并证实某个国家实施、策划或者支持了这种犯罪活动，那么国家也要承担相应的民事责任。例如，在"洛克比空难"和"法航DC-10航班空难"事件中，由于利比亚未能与国际社会，主要是美国、法国和英国充分合作调查并起诉有关的犯罪嫌疑人而遭到了联合国安理会通过第731（1992）号决议进行制裁，直到2003年通过了第1506号决议才取消了长达11年的制裁。

还可能会给各国的关系带来更多的影响。只要看看比利时在行使刑事普遍管辖权时所遭遇到的压力就可想而知了，国家不愿意让自己的领导人面临刑事普遍管辖权的案件，国家也不愿意面临这种诉讼带来的政治危机。

以债权为理论基础的限制豁免原则会造成国家被滥诉的结果吗？如何避免出现这种情况呢？面临这些问题其实还有很多法律上的程序规则可以发挥作用，以阻止国内法院行使管辖权。

在国际民事诉讼方面，即使被告不是外国国家，国内法院首先也要解决两个问题，一个问题是法院是否拥有管辖权，另一个问题是法院是否能够行使管辖权。

对于第一个问题，国内法院是否拥有管辖权，主要从两个方面来判定：一是实体法，二是程序法。

首先，从实体法方面要考虑两个因素：属人和属物。一个诉讼如果符合了属人和属物两个方面的要求，也就确立了原告的诉权，对法院来说确定的是法院的管辖权。然而，仅仅满足了实体法上的规定还不能确定法院可以行使管辖权，还要看是否满足程序法上的要求。

其次，在程序法方面大多采用的是排除法，主要是看有什么因素可以排除法院的管辖权，这可以从以下三个方面来考察。

（1）时效性，也就是诉讼涉及的事件所发生的时间是否在法律规定的诉讼时效内。民事诉讼，不管是国内民事诉讼还是国际民事诉讼，所遵循的原则是"不诉不理"原则。如果当事人在起诉时已经超过了法律所规定的诉讼时效，那么法院可以借此排除管辖权。

1986年美国第十一巡回上诉法庭在"杰克逊诉中华人民共和国案"（也被称为"湖广铁路债券案"）中认为，在这个案件中要解决的问题是,《美国外国主权豁免法》是否对中国政府1911年发行债券的行为具有追溯力。❶ 为此法庭主要从三个方面来考察：法律语言、立法历史和追溯力。最后法庭得出结论认为《外国主权豁免法》本身并没有包含这样的含义,即限制豁免可以适用于1952年之前的交易行为。❷ 原告虽然上诉至美国联邦最高法院,但是美国联邦最高法院拒绝听取他们的申诉,于1987年3月9日驳回了原告的请求,作出了维持第十一巡回法庭裁定的决定。❸

当时间来到2004年时,美国联邦最高法院在"奥地利诉Altmanm"案中作出了相反的决定,认为《外国主权豁免法》具有溯及力,理由是《外国主权豁免法》第1602条本身具有这样的规定,"对于外国国家的豁免要求从今以后由美国的法院根据本章中确定的原则来决定是否给予"。在法庭看来,这种规定本身说明《外国主权豁免法》"将适用于所有法案生效之后主张国家豁免的案件,而不必考虑对原告所起诉的事情发生在什么时间"❹。在这里隐含着一个前提事实,这就是起诉的时间是1976年美国国会通过《外国主权豁免法》的立法后❺,但是起诉事由发生的时间却是在通过立法之前。通过这个案件,《外国主权豁

---

❶ Jackson v. The People's Republic of China, 794 F. 2d 1490, United States Court of Appeals, Eleventh Circuit, 1986.

❷ Ibid. .

❸ 朱文奇：《国际法学原理与案例教程》,中国人民大学出版社2009年版,第367页。

❹ the Republic of Austria v. Altmanm, No. 3~13, the Supreme Court of United States, Feb. 25, 2004.

❺ 1976年美国国会通过《外国主权豁免法》,1977年1月19日生效。

免法》的法律效力产生了溯及力。

那么这是否会造成国家被大量诉讼的情况呢？这种担心也是多余的。《外国主权豁免法》虽然具有溯及力，然而，具体的诉讼时效还要看与诉讼事由相关的法院地国法律的规定。在"莫里斯诉中华人民共和国案"中，作为持有中国1913年发行债券的持有人2005年在纽约南区联邦地区法院起诉要求中华人民共和国支付这笔债券的本金。但在确定具体的诉讼时效时要根据国际私法的规定选择用以确定诉讼时效的法律，可供选择的法律有两个，或者适用纽约州的"借用法案"（borrowing statute），或者适用行为地的法律，诉讼双方同意适用纽约州的法律。而纽约州对因合同义务或者责任产生的诉讼时效规定是6年。即使地区法院同意"上级权力"（superior powers）中断而需重新计算时效，从1949年中华人民共和国成立到2005年也大大超过了诉讼时效规定的6年。[1]

因此，在确定诉讼时效问题时取决于：诉讼所适用的实体法规是否有溯及力；适用国际私法选择的法律对诉讼时效的规定。所以，并不会因为有关国家豁免的法律规定有了溯及力就会复活那些古代的诉讼请求[2]，这种担心是多余的。

（2）不可裁判性（injusticiability）或者不可诉性（inadmissibility），这是法院要考虑的第二个基本问题。对于一个国内法院

---

[1] 黄进、李庆明："2007年莫里斯诉中华人民共和国案述评"，载《法学》2007年第9期，第60~68页。

[2] Schmidt v. Polish People's Republic, 742 F. 2d 67, 71（2d Cir. 1984）. 转引自黄进、李庆明："2007年莫里斯诉中华人民共和国案述评"，载《法学》2007年第9期，第60~68页。

来说，如果诉讼中涉及的事项是外国国内法律的有效性问题的话，那么国内法院就没有管辖权。不可裁判性或者不可诉性的实质在于主权平等所引申出来的另一个原则，即不得干涉他国内政的原则。❶

在"科威特航空公司诉伊拉克航空公司案"中，英国上议院认为，对于英国国内法院来说"一个国家违反了国际法并不能作为（英国国内法院）拒绝承认该外国法律的根据"❷，除非这种法律"违反了最基本的那些原则，这些原则包括正义、善意及根深蒂固的公益"❸。根据这样的原则，英国法院无权审查伊拉克在吞并了科威特后颁布的第 369 号命令的有效性或者合法性，英国法院不能根据英国的法律或者公共政策来裁决伊拉克政府发布的第 369 号命令的合法性，这是一个不可裁判的问题。

不可裁判性或者不可诉性与主权行为联系在一起，对于一个国内法院来说，外国国家的主权行为不仅享有豁免，也同时是不可裁判的，即国内法院无权审查外国国家的主权行为，所有因主权行为而享有豁免的诉讼其实也是不可裁判的案件。

（3）不方便法院原则（inconvenience）。即使法院拥有管辖权，但是法院仍然可以自己决定是否行使管辖权，当行使管辖权将造成更多的不便时，例如取证困难，那么法院就会放弃行使管辖权。

---

❶ ［英］伊恩·布朗利：《国际公法原理》，法律出版社 2007 年版，第 287 页。Fuller CJ in Underhill v. Hernandez（1897）168 U. S. 250，252 and see Buttes Gas and Oil Co. v. Hammer （1981）3 All E. R. 616，629~630.

❷ 英国科伊航空公司案判决第 24 段。

❸ 英国科伊航空公司案判决第 17 段。

2004年11月21日在包头发生了东方航空公司MU5210空难事故后（以下称"11·21包头空难事故"），遇难人员的家属由于不满东方航空公司提出的赔偿条件，于2005年8月向美国洛杉矶郡高级法院提出起诉，要求加拿大的庞巴迪公司、美国的通用电气公司和东方航空公司共同承担赔偿责任。2007年东方航空公司向美国法院申请要求把这个案件交由中国法院审理。最后，洛杉矶郡最高法院以"不方便法院原则"为由，裁定，"中国的法治环境完全能审理这个案件，不需要美国法院的管辖。"❶ 美国法院其实是有管辖权的，根据国际私法的"最低联系原则"——庞巴迪公司、美国通用电气公司和东方航空公司都与加州有商业联系——美国法院对该案有管辖权。同时中国的法院也有管辖权，根据则是行为发生地原则——空难发生在中国境内的国内航线上，根据1929年《统一国际航空运输某些规则的公约》（以下简称"1929年华沙公约"）和1999年《统一国际航空运输某些规定的公约》（以下简称"1999年蒙特利尔公约"）的规定，空难发生所在地国的法院拥有管辖权。当两个不同国家的国内法院对同一个案件同时拥有管辖权时，哪一个法院最终能够行使管辖权并不取决于原告，而是取决于法院自己来判定自己是否可以行使管辖权。

---

❶ 徐素芹："美国在包头空难中的管辖权及对中国的启示"，载《法制与社会》2010年2月（上）。

10.4 小　　结

联合国国际法委员会自 1949 年成立伊始就选择了包括国家豁免在内的 14 个议题作为首批编纂工作的内容，但国家豁免议题的正式编纂工作从 1977 年才开始，直到 2004 年第 59 届联合国大会上通过最终版本并提交给各成员国签署，经历了 27 年的时间。1989 年第 41 届国际法委员会的会议上，国际法委员会同意负责起草国家豁免公约的特别报告员的建议，决定避免进入国家豁免理论的基本原理的争论之中，这个问题在国际法委员会中曾广泛讨论但却无法达成任何共识；国际法委员会认为应该集中在个别条款的讨论上，以期各国能达成共识。在国际法委员会看来，这是唯一的且现实的方法。国际法委员会还要求国家豁免的公约能够反映出现在有的国家在这方面的变化，以此反映各国政府的实践，此外，为国家豁免的未来发展留有空间。❶

在国家豁免的基本理论上达成共识非常困难，遑论在限制豁免原则的理论上达成任何共识，但这并不能妨碍我们进行理论上的探索和讨论。基于主权平等原则，一国的国内法院不能审判另一个主权国家，国家豁免成为阻碍国内法院管辖司法管辖权的程

---

❶　http：//www.un.org/law/jurisdictionalimmunities/index.html.

序规则❶，绝对豁免原则建基于国家的"身份"特征，这种身份特征来源于封建制度对君主的绝对尊重。而当今的全球化社会是一个契约社会，不再强调身份的特质。国家和政府在国内法上的地位早已从一个统治者变成了一个服务者❷，从强调国家的主权身份转变为突出国家的职能，无论国家如何进行管理，政府必须履行某些确定的职能。❸ 如果政府的管理行为与法律规定相冲突，每一个个体的公民均可通过提起诉讼的方式来使该项行为得以撤销。❹ 狄骥的理论推动了行政法和行政诉讼法的发展。如果在国内法上，个人可以取得这种地位，那么在国际法上为什么就不能有类似的情况呢？

就目前的国家豁免例外的情况及其面临的问题来看，即使债权理论能够解决基本的问题，也并不会造成外国国家被滥诉的情况。

---

❶ Hazel Fox, *The Law of State Immunity*, 2002, Oxford University Press, p. 525. Jones v. the Kingdom Saudi Arabia, the judgment of House of Lords, para 44, 2006.

❷ ［法］狄骥:《公法的变迁》，郑戈译，中国法制出版社2010年版，第二章公共服务。

❸ 同上书，第50页。

❹ 同上书，第53页。

结语

结 语

1. 国际法治与国家豁免

国家豁免问题，这个问题的本质是外国主权国家在一国国内法上的地位问题。但是，这又不单纯是一个国内法的问题，因为这牵涉到国家间的关系。而在国际法上，没有比国家主权问题更复杂、更敏感的了。自从1648年《威斯特伐利亚和约》奠定了现代国家主权制度以来，国家主权原则就被认为是现代国际法的基石，国际法上的很多原则都源于国家主权原则，国家是国际法上最重要的主体，国家主导着国际法的现状和发展趋势。同时，人们又普遍认为，国家主权在现代社会遇到了强大的挑战。经济的全球化、国际组织的扩张、非政府组织的兴起、网络技术的飞速发展、国际社会对人权状况的密切关注、民族地区与中央政府之间的紧张关系等诸多问题，从不同方面对国家主权提出了严峻挑战。国家主权，这个已经有300多年发展历史的概念是否已经走到了尽头？

联合国安理会通过决议成立了两个国际刑事法庭——前南斯拉夫国际刑事法庭和卢旺达国际刑事法庭，以便追究在前南斯拉夫和卢旺达发生的严重违反国际法的罪行，这对整个国际社会来说是史无前例的创新成就。在联合国安理会决议授权之下，各国海军在索马里海域合作打击海盗，这是国际社会第一次共同合作帮助一个"失败的"国家——索马里，维护其领海及周边海域的海上航行安全。这些成就在"冷战"时期是不可想象的，有的学者就此宣称，国家主权，即使没有完全消失，也正在失去其存在

的传统基础。❶

虽然国际社会取得了一些成就,然而,国家主权并没有像有的学者宣称的那样正在消失。安理会是在索马里政府的邀请下通过授权各国海军在索马里海域武装打击海盗的决议❷,安理会在处理伊拉克入侵科威特时也同时维护伊拉克和科威特两个国家的主权。❸联合国安理会作为世界上唯一的对国际和平与安全负主要责任的机构在处理国家问题时仍然要注意对国家主权的尊重与维护,在《联合国宪章》的框架下处理国家主权问题。对于国内法院来说,外国主权国家享有国家豁免,不得对外国主权国家行使司法管辖权,除非该外国放弃豁免。从国内法的角度来看,主权不仅仅是一个理论概念,而是实实在在的权利——国家豁免。只要国家豁免制度还继续存在,就能说明国家主权仍然具有现实意义。

现实情况就是,国家主权,一方面不断受到侵蚀,另一方面它仍然继续有效。国家主权所面临的这种情况正好说明了国际法随着国际社会的发展而处于不断变化之中,国际法是"动态法"(living law)❶,国家主权也随着国际法的发展而变化。现代的国家主权已经不再是威斯特伐利亚时代的国家主权,而这正是国家通过自己的实践活动——对外缔结条约和对内司法实践——不断塑造的结果;未来的国家主权会变成什么样子将取决于今天的国

---

❶ [日]篠田英朗:《重新审视主权——从古典理论到全球时代》,戚渊译,商务印书馆2005年版,第3页。

❷ 联合国安理会第1897(2009)号决议。

❸ 联合国安理会第686(1991)号决议。

❶ 朱文奇:"2003年国际法学学术研究回顾",载《法学家》,2004年第1期,第114~117页。

家如何"塑造"它。

最早提出主权概念的人是法国的让·博丹，在他的《主权论》❶一书中，他第一次将罗马帝国时期用来表示全体人民的权力❷——博丹称之为主权——与封建诸侯的王权联系起来，并将主权定义为是"一个共同体中的绝对而又持久的权力"❸，这种权力是绝对的且不可分割的。❹最早的主权概念是政治意义上的概念，而非法律意义上的概念。将主权与封建君主制国家结合起来的正是1648年的《威斯特伐利亚和约》，这也成为现代主权国家的肇始。然而，威斯特伐里亚时代的国家主权已经与博丹时代的主权不一样了。博丹时代的主权并不具备对外的作用，博丹是在国内政治的范围来讨论主权与其他的统治权的区别。❺而威斯特伐利亚的主权显然增加了另外一个作用——具备了对外效力，主权权力已经扩张了。为了解决主权权力扩张的问题，在《威斯特伐利亚和约》里确定了主权平等原则。❻国家主权有了双重功能，

---

❶ 1576年出版了法文版的让·博丹《国家论六书》，全书共计6书33章，论文作者使用的是北京大学出版社2008年版的《主权论》一书，中文版的《主权论》只选取了《国家论六书》中的四章有关主权的论述。论文作者注。

❷ ［法］莱昂·狄骥：《公法的变迁》，郑戈译，中国法制出版社2010年版，第9页。

❸ ［法］让·博丹：《主权论》，［美］朱利安·H. 富兰克林编，李卫海、钱俊文译，第25页，北京大学出版社2008年版。

❹ ［法］莱昂·狄骥：《公法的变迁》，郑戈译，中国法制出版社2010年版，第15页。

❺ ［法］让·博丹：《主权论》，［美］朱利安·H. 富兰克林编，李卫海、钱俊文译，代译序第3页，北京大学出版社2008年版。

❻ http://en.wikipedia.org/wiki/Peace_of_Westphalia.

对内，主权是最高的，甚至是绝对的；对外，主权之间是平等的。这是现代国家的主权特征。❶

这样的主权权力实在是太诱人了，以致"19世纪的几乎所有阶级和政党都把国家主权作为宗教信仰而接受了下来"❷。国家虽然从封建专制过渡到共和制，主权则一直延续下来。❸ 伴随着欧洲国家在18、19世纪的对外扩张，国家主权原则也随之扩大到亚洲、非洲和拉美等国家。历史上，中国的反抗殖民主义斗争的历史就是争取独立的、平等的国家主权的斗争史。各国享有独立的、平等的主权是"二战"之后联合国成立以后了。这时候国家主权原则已经被所有国家接受，并通过《联合国宪章》的法律形式得到了确认，成为国际法的基本原则。❹

"二战"之后对国家主权产生的冲击主要来自两个方面，一个是国际刑法的发展，另一个就是国际人权法的发展。国际刑法突破了传统国际法有关主体的范围，使得个人也成为国际法的主体。通过追究严重违反国际法的个人刑事责任，特别是那些国家领导人、政府首脑和军队指挥官的责任，突破了传统国际法上的外交豁免的禁锢。国际人权法的发展从各个方面影响国家主权，比如人权的发展与各类非政府组织的活动分不开，非政府组织对国家决策的影响也越来越大，国家对人权的保护的责任等。当今

---

❶ 朱文奇主编：《国际法学原理与案例教程》，中国人民大学出版社2009年版，第34~36页。

❷ ［法］莱昂·狄骥：《公法的变迁》，郑戈译，中国法制出版社2010年版，第19页。

❸ 同上书，第15~16页。

❹ 《联合国宪章》第2条第1款，1970年联大第2526号决议，《国际法原则宣言》。

结　语

的国际社会已经不再只是国家的国际社会，还包括众多的国际组织、个人和非政府组织，国际社会的多元化就是国家必须面临的现实，这种现实将迫使国家要处理比以前更为复杂的关系，在国与国的关系之外，国家还必须面临与各种国际组织、非政府组织和个人及法人组织之间的复杂关系。这已经大大超出了传统国际法的范畴，国家越来越多地参与到传统上属于私法性质的领域。

国家豁免规则的本质是关于国家承担民事责任的问题，国家豁免规则也是从国家主权原则发展出来的国际法的规则❶，到目前为止，有关的国家豁免规则"深深地植根于各国的国家实践"当中。❷ 从传统的绝对豁免原则到目前的限制豁免原则，由原来的凡是国家实施的行为都要予以豁免，到现在的商业行为不再享有豁免，只有国家的主权行为才享有豁免，这种发展变化建立在对国家和主权这两个概念的不断理解的基础上。限制豁免原则认为，国家在进入私法领域时应该和个人及法人组织享有平等的权利义务，这样做并没有损害国家主权的权威。其中的道理其实很简单。私法领域里的规则也是国家立法规定的，当国家进入这些私法领域时，比如和私人或法人公司签订商业合同，那么国家也要遵守相关的法律规则，如合同法、知识产权法、公司法、商法等。这时如果国家以自己所特有的主权权利去对抗私人或者法人

---

❶ Judgment on Jurisdictional Immunities of the State (Germany v. Italy: Greece Intervening), para. 57, 3 Feb. 2012.

❷ *Yearbook of the International Law Commission*, 1980, Vol. II (2), p. 147, para. 26. 转引自 Judgment on Jurisdictional Immunities of the State (Germany v. Italy: Greece Intervening), para. 57, 3 Feb. 2012.

公司的权利而不履行义务的话，那么国家此时对抗的实际上是自己，违反的是自己制定的法律规范，破坏的是自己所要维护的法律秩序。这是从国内法的角度来看，国家在自己的领土内从事私法性质的行为时要放弃绝对的、最高的主权权力。国家这样做不仅是对个人和法人公司的公平，而且也没有损害至高的主权权力，更重要的是维护了国家所要建立的国内法律秩序，同时也维护了国家的尊严。不仅如此，国内法走的更远的是建立了宪法和行政法，宪法规定国家如何行使主权权力，行政法则起着平衡主权权力和公民个人权利的作用。当国家的主权权力从事了违法行为时，公民个人可以通过法律程序使违法行为得到撤销，并且赔偿造成的损失。

  同样地，当一个主权国家进入另一国主权范围内时，领土国给予外国国家的豁免是基于主权平等以及履行主权国家职能的便利。除此之外，出于对领土国主权的尊重，外国国家在从事主权国家职能之外的行为时也要放弃自己的特权身份，遵守当地的法律。这样做当然是对当地领土国主权的尊重，外国国家不能用自己的主权权力与当地国家的主权权力相对抗，主权之间是平等的，尊重也应该是相互的，领土国没有理由为了尊重外国国家的主权而放弃自己的领土主权。

  绝对豁免原则基于的理由其实就是"身份"豁免，由于国家所具有的主权特性，相比较其他的个人或法人主体来说，国家享有豁免的特权。但问题是，什么是国家，什么是主权。国家和主权的定义有那么重要吗？国家的定义通常并不重要，当定义涉及

结　语

对各种事件的影响时才变得重要。❶ 如联合国将巴勒斯坦从"观察员实体"升格为"观察员国"❷，支持或反对的国家都会使用"国家"的定义。附着在国家身上的"主权"呢？皮之不存，毛将焉附？

当我们还搞不清楚国家"是什么"的时候，只能退而求其次，试图搞清楚国家"做什么"。国家行为理论将国家的行为分为主权行为和管理行为，在国家豁免的诉讼中，国家行为理论发挥的是排除法院管辖权的作用，特别是当外国国家被指控从事了违反国际法的行为时。国家行为理论提醒我们，在每个国家的背后都是特定的利益和狭隘的体制……每个国家应当更加努力地履行国际义务……但是，当法院所在国的自身利益或其国民利益引起争议时，还能相信某国及其国家体制，乃至竭力维持独立与公正的法院来实施针对他国的国际法吗？这是国内体系适用国际法带来的必然后果。❸

限制豁免原则应该是一种法治理念，以公平和正义为基础，表面上看限制了国家主权，而实际上规范的是外国国家与个人（包括本国人和外国人）的关系、外国国家与法人公司（包括本国的和外国的）的关系，这种关系要么是由于合同产生，要么是由于侵权行为而产生，在处理这种关系时，限制豁免原则认为外国国家不能享有豁免。作为法院地国的法院来说，它所要维护的

---

❶　[美]路易斯·亨金：《国际法：政治与价值》，张乃根等译，中国政法大学出版社 2005 年版，第 16 页。

❷　2012 年 11 月 29 日，联合国大会通过第 67/19 号决议，接纳巴勒斯坦为联合国大会的"观察员国"。

❸　[美]路易斯·亨金：《国际法：政治与价值》，张乃根等译，中国政法大学出版社 2005 年版，第 109 页。

239

也是法院地国家的国内法律秩序。

还有很多国家不接受限制豁免原则,联合国为了能够制定一个能为很多国家接受的国家豁免公约而使用"国家豁免的例外",以避免理论争论带来的分歧。然而限制豁免原则的现状也不能满足现实的需要。2012 年 2 月 3 日,国际法院对"德国诉意大利有关国家司法管辖豁免案"❶的判决真实反映了国家豁免原则的现状,或者说各国在限制国家主权问题上的审慎态度。即使国家违反了国际法中的强行法规则,例如,禁止侵略,禁止奴隶和奴隶买卖,禁止实施种族灭绝和种族隔离等行为❷,即使毫无疑问国家应该承担国家责任,然而,问题在于国家如何承担这种国家责任,国家承担责任的规则是否也属于强行法,受害的个人的求偿权利是否也属于强行法。到目前为止,国际法上这样的规则还并不明晰。意大利上诉法院在"费里尼案"中认为判定德国应该对费里尼在"二战"期间所遭受的损害予以赔偿,并且认为司法豁免并非是绝对的,在国家实施了国际罪行的案件中国家不能主张国家豁免。❸然而,国际法院却否定了意大利的判决,也就否定意大利作出判决的根据。❹"德国诉意大利有关国家司法管辖豁免案"说明,在当今国际法上,在没有一个高于国家的法律执行机

---

❶ Judgment on "Jurisdictional Immunities of the States" (Germany v. Italy, Greece Intervening), 3 Feb. 2012.

❷ Article 40, Draft articles on Responsibility of States for Internationally Wrongful Acts, with commentaries 2001. Yearbook of the International Law Commission, 2001, Vol. II, Part Two.

❸ Para. 27 of Judgment on "Jurisdictional Immunities of the States" (Germany v. Italy, Greece Intervening), 3 Feb. 2012.

❹ Ibid., para. 81~91.

构的情况下，国际法的执行仍然依靠各个国家的自觉。

2. 中国与国家豁免

各个国家在国家豁免的问题上的分歧是显而易见的，有的坚持绝对豁免原则，有的则坚持限制豁免原则，2004年《联合国国家及其财产司法管辖豁免公约》为了弥合这种分歧甚至避而不谈限制豁免原则，而是用"国家豁免的例外"来替代，而实质上这两者没有什么本质上的区别。这种分歧反映了不同国家对国家主权的政治态度，考虑的是各国自己的利益。这其中最典型的例子就是美国1952年的"泰特信函"。

"泰特信函"表明美国国务院从绝对豁免原则转变为限制豁免原则的理由：第一，实行国营贸易的国家越来越刻板地坚持"绝对豁免论"；第二，美国政府自己接受本国法院管辖，并且放弃了国有商船在外国的豁免；第三，外国政府大量地从事商业活动，应该使与政府做生意的个人能够诉请法院以保护其权利。❶

美国转而奉行限制豁免原则是一个政治决定，这个政治决定是为了维护美国的经济利益。"泰特信函"中所指的"实行国营贸易的国家"是指以苏联为首的社会主义国家。苏联以国家主权平等原则为基础，始终坚持国家在法律上的平等和相互独立，不

---

❶ 陈纯一：《国家豁免问题之研究——兼论美国的立场与实践》，台北三民书局2000年版，第124页。

接受任何其他国家对苏联的国家机构和财产行使管辖权。❶ 而美国则采取与苏联相反的做法，放弃了国有商船在外国的豁免。这种做法当然就不利于美国维护自己的国家利益和财产安全。但是美国并没有因此而继续坚持绝对豁免原则来对抗前苏联的这种立场，却转而支持限制豁免原则。

美国的做法产生了几个问题需要解释。面对苏联等国的绝对豁免立场，最简单的方法就是美国也采取绝对豁免的立场，这样就使得双方国内的法院对于对方国家机构和财产都不能行使管辖权，从而可以避免国家间产生不必要的冲突。但是，美国却转而奉行限制豁免原则。且不说限制豁免原则本身还有诸多的不确定性，仅仅是美国法院对苏联国家机构行使司法管辖权就会引起两国关系的紧张，尤其是在"冷战"时期，这给本来就剑拔弩张的两边关系更增添了一份不确定性。然而，更令人无法理解的是美国在执行豁免方面却几乎仍坚持着绝对豁免的立场。既要行使司法管辖权，又不能执行判决，还可能会给美国的外交关系带来紧张的局面，这难道就是美国需要的"利益"吗？

事实并非如此。美国以自由市场经济立国，奉行私有财产神

---

❶ 黄进：《国家及其财产豁免问题研究》，中国政法大学出版社1987年版，第200~207页。

圣不可侵犯的原则❶，国有经济在美国经济中所占比重极少❷，而苏联的计划经济则几乎百分之百的是国有经济。如果美国继续执行绝对豁免原则，那么对苏联更为有利，对美国自己的私营经济来说反而不利。以"泰特信函"发表的 1952 年为例，美国当年的 GDP 占世界 GDP 的 28.4%，而苏联只占 8.7%。❸ 相比较来说，美国市场对于苏联的经济更加重要，而苏联的市场对于美国来说无关紧要。因此，转而执行限制豁免原则将限制苏联在美国的经济利益，即使由于实行管辖权会给美国的外交关系带来一些压力，但是，限制苏联的经济利益也是美国的外交利益之所在。对于美国来说，最大的经济利益也就是最大的政治利益，外交活动也是为美国的经济利益服务的。这才是美国转而奉行限制豁免原则的政治意图。至于说这种转变带给国家主权的影响则几乎没有在美国政府的考虑范围之内，或者说，由于美国国有经济所占的微小比重使得美国的国家主权在这种转变中受到的影响也微乎其微，可以忽略不计。

同时，必须认识到，美国的这种转变给外国国家主权带来的

---

❶ 美国宪法第四修正案规定：人民的人身、住宅、文件和财产不受无理搜查和扣押的权利，不得侵犯。除依据可能成立的理由，以宣誓或代誓宣言保证，并详细说明搜查地点和扣押的人或物，不得发出搜查和扣押状。

❷ 安俊："西方公司制及其借鉴意义"，载《市场经济管理》1997 年第 11 卷第 2 期。在这篇文章里，提及美国的国有经济成分只占国家经济总量的 2%。但是，这个数字没有标明出处，因此，这里只做参考。有关美国的国有经济在国民经济中的作用的报道也不是很多，凤凰网上有一篇《美国：国有企业"没地位"》的报道，指出美国的国有企业的生产总值占全国 GDP 的 5%。详情见 http：//news.ifeng.com/opinion/topic/diwang/201003/0326_ 9855_ 1587903.shtml，2010 年 3 月 26 日。

❸ http：//www.ggdc.net/maddison/China_ book/.../Table2.2ab.pdf.

实实在在的影响是不容忽视的。这意味着美国国内法院将对外国主权国家行使司法管辖权,尤其是 1976 年颁布了《外国主权豁免法》以后,决定外国国家是否享有豁免的权力全部都转移给了法院,这肯定会给美国的外交关系带来一定的负面影响。美国法院审理"湖广铁路债券案"时就造成了美国和中国刚刚恢复正常的外交关系面临考验。即使面临如此严峻的外交困境,美国也没有放弃《外国主权豁免法》。

中国国有经济占全部经济总量的三成左右❶,远远高于美国的国有经济比重,《美国外国主权豁免法》对中国经济的影响显

---

❶ 笔者在检索有关中国国有经济在中国总体经济中所占比例的过程中发现,在这方面并没有一个明确的统计数字,有报道称 2011 年来自美国国会美中经济和安全委员会的报告说中国各种形式的国有实体在中国的国内生产总值(GDP)的比重约为 50%(参见 http://www.wfgg001.com/news/info_ 6107.html)。然而,各分类的统计数字则表明这个比例显然有夸大的成分。比如,国有企业在城镇固定资产投资的比重 2009 年时为 43.4%,国有企业在工业总资产和工业总产值的比重 2008 年时分别为 43.8% 和 28.4%,呈逐年下降的趋势。然而国家统计局却没有一个国有经济在整个国民经济中所占比重的数据,只能说国有经济在国民经济的发展中的作用很重要,但有多重要却没有一个可信赖的数字。近两年又出现了有关"国进民退"的争论,相关的报道很多,可以参见如下报道:"温家宝:目前不存在所谓国进民退问题",载 http://news.sina.com.cn/c/2011-03-14/120022111679.shtml;《陈志武:国有经济比重越高对经济转型越不利》,http://money.163.com/11/0112/14/6Q73AF3B00254L3R.html;"'国进民退'五大案例背后",载 http://news.163.com/10/0330/11/6314U8NB00011SM9.html;"国进民退成体制之争,学者称权贵资本主义抬头",载 http://news.qq.com/a/20100323/000080.htm;"纽约时报深度报道:中国经济'国进民退'的背后",载 http://www.kaixin001.com/repaste/100735_ 2881477227.html;等等。

然更大，中国国有企业在美国法院遭到起诉的案件也呈逐年上升的趋势。❶ 中国如果实行限制豁免原则对美国的经济实际上没什么影响。然而，如果仅仅是作为对抗美国而实行限制豁免原则就会显得得不偿失。是否采纳限制豁免原则其实是一个政治决策，然而，一旦中国通过了这样的一部"外国国家豁免法"，我国国有企业目前在外国被诉的案件也可以根据"长臂管辖权"原则让中国国内法院拥有管辖权。这是一个方面。另一方面，对于在中国境内的外国国家机关，主要是使领馆和外国驻华机构，在中国境内进行的非主权行为也有了司法管辖权，比如，使领馆馆舍的维护、雇佣中国公民为雇员等，从而可以填补这一块的法律空白。我们不能指望在中国境内的外国国家和国际组织在中国就能完全而自觉地遵守义务，而当他们与中国的国民之间发生争议的时候也给予他们豁免权，同时中国自己的驻外机构却又面临不能主张国家豁免的状况。

一个国家在国家豁免问题上的态度反映了一个国家维护法治的决心，在国家权力（利）和个人权利之间发生冲突时何者更重要，中国已经签署了《联合国国家及其财产司法管辖豁免公约》，至少这是一种态度，表明中国在法治化道路上的努力。

---

❶ 宋锡祥、高大力："从'天宇案'透视国家主权豁免问题"，载《东方法学》2010 年第 1 期，第 12 ~ 21 页。

附 录

一、《联合国国家及其财产管辖豁免公约》

第五十九届会议议程项目

大会决议

[根据第六委员会的报告（A/59/508）通过]

铭记《联合国宪章》第十三条第一项（子）款，

回顾其1977年12月19日第32/151号决议，其中建议国际法委员会着手研究国家及其财产管辖豁免的法律，以逐渐发展与编纂这些法律，并回顾其后大会1991年12月9日第46/55号、1994年12月9日第49/61号、1997年12月15日第52/151号、1999年12月9日第54/101号、2000年12月12日第55/150号、2001年12月12日第56/78号、2002年11月19日第57/16号和2003年12月9日第58/74号决议，

又回顾国际法委员会在其第四十三届会议工作报告第二章中提出关于国家及其财产管辖豁免法律的条款草案终稿案文及评注，

还回顾根据大会1998年12月8日第53/98号决议规定提交的第六委员会不限成员名额工作组的报告，以及国际法委员会国家及其财产的管辖豁免问题工作组的报告，

回顾其第55/150号决议，其中决定设立国家及其财产的管辖豁免问题特设委员会，同时开放给各专门机构的成员国参加，以进一步推展已完成的工作，整理达成协议的方面和解决未决的问题，以期根据国际法委员会通过的国家及其财产管辖豁免条款草案，并根据第六委员会不限成员名额工作组的讨论，拟定一份一般可以接受的文书，

审议了国家及其财产的管辖豁免问题特设委员会的报告，

强调统一和明确的国家及其财产管辖豁免法律的重要性，并着重指出一项公约在这方面可以发挥的作用，

注意到缔结一项国家及其财产管辖豁免公约的工作获得广泛支持,

考虑到特设委员会主席介绍特设委员会报告的发言,

1. 高度赞赏国际法委员会和国家及其财产的管辖豁免问题特设委员会在国家及其财产管辖豁免法律方面所做出的宝贵工作;

2. 同意在特设委员会达成的一般性谅解,即《联合国国家及其财产管辖豁免公约》不涉及刑事诉讼程序;

3. 通过载于本决议附件的《联合国国家及其财产管辖豁免公约》,并请秘书长作为保存机关将《公约》开放供签字;

4. 邀请各国成为《公约》缔约方。

2004 年 12 月 2 日

第 65 次全体会议

附件

《联合国国家及其财产管辖豁免公约》

本公约缔约国,

考虑到国家及其财产的管辖豁免为一项普遍接受的习惯国际法原则,

铭记《联合国宪章》所体现的国际法原则,

相信一项关于国家及其财产的管辖豁免国际公约将加强法治和法律的确定性,特别是在国家与自然人或法人的交易方面,并将有助于国际法的编纂与发展及此领域实践的协调,

考虑到国家及其财产的管辖豁免方面国家实践的发展,

申明习惯国际法的规则仍然适用于本公约没有规定的事项,

议定如下:

第一部分　导言

第 1 条　本公约的范围

本公约适用于国家及其财产在另一国法院的管辖豁免。

第 2 条　用语

1. 为本公约的目的：

（a）"法院"是指一国有权行使司法职能的不论名称为何的任何机关；

（b）"国家"是指：

（一）国家及其政府的各种机关；

（二）有权行使主权权力并以该身份行事的联邦国家的组成单位或国家政治区分单位；

（三）国家机构、部门或其他实体，但须它们有权行使并且实际在行使国家的主权权力；

（四）以国家代表身份行事的国家代表；

（c）"商业交易"是指：

（一）为销售货物或为提供服务而订立的任何商业合同或交易；

（二）任何贷款或其他金融性质之交易的合同，包括涉及任何此类贷款或交易的任何担保义务或补偿义务；

（三）商业、工业、贸易或专业性质的任何其他合同或交易，但不包括雇佣人员的合同。

2. 在确定一项合同或交易是否为第 1 款（c）项所述的"商业交易"时，应主要参考该合同或交易的性质，但如果合同或交易的当事方已达成一致，或者根据法院地国的实践，合同或交易的目的与确定其非商业性质有关，则其目的也应予以考虑。

3. 关于本公约用语的第 1 款和第 2 款的规定不妨碍其他国际文书或任何国家的国内法对这些用语的使用或给予的含义。

第 3 条　不受本公约影响的特权和豁免

1. 本公约不妨碍国家根据国际法所享有的有关行使下列职能的特权和豁免：

（a）其外交代表机构、领事机构、特别使团、驻国际组织代表团，或派往国际组织的机关或国际会议的代表团的职能；和

(b) 与上述机构有关联的人员的职能。

2. 本公约不妨碍根据国际法给予国家元首个人的特权和豁免。

3. 本公约不妨碍国家根据国际法对国家拥有或运营的航空器或空间物体所享有的豁免。

第 4 条 本公约不溯及既往

在不妨碍本公约所述关于国家及其财产依国际法而非依本公约享有管辖豁免的任何规则的适用的前提下，本公约不应适用于在本公约对有关国家生效前，在一国法院对另一国提起的诉讼所引起的任何国家及其财产的管辖豁免问题。

第二部分　一般原则

第 5 条　国家豁免

一国本身及其财产遵照本公约的规定在另一国法院享有管辖豁免。

第 6 条　实行国家豁免的方式

1. 一国应避免对在其法院对另一国提起的诉讼行使管辖，以实行第 5 条所规定的国家豁免；并应为此保证其法院主动地确定该另一国根据第 5 条享有的豁免得到尊重。

2. 在一国法院中的诉讼应视为对另一国提起的诉讼，如果该另一国：

(a) 被指名为该诉讼的当事一方；或

(b) 未被指名为该诉讼的当事一方，但该诉讼实际上企图影响该另一国的财产、权利、利益或活动。

第 7 条　明示同意行使管辖

1. 一国如以下列方式明示同意另一国对某一事项或案件行使管辖，则不得在该法院就该事项或案件提起的诉讼中援引管辖豁免：

(a) 国际协定；

(b) 书面合同；或

(c) 在法院发表的声明或在特定诉讼中提出的书面函件。

2. 一国同意适用另一国的法律，不应被解释为同意该另一国的法院行使管辖权。

第8条 参加法院诉讼的效果

1. 在下列情况下，一国不得在另一国法院的诉讼中援引管辖豁免：

(a) 该国本身提起该诉讼；或

(b) 介入该诉讼或采取与案件实体有关的任何其他步骤。但如该国使法院确信它在采取这一步骤之前不可能知道可据以主张豁免的事实，则它可以根据那些事实主张豁免，条件是它必须尽早这样做。

2. 一国不应被视为同意另一国的法院行使管辖权，如果该国仅为下列目的介入诉讼或采取任何其他步骤：

(a) 援引豁免；或

(b) 对诉讼中有待裁决的财产主张一项权利或利益。

3. 一国代表在另一国法院出庭作证不应被解释为前一国同意法院行使管辖权。

4. 一国未在另一国法院的诉讼中出庭不应被解释为前一国同意法院行使管辖权。

第9条 反诉

1. 一国在另一国法院提起一项诉讼，不得就与本诉相同的法律关系或事实所引起的任何反诉向法院援引管辖豁免。

2. 一国介入另一国法院的诉讼中提出诉讼请求，则不得就与该国提出的诉讼请求相同的法律关系或事实所引起的任何反诉援引管辖豁免。

3. 一国在另一国法院对该国提起的诉讼中提出反诉，则不得就本诉向法院援引管辖豁免。

第三部分　不得援引国家豁免的诉讼

第 10 条　商业交易

1. 一国如与外国一自然人或法人进行一项商业交易，而根据国际私法适用的规则，有关该商业交易的争议应由另一国法院管辖，则该国不得在该商业交易引起的诉讼中援引管辖豁免。

2. 第 1 款不适用于下列情况：

(a) 国家之间进行的商业交易；或

(b) 该商业交易的当事方另有明确协议。

3. 当国家企业或国家所设其他实体具有独立的法人资格，并有能力：

(a) 起诉或被诉；和

(b) 获得、拥有或占有和处置财产，包括国家授权其经营或管理的财产，

其卷入与其从事的商业交易有关的诉讼时，该国享有的管辖豁免不应受影响。

第 11 条　雇佣合同

1. 除有关国家间另有协议外，一国在该国和个人间关于已全部或部分在另一国领土进行，或将进行的工作之雇佣合同的诉讼中，不得向该另一国原应管辖的法院援引管辖豁免。

2. 第 1 款不适用于下列情况：

(a) 招聘该雇员是为了履行行使政府权力方面的特定职能；

(b) 该雇员是：

(一) 1961 年《维也纳外交关系公约》所述的外交代表；

(二) 1963 年《维也纳领事关系公约》所述的领事官员；

(三) 常驻国际组织代表团外交工作人员、特别使团成员或获招聘代表

一国出席国际会议的人员；或

（四）享有外交豁免的任何其他人员；

（c）诉讼的事由是个人的招聘、雇佣期的延长或复职；

（d）诉讼的事由是解雇个人或终止对其雇用，且雇佣国的国家元首、政府首脑或外交部长认定该诉讼有碍该国安全利益；

（e）该雇员在诉讼提起时是雇佣国的国民，除非此人长期居住在法院地国；或

（f）该雇员和雇佣国另有书面协议，但由于公共政策的任何考虑，因该诉讼的事由内容而赋予法院地国法院专属管辖权者不在此限。

第 12 条 人身伤害和财产损害

除有关国家间另有协议外，一国在对主张由可归因于该国的作为或不作为引起的死亡或人身伤害、或有形财产的损害或灭失要求金钱赔偿的诉讼中，如果该作为或不作为全部或部分发生在法院地国领土内，而且作为或不作为的行为人在作为或不作为发生时处于法院地国领土内，则不得向另一国原应管辖的法院援引管辖豁免。

第 13 条 财产的所有、占有和使用

除有关国家间另有协议外，一国在涉及确定下列问题的诉讼中，不得对另一国原应管辖的法院援引管辖豁免：

（a）该国对位于法院地国的不动产的任何权利或利益，或该国对该不动产的占有或使用，或该国由于对该不动产的利益或占有或使用而产生的任何义务；

（b）该国对动产或不动产由于继承、赠予或无人继承而产生的任何权利或利益；或

（c）该国对托管财产、破产者财产或公司解散前清理之财产的管理的任何权利或利益。

第 14 条 知识产权和工业产权

除有关国家间另有协议外，一国在有关下列事项的诉讼中不得向另一国原应管辖的法院援引管辖豁免：

(a) 确定该国对在法院地国享受某种程度、即使是暂时的法律保护的专利、工业设计、商业名称或企业名称、商标、版权或任何其他形式的知识产权或工业产权的任何权利；或

(b) 据称该国在法院地国领土内侵犯在法院地国受到保护的、属于第三者（a）项所述性质的权利。

第 15 条 参加公司或其他集体机构

1. 一国在有关该国参加具有或不具有法人资格的公司或其他集体机构的诉讼中，即在关于该国与该机构或该机构其他参加者之间关系的诉讼中，不得向另一国原应管辖的法院援引管辖豁免，但有以下条件：

(a) 该机构的参加者不限于国家或国际组织；而且

(b) 该机构是按照法院地国法律注册或组成，或其所在地或主要营业地位于法院地国。

2. 但是，如果有关国家同意，或如果争端当事方之间的书面协议作此规定，或如果建立或管理有关机构的文书中载有此一规定，则一国可以在此诉讼中援引管辖豁免。

第 16 条 国家拥有或经营的船舶

1. 除有关国家间另有协议外，拥有或经营一艘船舶的一国，在另一国原应管辖的法院有关该船舶的经营的一项诉讼中，只要在诉讼事由产生时该船舶是用于政府非商业性用途以外的目的，即不得援引管辖豁免。

2. 第 1 款不适用于军舰或辅助舰艇，也不适用于一国拥有或经营的、专门用于政府非商业性活动的其他船舶。

3. 除有关国家间另有协议外，一国在有关该国拥有或经营的船舶所载货物之运输的一项诉讼中，只要在诉讼事由产生时该船舶是用于政府非商业性用途以外的目的，即不得向另一国原应管辖的法院援引管辖豁免。

4. 第 3 款不适用于第 2 款所指船舶所载运的任何货物，也不适用于国家拥有的、专门用于或意图专门用于政府非商业性用途的任何货物。

5. 国家可提出私有船舶、货物及其所有人所能利用的一切抗辩措施、时效和责任限制。

6. 如果在一项诉讼中产生有关一国拥有或经营的一艘船舶、或一国拥有的货物的政府非商业性质问题，由该国的一个外交代表或其他主管当局签署并送交法院的证明，应作为该船舶或货物性质的证据。

第 17 条 仲裁协定的效果

一国如与外国一自然人或法人订立书面协议，将有关商业交易的争议提交仲裁，则该国不得在另一国原应管辖的法院有关下列事项的诉讼中援引管辖豁免：

（a）仲裁协议的有效性、解释或适用；

（b）仲裁程序；或

（c）裁决的确认或撤销，但仲裁协议另有规定者除外。

第四部分　在法院诉讼中免于强制措施的国家豁免

第 18 条 免于判决前的强制措施的国家豁免

不得在另一国法院的诉讼中针对一国财产采取判决前的强制措施，例如查封和扣押措施，除非：

（a）该国以下列方式明示同意采取此类措施：

（一）国际协定；

（二）仲裁协议或书面合同；或

（三）在法院发表的声明或在当事方发生争端后提出的书面函件；或

（b）该国已经拨出或专门指定该财产用于清偿该诉讼标的的请求。

第 19 条 免于判决后的强制措施的国家豁免

不得在另一国法院的诉讼中针对一国财产采取判决后的强制措施，例如查封、扣押和执行措施，除非：

（a）该国以下列方式明示同意采取此类措施：

（一）国际协定；

（二）仲裁协议或书面合同；或

（三）在法院发表的声明或在当事方发生争端后提出的书面函件；或

(b) 该国已经拨出或专门指定该财产用于清偿该诉讼标的的请求；或

(c) 已经证明该财产被该国具体用于或意图用于政府非商业性用途以外的目的，并且处于法院地国领土内，但条件是只可对与被诉实体有联系的财产采取判决后强制措施。

第 20 条　同意管辖对强制措施的效力

虽然必须按照第 18 条和第 19 条表示同意采取强制措施，但按照第 7 条的规定同意行使管辖并不构成默示同意采取强制措施。

第 21 条　特定种类的财产

1. 一国的以下各类财产尤其不应被视为第 19 条（c）项所指被一国具体用于或意图用于政府非商业性用途以外目的的财产：

(a) 该国外交代表机构、领事机构、特别使团、驻国际组织代表团、派往国际组织的机关或国际会议的代表团履行公务所用或意图所用的财产，包括任何银行账户款项；

(b) 属于军事性质，或用于或意图用于军事目的的财产；

(c) 该国中央银行或其他货币当局的财产；

(d) 构成该国文化遗产的一部分或该国档案的一部分，且非供出售或意图出售的财产；

(e) 构成具有科学、文化或历史价值的物品展览的一部分，且非供出售或意图出售的财产。

2. 第 1 款不妨碍第 18 条和第 19 条（a）项和（b）项。

第五部分　杂项规定

第 22 条　诉讼文书的送达

1. 送达传票或对一国提起诉讼的其他文书应按以下方式进行：

（a）按照对法院地国和有关国家有约束力的任何可适用的国际公约；或

（b）如果法院地国法律未作禁止，则按照求偿方和有关国家关于送达诉讼文书的特殊安排；或

（c）如无此公约或特殊安排，则：

（一）通过外交渠道送交有关国家的外交部；或

（二）采取有关国家接受的不受法院地国法律禁止的任何其他方式。

2. 以第 1 款（c）（一）项所指的方式送达诉讼文书时，外交部收到该项文书即视为该项文书已送达。

3. 在必要时，送达的文书应附有译成有关国家正式语文或正式语文之一的译本。

4. 任何国家在对其提起的诉讼中就实质问题出庭，其后即不得声称诉讼文书的送达不符合第 1 款和第 3 款的规定。

第 23 条　缺席判决

1. 不得对一国作出缺席判决，除非法院已查明：

（a）第 22 条第 1 款和第 3 款规定的要求已获遵守；

（b）从按照第 22 条第 1 款和第 2 款送达传票或其他起诉文书之日算起，或视为已送达之日算起至少已四个月；并且

（c）本公约不禁止法院行使管辖权。

2. 对一国作出任何缺席判决，应通过第 22 条第 1 款所指的一种方式并按该款规定将判决书的副本送交该有关国家，必要时附上译成有关国家正式语文或正式语文之一的译本。

3. 申请撤销一项缺席判决的时限不应少于四个月，时限应从有关国家收到判决书副本或视为有关国家收到判决书副本之日算起。

第 24 条　法院诉讼期间的特权和豁免

1. 如一国未能或拒绝遵守另一国法院为一项诉讼的目的所下达的关于要求它实行或不实行一项特定行为，或提供任何文件，或透露任何其他资料

的命令，则这种行为除了对该案的实质可能产生的后果外，不应产生任何其他后果。特别是，不应因此对该国处以任何罚款或罚金。

2. 一国对它在另一国法院作为被告方的任何诉讼，均无须出具无论何种名称的担保、保证书或保证金保证支付司法费用或开支。

第六部分　最后条款

第 25 条　附件

本公约附件为公约的组成部分。

第 26 条　其他国际协定

本公约不影响与本公约所涉事项有关的现有国际协定对缔约国所规定的，适用于这些协定缔约方之间的权利和义务。

第 27 条　争端的解决

1. 缔约国应致力通过谈判解决关于本公约的解释或适用方面的争端。

2. 两个或两个以上的缔约国之间关于本公约的解释或适用方面的任何争端，不能在六个月内谈判解决的，经前述任一缔约国要求，应交付仲裁。如果自要求仲裁之日起六个月内，前述缔约国不能就仲裁的组成达成协议，其中任一缔约国可以依照《国际法院规约》提出请求，将争端提交国际法院审理。

3. 每一个缔约国在签署、批准、接受或核准本公约或加入本公约时，可以声明本国不受第 2 款的约束。相对于作出这项保留的任何缔约国，其他缔约国也不受第 2 款的约束。

4. 依照第 3 款的规定作出保留的任何缔约国，可以随时通知联合国秘书长撤回该项保留。

第 28 条　签署

本公约应在 2007 年 1 月 17 日之前开放给所有国家在纽约联合国总部

签署。

第29条 批准、接受、核准或加入

1. 本公约须经批准、接受、核准或加入。

2. 本公约持续开放给任何国家加入。

3. 批准书、接受书、核准书或加入书应交存联合国秘书长。

第30条 生效

1. 本公约应自第三十份批准书、接受书、核准书或加入书交存联合国秘书长之日后第三十天生效。

2. 对于在第三十份批准书、接受书、核准书或加入书交存以后批准、接受、核准或加入本公约的每一国家，本公约应在该国将批准书、接受书、核准书或加入书交存之后第三十天生效。

第31条 退出

1. 任何缔约国可书面通知联合国秘书长退出本公约。

2. 退出应自联合国秘书长接到通知之日起一年后生效。但本公约应继续适用于在退出对任何有关国家生效前，在一国法院对另一国提起的诉讼所引起的任何国家及其财产的管辖豁免问题。

3. 退出决不影响任何缔约国按照国际法而非依本公约即应担负的履行本公约所载任何义务的责任。

第32条 保存机关和通知

1. 联合国秘书长应为本公约的保存机关。

2. 联合国秘书长作为本公约的保存机关，应将以下事项通知所有国家：

（a）本公约的签署及按照第29条和第31条交存批准书、接受书、核准书或加入书或退出通知的情况；

（b）本公约按照第30条生效之日期；

（c）与本公约有关的任何文书、通知或来文。

第33条 作准文本

本公约的阿拉伯文、中文、英文、法文、俄文和西班牙文文本同等作准。

本公约于 2005 年 1 月 17 日在纽约联合国总部开放供签字。下列签署人经各自政府正式授权在本公约上签字,以昭信守。

公约附件《对公约若干规定的理解》

本附件旨在列出对有关规定的理解。

第 10 条

第 10 条中的"豁免"一词应根据本公约全文来理解。

第 10 条第 3 款并不预断"揭开公司面纱"的问题,涉及国家实体故意虚报财务状况或继而减少其资产,以避免清偿索赔要求的问题,或其他有关问题。

第 11 条

第 11 条第 2 款 (d) 项所提到的雇主国"安全利益"主要是针对国家安全事项和外交使团和领事馆的安全而言。

1961 年《维也纳外交关系公约》第 41 条和 1963 年《维也纳领事关系公约》第 55 条规定,条款提及的所有个人都有义务遵守东道国的法律规章,包括遵守东道国的劳工法。同时,1961 年《维也纳外交关系公约》第 38 条和 1963 年《维也纳领事关系公约》第 71 条规定,接受国有义务在行使管辖时,不对使团或领馆开展工作造成不当妨碍。

第 13 条和第 14 条

"确定"一词不仅指查明或核查是否有受保护的权利,而且也指评价或评估此类权利的实质,包括其内容、范围和程度。

第 17 条

"商业交易"一词包括投资事项。

第 19 条

(c) 款"实体"一词系指作为独立法人的国家,以及具有独立法人地位的联邦制国家的组成部分、国家政治区分单位、国家的机构或部门或其他实体。

(c) 款"与被诉实体有联系的财产"一语应理解为具有比"所有"或"占有"更广泛的含义。

第19条并不预断"掀开公司面纱"的问题,涉及国家实体故意虚报其财务状况或随后减少其资产,以避免清偿索赔要求,或其他有关问题。

二、《关于国家豁免的欧洲公约》

签署本公约的欧洲会议成员国,

考虑到欧洲会议的目的在于实现其成员国相互间的更大的团结;

注意到在国际法内有一种对一国在外国法院被诉案件中得主张的豁免权加以限制的趋势;

为了制定关于在它们相互关系中,一国得免于受另一国法院管辖的范围的及有利于保证对另一国作出的判决能被遵从的共同规则;

考虑到采行此项规则将有助于欧洲会议成员国在法律范围内承担的协调工作的进展,

兹议定如下:

第一章 司法管辖的豁免

第一条

一、缔约国在另一缔约国法院提起或参加诉讼时,即系就各该诉讼自愿接受该国法院的管辖。

二、该缔约国不得向另一缔约国法院就下列任何反诉主张豁免:

(一)反诉所根据的法律关系或事实与本诉相同者;

(二)反诉如以独立的诉讼程序单独提出,依本公约的规定,该国亦不得主张豁免者。

三、缔约国在另一缔约国法院提起反诉时,即不仅单就反诉部分而且并就本诉部分，也自愿接受了该国法院的管辖。

第二条 缔约国不得在另一缔约国法院主张豁免，如果由于下列缘由，该国已承担了接受该法院管辖的义务：

（一）由于国际协定；

（二）由于在书面合同中包含了一项明示的条款；或

（三）由于在双方当事人间发生争端以后，已曾作出一项明示的同意。

第三条

一、缔约国如在主张豁免前，已经参加有关实质性问题的诉讼程序，即不得再主张免于另一缔约国法院的管辖。但如该国能使法院确信，倘非先参加此项程序，即无法获悉可据以提出豁免的事实时，得根据这些事实主张豁免，但以尽可能及时提出此项主张为限。

二、如果缔约国为了主张豁免而在另一缔约国出庭，该缔约国不得视为已放弃豁免。

第四条

一、除第五条另有规定外，缔约国不得主张免于另一缔约国法院的管辖，如果该诉讼涉及该国的一项债务，而依照合同，此项债务应在法庭地国家的领土内履行者。

二、第一款不适用于：

（一）合同是由国家相互间缔结的情况；

（二）合同双方当事人另有书面约定时；

（三）以某国为一方的合同是在该国缔结的，而其所承担的债务又是受其行政法支配的。

第五条

一、缔约国不得主张免于另一缔约国法院的管辖，如果该诉讼涉及该国与个人的雇用合同而其工作又必须在法庭地国家领土内履行者。

二、第一款不适用于下列情况：

（一）在提起诉讼时，该个人系雇用国的国民；

（二）在订立合同时，该个人既非法庭地国家的国民，又非其惯常居住

户；或

（三）合同双方当事人另有相反的书面约定，但合同的主要内容依法庭地国的法律系专属该国法院管辖者除外。

三、对于受雇于第七条所述的办事处、代理机构或其他组织的工作人员，本条第二款（一）项和（二）项仅适用于在订立合同时，该个人在雇用他的缔约国有惯常居所的为限。

第六条

一、缔约国不得主张免于另一国法院的管辖，如它参加了与私人、一人或若干人，共同组织的、设在法庭地国领土内或在其领土内有实际和法定所在地、登记事务所或主营业所的公司、社团或其他法律实体，而该诉讼涉及以该国为一方，以该实体或其他参加者为另一方之间，在由于参加了此项实体而发生的事件中的相互关系。

二、如有相反的书面约定，第一款不适用之。

第七条

一、如缔约国在法庭地国的领土上设有办事处、代理机构或其他任何形式的组织，通过它，和私人一样，从事于商业、工业或金融业的活动，而诉讼与该办事处、代理机构或其他任何形式的组织的此项活动有关时，不得主张免于另一缔约国的司法管辖。

二、如各方当事人均为国家或如另有相反的书面约定时，第一款不适用之。

第八条 缔约国不得主张免于另一缔约国法院的管辖，如诉讼涉及：

（一）专利、工业设计、商标、服务标志或其他类似权利，此项权利在法庭地国已申请、登记或注册或得到其他保护，而该国即是此项权利的申请者或所有者；

（二）被指控在法庭地国领土内，侵害属于第三者的并受法庭地国保护的此项权利；

（三）被指控在法庭地国领土内，侵害属于第三者的并受法庭地国保护的著作权；

（四）在法庭地国使用商号的权利。

第九条 缔约国不得主张免于另一缔约国法院的管辖，如诉讼涉及：

（一）其对不动产的权利或利益，或其使用或占有；或

（二）由于对不动产的权利或利益，或其使用或占有而发生的债务或责任，而且该财产系位于裁判地国领土之内的。

第十条 缔约国不得主张免于另一缔约国法院的管辖，如诉讼涉及由于继承、赠与或取得无主物而发生的关于动产或不动产的权利。

第十一条 缔约国不得主张免于另一缔约国法院的管辖，如诉讼涉及因人身伤害或毁损有形财物而请求损害赔偿，而造成伤害或毁损的事实又发生于法庭地国的领域内，其伤害和毁损的肇事者在发生此项事实时，亦在该领域内。

第十二条

一、缔约国已书面同意将已发生或可能发生的民事或商事争议交付仲裁时，该国不得主张免于另一缔约国法院的管辖，如仲裁系或将在该国领土内，或依照该国的法律进行，而诉讼又涉及下列有关事项：

（一）仲裁协议的效力及其解释；

（二）仲裁程序；

（三）仲裁裁决的废弃；

但仲裁协议另有相反规定时，不在此限。

二、第一款不适用于国家间的仲裁协议。

第十三条 非当事人的缔约国就涉讼于另一缔约国法院中作为诉讼标的的财产主张享有权利或利益，而依其情况，如向该缔约国提起诉讼、该缔约国应有权享受豁免时，则不适用第一条第一款的规定。

第十四条 不得援用本公约的任何条款以另一缔约国对该项财产享有权利或利益这个唯一事实为理由，阻止各缔约国法院对财产的管理，诸如为信托财产、破产财团进行管理、监督或调解。

第十五条 缔约国应有享受免受另一缔约国法院管辖之权，如诉讼不属于第一条至第十四条的范围；法院应拒绝受理此类诉讼，即使相关国家并

未到庭。

第二章 程序规则

第十六条
一、在另一缔约国法院对缔约国进行诉讼,应适用下列规则。
二、法庭地国主管部门应将下列文件,
(一)起诉文件的原本或副本;
(二)对被告国所为任何缺席判决的副本,

通过外交途径送交被告国的外交部;如认为恰当,并请转送其他主管部门这些文件,必要时,应附具被告国官方语言或官方语言之一种的译本。

三、在该外交部收到时,第二款所述的文件应认为已完成送达。

四、一国应到庭应讯或就缺席判决提出上诉的期限为两个月,自该国外交部收到起诉文件或判决书副本之日后起算。

五、如到庭应讯或就缺席判决提出上诉的期限系由法院规定时,则法院应给予该国不少于两个月的期限,自该国外交部收到起诉文件或判决书副本之日后起算。

六、缔约国到庭应诉应视为已放弃对送达方法的异议。

七、缔约国如不到庭,只有在证实起诉文件已依照第二款送达以及第四款和第五款规定的到庭应讯期限已经遵守的情况下,才得对之作出缺席判决。

第十七条 法庭地国如对其国民或在其国内有住所或居所之人并不要求为缴纳裁判费用或开支提供担保,则缔约国亦不得被要求提供担保,不论是何种保证书或担保品。缔约国如在另一缔约国法院为原告时,应支付可能应由其负担的一切裁判费用和开支。

第十八条 缔约国在另一缔约国法院的诉讼中为当事人时,不得由于其未能提示或拒绝提示任何文件或其他证据而对之采用任何强制措施或加以处罚。但法院得根据其未能提示或拒绝提示作出它认为适当的任何结论。

267

第十九条

一、法院对以缔约国为当事人而提起的诉讼,应在一方当事人的请求下,或如其本国法律许可,得依职权拒绝该案件的进行或中止诉讼程序,如该同一当事人之间,根据同一事实,并为了同一目的已另有诉讼,

(一)正由该缔约国法院受理并系首先提起的;或

(二)正由任何另一缔约国法院受理,并系首先提起,而可能导致一项判决,依照第二十条或第二十五条的规定,该诉讼中的国家一方必须赋予效力的。

二、任何缔约国,如其法律对于在同一当事人之间,根据同一事实,并为了同一目的,正涉讼于另一缔约国法院的案件,规定由法院斟酌情况拒绝该案的进行或中止诉讼程序者,得向欧洲理事会秘书长发出通知,宣布该法院不受第一款规定的约束。

第三章 判决的效力

第二十条

一、缔约国应给另一缔约国法院作出的判决以效力,如:

(一)依照第一条至第十三条的规定,该国不得主张司法豁免者;以及

(二)为缺席判决而不得或不再得予以废弃,或该判决为不得,或不得再进行上诉、或依其他通常程序请求复审或予以撤销者。

二、但有下列任何情况之一时,缔约国对该项判决并无给予效力的义务,如:

(一)给予效力显将违反该国的公共政策,或,依其情况,有一方当事人未曾有适当的机会以充分地陈述其案情时;

(二)在相同当事人间,根据相同事实,为了相同的目的,已另有诉讼:

1. 正在该国法院涉讼,而且系首先提出者;以及

2. 正在另一国法院涉讼,而且系首先提出,并可能导致一项判决,而

对该项判决根据本公约条款,该诉讼中的国家一方必须给予效力者;

(三)该判决的结果和对同一当事人间所作另一判决的结果互相矛盾或不一致:

1. 该另一判决系由该缔约国的法院作出,而诉讼系在该法院首先提出者,或该另一判决系在该判决前作出并已符合第一款(二)项规定的条件者;或

2. 该另一判决系由另一缔约国法院作出而且系首先符合本公约规定的要求者;

(四)第十六条规定未被遵守,而该国亦未到庭或对缺席判决提起上诉者。

三、此外,第十条规定的案件,缔约国对其判决无给予效力的义务:

(一)判决地国法院若准用了被诉国奉行的司法管辖权的规定(指本公约《附件》以外者)即不得享有管辖权者;

(二)如该法院未依照被诉国国际私法规则适用应适用的法律而适用了其他法律,从而导致结果不同的判决时。

但,缔约国不得援用上述(一)和(二)项列举的拒绝理由,如该国受其与法庭地国所订的关于承认和执行判决的协定的约束,而该判决又符合协定中有关管辖的要求,又如协定中尚有有关适用法律的要求时,而该判决亦符合此项要求时。

第二十一条

一、如向缔约国作出判决而该缔约国不给以效力,引用该判决的一方当事人有权要求该国主管法院作出应否依第二十条赋予效力的决定。此项诉讼亦可由被判决的国家向该法院提出,如果其法律是这样允许的。

二、除了为适用第二十条而有此必要时,该主管法院不得就该判决的实质性问题进行审查。

三、依第一款向一国法院提起诉讼时:

(一)在诉讼进行中应给予各方当事人以到庭陈述的机会;

(二)要引用该判决的一方当事人提供的文件无须再经过合法认可或其

他类似手续；

（三）不得由于国籍、住所或居所的原因向要引用该判决的一方当事人要求提供任何种类的担保或担保品；

（四）引用该判决的一方当事人应有享受司法救助的权利，其待遇应不低于定居或住在该国的国民的条件。

四、各缔约国在交存其批准书、接受书或加入书等文件时，应指定第一款所述的法院一所或若干所，并将此通知欧洲理事会秘书长。

第二十二条

一、缔约国对该国作为当事人一方在另一缔约国法院进行诉讼中所作的和解应给予效力；第二十条规定不适用于此项和解。

二、如该国不使此项和解生效，得适用第二十一条规定的程序。

第二十三条 不得对缔约国在另一缔约国领土内的财产采取任何执行措施或保全措施，但个别案件，经缔约国以书面明示同意时，在其同意的范围内，不在此限。

第四章 任意选择条款

第二十四条

一、虽有第十五条的规定，但任何国家均得在签署本公约时或交存其批准书、接受书或加入书时，或其后任何日期，以向欧洲理事会秘书长发出通知书的方式，声明凡不属于第一条至第十三条的案件，该国法院应有权受理对另一缔约国的诉讼，其范围与受理对非缔约国的诉讼同。此项声明应无损于外国就其行使国家主权的行为，享有司法豁免权。

二、但曾为第一款声明的国家的法院仍无权受理对另一缔约国的诉讼，如其管辖权系完全根据本公约《附件》所述的一项或多项理由，除非另一缔约国已经参加涉及实质性问题的诉讼程序而未首先对法院的管辖权提出异议。

三、依本条对缔约国提起的诉讼，适用第二章的规定。

四、依第一款作出的声明得以向欧洲理事会秘书长发出通知书的方式予以撤销。撤销应在通知书收到之日后经过三个月发生效力，但并不影响在撤销生效日期以前已提出的诉讼。

第二十五条

一、曾为第二十四条声明的任何缔约国，应给予为同样声明的其他缔约国的法院对不属第一条至第十三条案件所为的判决以效力：

（一）如第二十条第一款（二）项规定的条件已完成，并且

（二）如该法院依下列各款应认为具有管辖权。

二、但，缔约国对此项判决亦得不给予效力，如：

（一）具有第二十条第二款规定的拒绝给予效力的理由；或

（二）第二十四条第二款的规定未被遵守。

三、除应受第四款规定的约束外，缔约国法院应被认为依第一款（二）项规定有管辖权，如：

（一）经法庭地国家和另一缔约国参加的协议条款承认其管辖权时；

（二）两国间对民事判决的承认和执行无协议，如法庭地国法院准用被判决的国家国内施行的管辖权规则（在本公约《附件》规定以外者）应视为有权受理时。本条款不适用于由于合同所发生的问题。

四、缔约国，在为第二十四条规定的声明后，通过对本公约的补充协议，得确定其法院依本条第一款（二）项规定应认为具有管辖权的情事。

五、如缔约国对该判决不给以效力，得适用第二十一条规定的程序。

第二十六条 尽管有第二十三条的规定缔约国和私人一样从事于工业或商业活动从而在诉讼中被判决败诉时，法庭地国对其专用于此项活动的国家的财产，得根据判决予以执行，如：

（一）法庭地国及被判决的国家均曾为第二十四条的声明；

（二）导致判决的诉讼属第一条至第十三条规定以内或是依照第二十四条第一款和第二款提出的；

（三）该判决是符合第二十条第一款（二）项规定的要求。

第五章 一般规定

第二十七条

一、本公约所称"缔约国"不包括与其有区别的、可以起诉或被诉的缔约国的任何法律实体，亦不因该实体经被授予公共职能而有所不同。

二、对第一款所述的实体得和对私人一样在另一缔约国法院对之起诉，但法院对有关实体行使国家主权的行为，不得受理。

第二十八条

一、在不影响第二十七条规定的情况下，组成联邦国家的各邦不享有豁免权。

二、但作为本公约一方的联邦国家得向欧洲理事会秘书长发出通知，声明其所属各邦得援用适用于缔约国的规定并承担相同的义务。

三、在联邦国家经依据第二款作出声明后，对联邦各邦送达文件应依照第十六条向联邦国家的外交部为之。

四、只有联邦国家有权作出本公约规定的各种声明、通知或照会，也只有联邦国家得为依第三十四条所为诉讼的当事人。

第二十九条 本公约不适用于涉及下列事项的诉讼：

（一）社会保障；

（二）原子事件造成的财产损失或人身伤害；

（三）进出口税收、国内税收或罚金。

第三十条 本公约不适用于涉及关于缔约国所有或经营的航行远洋的船舶的活动，或关于此项船舶的货运及客运，或关于缔约国所有的货物通过商船货运所发生的请求权的诉讼。

第三十一条 本公约任何条款均不得影响缔约国武装部队，在另一缔约国领土内时，其一切行为或不行为，或其他有关事项，享有的豁免权或特权。

第三十二条 本公约任何条款均不影响与外交使团、领事馆及其有关人员的执行职务有关的特权和豁免权。

第三十三条 本公约任何条款均不影响现有的或将来的涉及本公约所述各事项而在特殊方面缔结的国际条约。

第三十四条

一、在两个以上的缔约国之间，就本公约的解释或适用发生的任何争议，应依争议一方的申请，或依特别协议，提交国际法院，但有关各方同意他种和平解决争议的方法时，不在此限。

二、但是，不得向国际法院提出涉及下列事项的诉讼：

（一）在缔约国于另一缔约国法院被控告的诉讼中所发生的争议，在该院尚未作出符合第二十条第一款（二）项规定条件以前者；

（二）在依照第二十一条第一款向缔约国法院提出的诉讼中发生的争议，在该院尚未就此项诉讼作出终局决定以前者。

第三十五条

一、本公约只适用于在其生效后提出的诉讼。

二、在本公约生效后才成为本公约成员的国家，本公约只适用于对该国生效以后提出的诉讼。

三、本公约任何条款均不适用于由于在其开放签字日期以前的行为、不行为或事实而发生的诉讼，或以其为根据的判决。

第六章　最后条款

第三十六条

一、本公约对欧洲理事会的成员国开放签字，并需经批准或接受。批准书或接受书应交存于欧洲理事会秘书长处。

二、自交存第三份批准书或接受书之日后满三个月，本公约应即生效。

三、关于其后批准或接受的签字国，本公约应自其交存批准书或接受书之日后满三个月开始生效。

第三十七条

一、本公约生效以后，欧洲理事会的部长会议得经投票国一致的同意票，邀请任何非成员国参加本公约。

二、参加以向欧洲理事会秘书长交存参加书为之，并自交存参加书之日后满三个月生效。

三、但是，如在该参加尚未生效前，已参加本公约的国家反对该非会员国的参加，则本公约即不得适用于该两国之间的关系。

第三十八条

一、任何国家均得在签署或交存其批准书、接受书或参加书时，限制本公约仅适用于其特定的领土的一处或若干处。

二、任何国家在交存其批准书、接受书或参加书时，或在其后任何日期，均得向欧洲理事会秘书长提出声明，将本公约扩及适用于其声明中具体规定的，由该国对其国际关系负有责任并有权代其承担义务的其他一处或若干处领土。

三、依照前款所作的任何声明，就关于此项声明中所述的任何领土，得根据本公约第四十条规定的程序予以撤销。

第三十九条 对于本公约不允许作任何保留。

第四十条

一、任何缔约国，就其本国一切有关事项，得向欧洲理事会秘书长发出通知，废止本公约。

二、此项废止应在秘书长收到通知之日后满六个月开始生效。但本公约仍应适用于在通知生效前已经提出的诉讼及此项诉讼中作出的判决。

第四十一条 欧洲理事会秘书长应通知欧洲理事会成员国及已参加本公约的任何国家：

（一）任何签署；

（二）任何批准书、接受书或参加书的交存；

（三）依照本公约第三十六条及第三十七条，本公约开始生效的日期；

（四）依照第十九条第二款的规定收到的任何通知；

（五）依照第二十一条第四款的规定收到的任何照会；

（六）依照第二十四条第一款的规定收到的任何通知；

（七）依照第二十四条第四款的规定作出的撤销通知；

（八）依照第二十八条第二款的规定收到的任何通知；

（九）依照第三十七条第三款的规定收到的任何通知；

（十）依照第三十八条的规定收到的任何声明；

（十一）依照第四十条的规定收到的任何通知及废止生效的日期。

下列签署人，经本国政府正式授权，签署本公约，以资证明。

1972年5月16日订于巴塞尔，用英文和法文写成，两种文本具有同等效力，合成正本一份，交存欧洲理事会档案库。欧洲理事会秘书长应将经核证无误的副本分送各签字国和加入国。

（各国代表姓名略）

附件

第二十条第三款（一）项、第二十四条第二款及第二十五条第三款（二）项所提及的管辖权，其确定管辖权的根据如下：

（一）在法庭地国领土内属被告所有的财产，或原告经依法占有或扣押的位于法庭地国领土内的财产，但下列情况除外：

1. 诉讼的目的在于主张确认该财产之所有权或占有权时，或诉讼的发生与有关该财产的另一争议有关时，或

2. 诉讼的主题为债务而该财产系属此项债务的担保品时；

（二）原告之国籍；

（三）原告的住所、惯常居所或一般居所在法庭地国领土内，但对于某种类的合同得例外地根据其特殊内容及性质准许如此确定管辖权者除外。

（四）被告曾在法庭地国经营商业，但以诉讼系由于此项商业业务而发生者为限。

（五）原告单方面指明了法庭，特别是记载于发票者。

法人的实际和法定所在地，经登记的事务所所在地或主营业地应视为其住所地或惯常居所地。

275

附：《〈关于国家豁免的欧洲公约〉的追加议定书》

欧洲理事会成员国，本议定书的签字国，

注意到《关于国家豁免的欧洲公约》（以下称"公约"），尤其是其中的第二十一条和第三十四条；

为了通过增补一些条款以规定欧洲的解决争议的程序，从而促进在公约涉及事项的范围内的协调工作，

兹同意下列条款：

第一章

第一条

一、对缔约国作出判决，而该国并未使之生效，谋求适用该判决的一方当事人应有权要求对依照公约第二十条或第二十五条应否使之生效的问题作出决定，并得为此向下列机构之一提起诉讼：

（一）适用公约第二十一条向该国主管法院；或

（二）向依本议定书第三章规定组成的欧洲法院，但该国应为本议定书的成员国且未作出第四章所述的保留。

两者任选其一，一经选定，不得变更。

二、如意欲依照公约第二十一条第一款的规定向其本国法院提出诉讼的国家，应将其意图通知判决中胜诉的一方。如该方在收到通知后三个月内未向欧洲法院提出诉讼，该国才可提出此项诉讼。此项限期一经届满，胜诉一方即不得再向欧洲法院提出诉讼。

三、除非为了适用公约第二十条和第二十五条而有此必要外，欧洲法院不得审查判决的实质性部分。

第二章

第二条

一、发生在本议定书的两个或两个以上的缔约国之间的有关公约的解释或适用的任何争议，应依争议一方的申请或依特别协议，提交依本议定书第三章规定组成的欧洲法院。本议定书缔约国承担不把此类争议提交另一种不同方式解决的义务。

二、如争议涉及在公约一缔约国法院对公约另一缔约国提出的诉讼中的问题，或依公约第二十条向公约一缔约国法院提出的诉讼中的问题，在各该法院对此项诉讼作出终局判决前，此项争议不得交付欧洲法院。

三、有关判决的争议如依本议定书第一章，欧洲法院曾就此作过决定或正在被要求作出决定时，不得向欧洲法院起诉。

第三条

一、本议定书的任何条款不得解释为意在阻止欧洲法院就两国或两国以上的公约缔约国之间可能发生的有关公约的解释或适用的争议作出决定，而此项争议，其有关国家或其中任何有关国家即使非本议定书的缔约国时，亦得通过特别协议提交欧洲法院。

第三章

第四条

一、关于国家豁免权方面应设立一欧洲法院以决定依本议定书第一章及第二章向其提出的案件。

二、欧洲法院应包括欧洲人权法院的成员，至于已经加入本议定书的各非欧洲理事会成员国得就其具有该法院成员应有资格的人员中各指定一人，并应经欧洲理事会部长委员会同意，其任期为九年。

三、欧洲法院院长应为欧洲人权法院院长。

第五条

一、依照本议定书第一章规定向欧洲法院提起诉讼时，应由成员国七名组成一个欧洲法院的审判庭。为原判决中被告国国民的欧洲法院成员及为法庭地国国民的欧洲法院成员均为该庭的当然成员。缺少符合上述条件的任何一个成员时，则由有关政府任命一人，以该庭成员身份参加审判。其余五名成员应由欧洲法院院长在书记官长前以抽签方式选择之。

二、依本议定书第二章规定向欧洲法院提起诉讼时，其审判庭应按前款的方式组成之，但为争议的当事国国民的欧洲法院成员应为该庭的当然成员。如无符合上述条件的成员时，则由有关政府任命一人以该庭成员身份参加审判。

三、审判庭在案件的审判中发生重大的有关公约或本议定书的解释问题时，该庭得随时放弃管辖权而让欧洲法院全体会议受理。如该问题的解决可能导致与欧洲法院的审判庭或欧洲法院全体会议以前所作出的判决不一致的结果时，放弃管辖权应是必需的。管辖权的放弃应是终局的。放弃管辖权无须说明理由。

第六条

一、欧洲法院应就对该法院是否有管辖权的一切争议作出决定。

二、欧洲法院审讯应公开进行，但法院就例外情况另有决定时，不在此限。

三、欧洲法院的判决，由出席成员的过半数决定，并在公开庭宣布。欧洲法院的判决应附有理由。如判决的全部或一部不代表欧洲法院的一致意见，任何成员均有权发表其个别意见。

四、欧洲法院的判决应为终局的，并对当事各方有约束力。

第七条

一、欧洲法院应起草其自己的规则，并确定其自己的程序。

二、欧洲法院的书记处人员应由欧洲人权法院的书记官长调配。

第八条

一、欧洲法院的经营费应由欧洲理事会负担。加入本议定书的非欧洲理事会的成员国亦应提供经费,其方式由部长委员会与这些国家商定。

二、欧洲法院的成员应按每一值勤日收取报酬,由部长委员会核定。

第四章

第九条

一、任何国家,得在签署本议定书时,或在交存其批准书、接受书或加入书时,向欧洲理事会秘书长发出通知,声明其仅受第二章至第五章的约束。

二、此项通知得随时予以撤销。

第五章

第十条

一、本议定书应对已经签署公约的欧洲理事会成员国开放签字。本议定书应经批准或接受,批准书或接受书应向欧洲理事会秘书长交存。

三、《英国国家豁免法》

本法规定关于外国国家在联合王国起诉或被诉程序的新规则;规定确认《关于国家豁免的欧洲公约》成员国法院所作针对联合王国的判决的效力;规定关于外国国家元首豁免权与特权的新规则;以及诸如此类的事项。

女王陛下经本届国会上、下两院诸元老及议员的咨议与同意,并经其授权，特制定本法如下：

第一篇　外国国家在联合王国起诉或被诉司法管辖豁免权

第一条　司法管辖的一般豁免

（1）除本法本篇另有规定者外，外国国家不受联合王国法院的管辖。

（2）对在诉讼中未出庭的国家，法院亦应实施本条所赋予的豁免。

豁免的例外

第二条　自愿接受管辖

（1）在诉讼中自愿接受联合王国法院管辖的国家，不予豁免。

（2）国家在引起诉讼的争议发生后或发生前的书面协议中，均可表示接受管辖，但在协议中关于适用联合王国法律的约定，不得视为自愿接受管辖。

（3）国家应认为已自愿接受管辖：

（a）只要它已提起诉讼；或

（b）除下述（4）、（5）款的情形外，它已介入诉讼或已在诉讼中采取行动。

（4）仅以下列目的所为之介入或任何行动，上述（3）（b）项不得适用：

（a）主张享有豁免权；或

（b）在诉讼如对该国提起它有权取得豁免的条件下，出面维护其财产权益。

(5) 国家因忽视给它以豁免权的事实情况而采取的任何诉讼活动，上述 (3) (b) 项不得适用，这种事实情况虽尚不能适当认定，但豁免一旦提出，即是合理可行的。

(6) 在诉讼中，自愿接受管辖，也扩大适用于上诉而不适用于反诉，但反诉是就本诉的同一法律关系或事实提出的，不在此限。

(7) 驻联合王国的外交使团团长，或其时正执行此等职务的人员，应认为有权代表其国家在诉讼中表示接受管辖；任何有权代表国家，以及经国家授权签订契约的人员，在因此等契约发生的诉讼中，应认为有权代表国家表示接受管辖。

第三条 在联合王国履行的商业行为和契约

(1) 国家在涉及下列情事的诉讼中，不得享有豁免：

(a) 国家参加的商业行为，或

(b) 国家根据契约所承担的义务（不管是否为商业行为），其全部或部分应在联合王国境内履行的。

(2) 如争议双方均为国家，或另有书面协议，本条即不得适用；如契约（非商业行为）是在有关国家境内缔结，其发生争议的义务又受该国行政法支配时，上述 (1) (b) 项不得适用。

(3) 本条"商业行为"系指：

(a) 任何提供货物或服务的契约；

(b) 任何贷款或其他提供资金和保证的行为，或有关此等行为的补偿，或其他金融债务；以及；

(c) 国家除行使主权外所参加或从事的任何其他行为或活动（不论是否为商业的、工业的、金融的、职业性或其他类似性质的行为或活动）；

但本条上述 (1) 款中两项，均不适用于国家与个人订立的雇佣契约。

雇佣契约

第四条 雇佣契约

(1) 在联合王国境内与个人订立雇佣契约，其工作的全部或部分要在联合王国境内履行，在关于这种契约的诉讼中，国家不得享有豁免。

(2) 除（3）、（4）款情况外，本条不适用于：

(a) 提起诉讼时，该人是所涉国家的国民；或

(b) 在订约时，该人既非联合王国的国民，亦非联合王国的常住居民；或

(c) 契约双方当事人另有书面约定。

(3) 如工作是为该国家出于商业目的而设立于联合王国境内的机关、代理机构或组织所进行的，上述（2）（a）（b）两项不得排除本条的适用，但其人于订约时就是该国的常住居民则不在此限。

(4) 依联合王国的法律，要求诉讼应在联合王国法院提起时，上述（2）（c）项不得排除本条的适用。

(5) 上述（2）（b）项中"联合王国的国民"，是指联合王国及其殖民地的公民，《1948年不列颠国籍法》第二条、第十三条和第十六条，或《1965年不列颠国籍法》所规定的不列颠臣民，或属于上述1948年国籍法所称不列颠的保护民或南德西亚的公民。

(6) 本条"关于雇用契约的诉讼"，包括这种契约的当事人间涉及他们有资格享有或承担法定权利或义务的诉讼，或涉及作为雇主或雇员的问题的诉讼。

第五条 人身伤害与财产损害

国家在涉及下列情事的诉讼中，不得享有豁免：

(a) 死亡或人身伤害；或

(b) 有形财产的损害或灭失，只要此等情事是因在联合王国境内的作为或不作为引起的。

第六条 财产的所有、占有及使用

(1) 在涉及下列情事的诉讼中，国家不得享有豁免：

(a) 国家对位于联合王国的不动产所享有的权利，或对此种不动产的占有或使用；或

(b) 因国家享有对这种财产的权利，或因其占有或使用这种财产而产生的义务。

（2）国家在涉及其因继承、赠与或无主物占有等方式而取得的对动产或不动产的任何权利的诉讼中，不享有豁免。

（3）国家对任何财产享有权利或主张权利的事实，不得排除法院行使涉及死亡人，精神不健全的人，或破产或结业的公司，或信托管理的财产的管辖权。

（4）法院可以受理对个人而不是对国家提起的诉讼，即令此等诉讼涉及

(a) 国家占有或控制的财产；或

(b) 国家主张享有权利的财产，

只要诉讼向该国家提出它无权取得豁免，或在（b）项情况下，该国家对财产的权利主张，无初步证据可资证实或允许的。

第七条 专利、商标等

国家在涉及下列情事的诉讼中，不得享有豁免。

(a) 在联合王国登记或受保护的属于该国家的，或该国家已向联合王国提出申请的专利、商标、设计或植物品种培育者的权利；

(b) 指控该国家在联合王国侵犯专利、商标设计、植物品种培育者权利或著作权的；或

(c) 在联合王国使用某一商号或店名的权利。

第八条 法人等团体的成员资格

（1）在涉及国家作为法人团体、非法人团体或合伙的成员资格的诉讼中，如此等法人团体、非法人团体或合伙有下列情况者，国家不得享有豁免：

(a) 有国家以外的其他成员；以及

(b) 依联合王国法律组成或创设，或受联合王国控制，或其主营业所在联合王国的；只要这种诉讼发生于该国家和团体或他的成员之间，或发生于该国家与其他合伙人之间。

（2）如争议的当事人间于书面协议中有相反约定，或于设立或调整该团体或合伙的章程或其他文件中有相反规定，则本条不予适用。

第九条 仲裁

（1）国家把已发生或可能发生的争议，以书面协议提交仲裁时，在联合王国法院涉及该项仲裁的诉讼中，该国家不得享有豁免。

（2）本条于仲裁协议中有相反约定时亦属有效，但不适用于国家间的仲裁协议。

第十条 用于商业目的的船舶

（1）本条适用于——

（a）海事诉讼；以及

（b）其权利主张构成海事诉讼标的的诉讼。

（2）在下列诉讼中，国家无豁免权：

（a）对属于该国家所有的船舶提起的对物之诉；或

（b）为执行与船舶有关的请求而提起的对人之诉。

（3）如对国家的某一船舶提起对物之诉，是为了执行对该国家另一船舶对人之诉的请求时，上述（2）（a）项的规定不适用于首先提到的那一船舶，但如对上述另一船舶提起诉讼时，该两船舶均用于或拟用于商业目的的，不在此限。

（4）在下列诉讼中，国家无豁免权：

（a）对属于该国家的船货提起的对物之诉，只要该船货及载运该货物的船舶于诉因发生时，均用于或拟用于商业目的者；或

（b）为执行对该船货的请求而提起的对人之诉，只要运载该船货的船舶如前所述，当时是用于或拟用于商业目的者。

（5）前面所指属于国家的船舶或船货，也包括处于国家占有或控制之下的，或国家主张有权利的船舶或船货；且于适用上述（4）款时，第（2）款的规定，如适用于船舶一样，也适用于船舶以外的财产。

（6）在本条（1）款所指的诉讼中，如该国为布鲁塞尔公约成员国，而且诉讼请求又涉及该国国家所有或控制的船舶，涉及这种船舶的货物或旅

客的运输，或涉及其他船舶载运的为该国家所有的船货，则本法第三条至第五条的规定不得适用。

第十一条 增值税、关税等

国家在涉及因下列情事而承担责任的诉讼中，不得享有豁免：

（a）增值税、任何关税或执照税或农业税；或

（b）为商业目的而占有房屋的房地产税。

程序

第十二条 文件送达与缺席判决

（1）对国家提起诉讼所要求送达的诉讼文书或其他文件，应由外交与联邦事务部送交该国外交部，一经该国外交部收受，即视为有效送达。

（2）出庭期限（无论法院规则有无规定）为诉讼文书或文件依上述规定收受之日起的两个月内。

（3）已出庭的国家不得在诉讼中以未遵守上述（1）款规定而表示反对。

（4）除证明已遵照上述（1）款的规定送达，并依上述（2）款规定，出庭时期已经届满，得对一个国家作缺席判决。

（5）对国家作出的缺席判决，其副本应由外交与联邦事务部送交该国外交部，驳回判决的期限（无论法院规则有无规定）为该国外交部收受判决副本之日起的两个月内。

（6）上述（1）款的规定，无碍于使用该国同意的诉讼文书或其文件的任何送达方式，并凡依此等方式已有效送达者，上述（2）、（4）款的规定即不得适用。

（7）本条不得解释为同样适用于对国家提出的反诉或对物之诉，上述（1）款的规定不得解释为赞同国外送达需取得同意的法院规则。

第十三条 诉讼程序上的其他特权

（1）在以国家为当事人的诉讼中，不得因国家或代表国家未能或拒绝

披露或提供任何文件或资料,而科以监禁或罚金。

(2) 除下述(3)、(4) 款的情形外——

(a) 对国家不得以发布禁令,或发布为特定履行,或返回土地或其他财产的命令,作为司法救助。

(b) 国家的财产不得作为法院判决或仲裁裁决强制执行的标的,或在对物之诉中,不得作为扣押、留置或拍卖的标的。

(3) 上述(2) 款的规定,不妨碍经有关国家的书面同意而采取任何司法救助方法,或开始任何程序;此种书面同意(可包含于事先的协议中)可表明它只用于有限的范围或普遍适用;但仅表示接受法院管辖的条款,不得认为合于本款所指的同意。

(4) 上述(2)(b) 项的规定,无碍于对正用于或拟用于商业目的财产采取任何程序,但对不属第十条范围的案件,本款对《关于国家豁免的欧洲公约》成员国的财产,仅在下列情况下适用:

(a) 为执行下述第十八条(1)(b) 所指的终局判决而开始的程序,只要该国已依《公约》第二十四条作过宣告;或

(b) 为执行仲裁裁决而开始的程序。

(5) 外国驻联合王国的外交使团团长或临时执行其职务的人员,应认为有权代表该国家表示上述(3) 款所指的同意,并就上述(4) 款所指,对于任何财产并非由该国,或为了该国,而用于或拟用于商业目的,他的证书,除非有相反的证据,应认为是充分的证明。

(6) 本条适用于苏格兰时——

(a) 关于 injunction(禁令)应解释为 interdict(制止令);

(b) 上述(2)(b) 项应代以:

"(b) 国家的财产,不得作为法院判决或命令,或仲裁裁决的强制执行的标的,或在对物之诉中,不得作为扣押或拍卖的标的。"并且

(c) 凡所指"process"(程序),应解释为 diligence(施行),凡所指"the issue of any process"(开始任何程序)应解释为"the doing of diligence"(开始施行),以及上述(4)(b) 项所指"an arbitration award"(仲裁裁

决),应解释为 "a decree arbitral"(仲裁判决)。

补充条款

第十四条 享有豁免权与特权的国家

(1) 本法本篇规定的豁免权和特权,适用于任何外国或英联邦内联合王国以外的国家,其所指国家,还包括:

(a) 该国行使公职的君主或其他元首;

(b) 该国政府;以及

(c) 该国政府各部,

但不包括同该国家政府行政机构有别并具有起诉、被诉能力的任何实体(以下称"独立实体")。

(2) 独立实体仅在下述条件下,不受联合王国法院的管辖:

(a) 诉讼涉及该独立实体为国家行使代理权所为的行为;并且

(b) 该国家于同样情况下可享有豁免(或者,在适用上述第十条规定的诉讼中,该国不是布鲁塞尔公约成员国)。

(3) 如独立实体(非国家中央银行或金融当局)在依上述(2)款可享有豁免权的诉讼中,自愿接受管辖,则上述第十三条(1)~(4)款适用于国家的规定,亦适用于它们。

(4) 国家中央银行或其他金融机构的财产,不得认为是上述第十三条(4)款所指用于或拟用于商业目的的财产;在此种银行或机构为独立实体时,第十三条(1)、(2)款适用于国家的规定,亦适用于它们。

(5) 上述第十二条的规定,亦适用于对联邦国家组成区域提起的诉讼;女王陛下并得以枢密院的命令,将本法本篇其他适用于国家的条款,适用于枢密院命令所特别指明的这种组成区域。

(6) 本法本篇的规定,依枢密院的命令,不适用于某一组成区域时,本条上述(2)、(3)款将把它当作独立实体而予以适用。

第十五条 豁免权与特权的限制与扩大

(1) 如女王陛下认为本法本篇赋予任何所涉国家的豁免与特权,

(a) 超过了依该国法律赋予联合王国的豁免与特权;或

(b) 少于该国与联合王国共同参加的条约、公约或其他国际协议所要求的豁免与特权,女王陛下得以枢密院命令,依女王陛下认为适当的范围予以缩减或扩大。

(2) 任何包含本条所指命令的法律文件,均可依上议院或下议院的决议而宣告无效。

第十六条 排除事项

(1) 本法本篇不影响《1964年外交特权法》或《1968年领事关系法》所规定的豁免权与特权;并

(a) 上述第4条的规定,不适用于《1964年外交特权法》列举的属公约所指的使馆人员,或《1968年领事关系法》列举的属公约所指的领事馆人员的雇用所引起的诉讼;

(b) 上述第六条(1)款不适用于涉及国家为实现外交使命而所有的或占有的财产的诉讼。

(2) 本法本篇的规定,在适用于涉及驻扎于联合王国时特别受《1952年客军条例》管辖的外国武装部队所为或相关行为的诉讼。

(3) 对应适用《1965年核设施法》第十七条(6)款的诉讼,本法本篇不予适用。

(4) 本法本篇不适用于刑事诉讼。

(5) 本法本篇适用于上述第十一条以外的征税诉讼。

第十七条 第一篇的解释

(1) 本法本篇中

"布鲁塞尔公约"是指1926年4月10日在布鲁塞尔签订的《统一国有船舶豁免某些规则的国际公约》;

"商业目的"是指上述第三条(3)款所指行为或活动的目的;

"船舶"包括气垫船。

(2) 上述第二条(2)款和第十三条(3)款中所指协议,包括条约、公约或其他国际协议。

（3）上述第三条至第八条所指联合王国境内，应认为包括作为一个成员国参加《关于国家豁免的欧洲公约》的联合王国所代表的任何附属领土。

（4）上述第三条（1）款，第四条（1）款及第十六条（2）款中所指联合王国，包括它的领海及《1964年大陆架法》第一条（7）款指明的任何区域。

（5）本法本篇的"对物之诉"，在苏格兰系指海事诉法。

第二篇 公约成员国法院针对联合王国的判决

第十八条 针对联合王国的判决的承认

（1）本条适用于《关于国家豁免的欧洲公约》其他成员国法院所作针对联合国的任何判决，只要这种判决是

（a）在根据与本法第二条至第十一条的相应规定，联合王国不得享有豁免权的诉讼中作出的。

（b）终局判决，亦即不得上诉或不能再上诉的判决，或属不可驳回的缺席判决。

（2）除下述第十九条规定的情况外，本条所适用的判决，应为联合王国任一法院承认为具有排除当事人间基于同一诉因提起任何诉讼的终局的效力，并在此等诉讼中，可作为抗辩或反诉的可靠依据。

（3）联合王国于另一公约成员国法院所达成的任何解决办法，依该国法律认为与判决具有同等效力者，对这种解决办法，上述（2）款（但第十九条除外）亦应适用。

（4）本条所指公约成员国的法院，包括该成员国任何领土上的法院。

第十九条 不予承认的各种例外情况

(1) 对下列判决，法院无须按上述第十八条的规定予以承认：

(a) 承认其效力，将显然违反公共政策的，或判决是在诉讼的任一方当事人无充分出庭机会的情况下作出的；或

(b) 判决未依相应于上述第十二条的规定作出，且联合王国亦未出庭，或要求驳回这个判决的。

(2) 对下列判决，法院无须按上述第十八条的规定予以承认：

(a) 如相同的当事人根据相同的事实为了相同的目的，另有诉讼；

(i) 现正在联合王国法院审理，且是首先在此起诉的；或

(ii) 现正在另一公约成员国法院审理，且是首先在该处起诉，并可能作出可适用第十六条的判决的；或

(b) 判决的结果与相同当事人间另一诉讼的判决结果不相一致，并且

(i) 另一判决是联合王国法院的判决，且是诉讼也首先在联合王国提起的，或是在上述第一次提到的判决成为第十八条 (1) (b) 项所指的终局判决之前作出的；或

(ii) 另一判决是公约其他成员国法院作出的，第十八条已可适用于该判决。

(3) 外国法院在诉讼中，依与上述第六条 (2) 款相应的规定，认为联合王国不得享有豁免权而对联合王国作出的判决，如该法院有下列情况之一者，无须依上述第十八条的规定承认其效力：

(a) 依其适用的相应于联合王国对此等事项的管辖权规则，该国法院对案件无管辖权；或

(b) 所适用的法律，不是联合王国国际私法规则指引的法律，而且如依这样指定的法律，将得到不同的判决结果。

(4) 本条上述 (2) 款所指联合王国法院，包括联合王国作为欧洲公约一个成员国所代表的任何附属领土的法院，所指欧洲其他成员国的法院，也包括该成员国所代表的任何领土的法院。

第三篇 其他及补充

第二十条 国家元首

(1) 除本条规定以及必要的修订外,《1964年外交特权法》应适用于

(a) 君主或其他国家元首;

(b) 组成其眷属的家庭成员;以及

(c) 其私人仆从,

适用于外交使团团长的外交特权,亦适用于组成其眷属的家庭成员及私人仆从。

(2) 依本条上述(1)款(a)(b)项赋予的豁免与特权,不受《1964年外交特权法》第三十七条(1)款或第三十八条表1中提到的国籍或居所的限制。

(3) 除国务大臣有相反的指示,依本条(1)款规定享有豁免权与特权的人,亦享有《1971年移民法》第八条(3)款所规定的免责权。

(4) 除涉及增值税和关税或执照税外,本条对有关的人在所涉诉讼中是否免征或豁免纳税不产生影响。

(5) 本条适用于依本法第一篇享有豁免和特权的国家君主或其他国家元首,并在适用本篇于任何行使公职的君主或国家元首时,不致减损其权利。

第二十一条 证明书的证据效力

国务大臣,或代表国务大臣出具的证书,对下列任何问题,都是不容置辩的确定的证明:

(a) 某一国家是否为本法第一篇所指的国家,某一领土是否为本法第一篇所指联邦国家的组成领土,或一个人或一些人是否为本法第一篇所指的国家元首或政府首脑;

(b) 某一国家是否为本法第一篇所指布鲁塞尔公约的成员国；

(c) 某一国家是否《关于国家豁免的欧洲公约》的成员国，以及是否已依该公约第二十四条作过宣告；或有关领土是否是作为公约一个成员国的联合王国或其他国家所代表的领土；

(d) 文书是否已依上述第十二条（1）款或（5）款的方式送达或收受，以及何时送达或收受。

第二十二条　一般解释

(1) 本法所指"法院"，包括任何行使司法职能的法庭或机构；所指联合王国的法院或法律包括联合王国任何部分的法院或法律。

(2) 本法所指出庭或缺席判决，包括任何类似的诉讼程序。

(3) 在本法中，《关于国家豁免的欧洲公约》是指以这一名称于1972年5月16日在巴塞尔签订的公约。

(4) 在本法中，"附属领土"是指

(a) 海峡群岛的任何岛屿；

(b) 马恩岛；

(c) 由联合王国负责其外交事务的殖民地；或

(d) 在女王陛下统治领域外，女王陛下以联合王国政府的权力，对它有管辖权的任何国家或领土。

(5) 本法授予枢密院发布命令的任何权力，包括变更或撤销的前命令的权力。

第二十三条　简称，废除，生效和范围

(1) 引用本法时，可称为《1978年国家豁免法》。

(2) 《1938年司法行政条例（其他规定）》第十三条和《1940年法律改革条例（其他规定）（苏格兰）》第七条，（因本法第一篇而成为不必要）应予废除。

(3) 除下述（4）款外，本法第一篇、第二篇，不适用于诉因发生于本法生效日以前的有关诉讼，特别是，

(a) 第二条（2）款和第十三条（3）款，不适用于前此达成的协议；

以及

(b) 第三条、第四条和第九条不适用于任何交易、合同或仲裁协议。

(4) 第十二条适用于本法生效后的任何程序。

(5) 本法将在上议院通过后生效。

(6) 本法适用于北爱尔兰。

(7) 女王陛下可将本法,经过调整或不经调整,适用于其他独立领土。

四、《美国外国主权豁免法》(英文)

United States of America: Jurisdictional immunities of foreign states

- Section 1602 Findings and declaration of purpose
- Section 1603 Definitions
- Section 1604 Immunity of a foreign state from jurisdiction
- Section 1605 General exceptions to the jurisdictional immunity of a foreign state
- Section 1606 Extent of liability
- Section 1607 Counterclaims
- Section 1608 Service; time to answer; default
- Section 1609 Immunity from attachment and execution of property of a foreign state
- Section 1610 Exceptions to the immunity from attachment or execution
- Section 1611 Certain types of property immune from execution

Section 1602 Findings and declaration of purpose

The Congress finds that the determination by United States courts of the claims of foreign states to immunity from the jurisdiction of such courts would serve the interests of justice and would protect the rights of both foreign states and litigants in

United States courts. Under international law, states are not immune from the jurisdiction of foreign courts insofar as their commercial activities are concerned, and their commercial property may be levied upon for the satisfaction of judgments rendered against them in connection with their commercial activities. Claims of foreign states to immunity should henceforth be decided by courts of the United States and of the States in conformity with the principles set forth in this chapter.

1603 Definitions

For purposes of this chapter-

(a) A "foreign state", except as used in section 1608 of this title, includes a political subdivision of a foreign state or an agency or instrumentality of a foreign state as defined in subsection (b).

(b) An "agency or instrumentality of a foreign state" means any entity –

(1) which is a separate legal person, corporate or otherwise,

and

(2) which is an organ of a foreign state or political subdivision thereof, or a majority of whose shares or other ownership interest is owned by a foreign state or political subdivision thereof, and

(3) which is neither a citizen of a State of the United States as defined in section 1332 (c) and

(e) of this title, nor created under the laws of any third country.

(c) The "United States" includes all territory and waters, continental or insular, subject to the jurisdiction of the United States.

(d) A "commercial activity" means either a regular course of commercial conduct or a particular commercial transaction or act.

The commercial character of an activity shall be determined by reference to the nature of the course of conduct or particular transaction or act, rather than by reference to its purpose.

(e) A "commercial activity carried on in the United States by a foreign state" means commercial activity carried on by such state and having substantial contact with the United States.

1604 Immunity of a foreign state from jurisdiction

Subject to existing international agreements to which the United States is a party at the time of enactment of this Act a foreign state shall be immune from the jurisdiction of the courts of the United States and of the States except as provided in sections 1605 to 1607 of this chapter.

1605 General exceptions to the jurisdictional immunity of a foreign state

(a) A foreign state shall not be immune from the jurisdiction of courts of the United States or of the States in any case-

(1) in which the foreign state has waived its immunity either explicitly or by implication, notwithstanding any withdrawal of the waiver which the foreign state may purport to effect except in accordance with the terms of the waiver;

(2) in which the action is based upon a commercial activity carried on in the United States by the foreign state; or upon an act performed in the United States in connection with a commercial activity of the foreign state elsewhere; or upon an act outside the territory of the United States in connection with a commercial activity of the foreign state elsewhere and that act causes a direct effect in the United States;

(3) in which rights in property taken in violation of international law are in issue and that property or any property exchanged for such property is present in the United States in connection with a commercial activity carried on in the United States by the foreign state; or that property or any property exchanged for such property is owned or operated by an agency or instrumentality of the foreign state and that agency or instrumentality is engaged in a commercial activity in the United States;

(4) in which rights in property in the United States acquired by succession or gift or rights in immovable property situated in the United States are in issue;

(5) not otherwise encompassed in paragraph (2) above, in which money

damages are sought against a foreign state for personal injury or death, or damage to or loss of property, occurring in the United States and caused by the tortious act or omission of that foreign state or of any official or employee of that foreign state while acting within the scope of his office or employment; except this paragraph shall not apply to –

(A) any claim based upon the exercise or performance or the failure to exercise or perform a discretionary function regardless of whether the discretion be abused, or

(B) any claim arising out of malicious prosecution, abuse of process, libel, slander, misrepresentation, deceit, or interference with contract rights;

(6) in which the action is brought, either to enforce an agreement made by the foreign state with or for the benefit of a private party to submit to arbitration all or any differences which have arisen or which may arise between the parties with respect to a defined legal relationship, whether contractual or not, concerning a subject matter capable of settlement by arbitration under the laws of the United States, or to confirm an award made pursuant to such an agreement to arbitrate, if (A) the arbitration takes place or is intended to take place in the United States, (B) the agreement or award is or may be governed by a treaty or other international agreement in force for the United States calling for the recognition and enforcement of arbitral awards, (C) the underlying claim, save for the agreement to arbitrate, could have been brought in a United States court under this section or section 1607, or (D) paragraph (1) of this subsection is otherwise applicable; or

(7) not otherwise covered by paragraph (2), in which money damages are sought against a foreign state for personal injury or death that was caused by an act of torture, extrajudicial killing, aircraft sabotage, hostage taking, or the provision of material support or resources (as defined in section 2339A of title 18) for such an act if such act or provision of material support is engaged in by an official, employee, or agent of such foreign state while acting within the scope of his or her

office, employment, or agency, except that the court shall decline to hear a claim under this paragraph -

(A) if the foreign state was not designated as a state sponsor of terrorism under section 6 (j) of the Export Administration Act of 1979 (50 U. S. C. App. 2405 (j)) or section 620A of the Foreign Assistance Act of 1961 (22 U. S. C. 2371) at the time the act occurred, unless later so designated as a result of such act or the act is related to Case Number 1: 00CV03110 (EGS) in the United States District Court for the District of Columbia; and

(B) even if the foreign state is or was so designated,

(i) the act occurred in the foreign state against which the claim has been brought and the claimant has not afforded the foreign state a reasonable opportunity to arbitrate the claim in accordance with accepted international rules of arbitration; or

(ii) neither the claimant nor the victim was a national of the United States (as that term is defined in section 101 (a) (22) of the Immigration and Nationality Act) when the act upon which the claim is based occurred.

(b) A foreign state shall not be immune from the jurisdiction of the courts of the United States in any case in which a suit in admiralty is brought to enforce a maritime lien against a vessel or cargo of the foreign state, which maritime lien is based upon a commercial activity of the foreign state: Provided, That -

(1) notice of the suit is given by delivery of a copy of the summons and of the complaint to the person, or his agent, having possession of the vessel or cargo against which the maritime lien is asserted; and if the vessel or cargo is arrested pursuant to process obtained on behalf of the party bringing the suit, the service of process of arrest shall be deemed to constitute valid delivery of such notice, but the party bringing the suit shall be liable for any damages sustained by the foreign state as a result of the arrest if the party bringing the suit had actual or constructive knowledge that the vessel or cargo of a foreign state was involved; and

(2) notice to the foreign state of the commencement of suit as provided in section 1608 of this title is initiated within ten days either of the delivery of notice as provided in paragraph (1) of this subsection or, in the case of a party who was unaware that the vessel or cargo of a foreign state was involved, of the date such party determined the existence of the foreign state's interest.

(c) Whenever notice is delivered under subsection (b) (1), the suit to enforce a maritime lien shall thereafter proceed and shall be heard and determined according to the principles of law and rules of practice of suits in rem whenever it appears that, had the vessel been privately owned and possessed, a suit in rem might have been maintained. A decree against the foreign state may include costs of the suit and, if the decree is for a money judgment, interest as ordered by the court, except that the court may not award judgment against the foreign state in an amount greater than the value of the vessel or cargo upon which the maritime lien arose. Such value shall be determined as of the time notice is served under subsection (b) (1). Decrees shall be subject to appeal and revision as provided in other cases of admiralty and maritime jurisdiction. Nothing shall preclude the plaintiff in any proper case from seeking relief in personam in the same action brought to enforce a maritime lien as provided in this section.

(d) A foreign state shall not be immune from the jurisdiction of the courts of the United States in any action brought to foreclose a preferred mortgage, as defined in the Ship Mortgage Act, 1920 (46U. S. C. 911 and following). Such action shall be brought, heard, and determined in accordance with the provisions of that Act and in accordance with the principles of law and rules of practice of suits in rem, whenever it appears that had the vessel been privately owned and possessed a suit in rem might have been maintained.

(e) For purposes of paragraph (7) of subsection (a) -

(1) the terms "torture" and "extrajudicial killing" have the meaning given those terms in section 3 of the Torture Victim Protection Act of 1991;

(2) the term "hostage taking" has the meaning given that term in Article 1 of the International Convention Against the Taking of Hostages; and

(3) the term "aircraft sabotage" has the meaning given that term in Article 1 of the Convention for the Suppression of Unlawful Acts Against the Safety of Civil Aviation.

(f) No action shall be maintained under subsection (a) (7) unless the action is commenced not later than 10 years after the date on which the cause of action arose. All principles of equitable tolling, including the period during which the foreign state was immune from suit, shall apply in calculating this limitation period.

(g) Limitation on Discovery.

(1) In general. - (A) Subject to paragraph (2), if an action is filed that would otherwise be barred by section 1604, but for subsection (a) (7), the court, upon request of the Attorney General, shall stay any request, demand, or order for discovery on the United States that the Attorney General certifies would significantly interfere with a criminal investigation or prosecution, or a national security operation, related to the incident that gave rise to the cause of action, until such time as the Attorney General advises the court that such request, demand, or order will no longer so interfere. (B) A stay under this paragraph shall be in effect during the 12-month period beginning on the date on which the court issues the order to stay discovery. The court shall renew the order to stay discovery for additional 12-month periods upon motion by the United States if the Attorney General certifies that discovery would significantly interfere with a criminal investigation or prosecution, or a national security operation, related to the incident that gave rise to the cause of action.

(2) Sunset. - (A) Subject to subparagraph (B), no stay shall be granted or continued in effect under paragraph (1) after the date that is 10 years after the date on which the incident that gave rise to the cause of action occurred. (B) Af-

ter the period referred to in subparagraph (A), the court, upon request of the Attorney General, may stay any request, demand, or order for discovery on the United States that the court finds a substantial likelihood would-

(i) create a serious threat of death or serious bodily injury to any person;

(ii) adversely affect the ability of the United States to work in cooperation with foreign and international law enforcement agencies in investigating violations of United States law; or

(iii) obstruct the criminal case related to the incident that gave rise to the cause of action or undermine the potential for a conviction in such case.

(3) Evaluation of evidence. -The court's evaluation of any request for a stay under this subsection filed by the Attorney General shall be conducted ex parte and in camera.

(4) Bar on motions to dismiss. -A stay of discovery under this subsection shall constitute a bar to the granting of a motion to dismiss under rules 12 (b) (6) and 56 of the Federal Rules of Civil Procedure.

(5) Construction. -Nothing in this subsection shall prevent the United States from seeking protective orders or asserting privileges ordinarily available to the United States.

1606 Extent of liability

As to any claim for relief with respect to which a foreign state is not entitled to immunity under section 1605 or 1607 of this chapter, the foreign state shall be liable in the same manner and to the same extent as a private individual under like circumstances; but a foreign state except for an agency or instrumentality thereof shall not be liable for punitive damages; if, however, in any case wherein death was caused, the law of the place where the action or omission occurred provides, or has been construed to provide, for damages only punitive in nature, the foreign state shall be liable for actual or compensatory damages measured by the pecuniary injuries resulting from such death which were incurred by the persons for whose benefit the action was brought.

1607 Counterclaims

In any action brought by a foreign state, or in which a foreign state intervenes, in a court of the United States or of a State, the foreign state shall not be accorded immunity with respect to any counterclaim-

(a) for which a foreign state would not be entitled to immunity under section 1605 of this chapter had such claim been brought in a separate action against the foreign state; or

(b) arising out of the transaction or occurrence that is the subject matter of the claim of the foreign state; or

(c) to the extent that the counterclaim does not seek relief exceeding in amount or differing in kind from that sought by the foreign state.

1608 Service; time to answer; default

(a) Service in the courts of the United States and of the States shall be made upon a foreign state or political subdivision of a foreign state:

(1) by delivery of a copy of the summons and complaint in accordance with any special arrangement for service between the plaintiff and the foreign state or political subdivision; or

(2) if no special arrangement exists, by delivery of a copy of the summons and complaint in accordance with an applicable international convention on service of judicial documents; or

(3) if service cannot be made under paragraphs (1) or (2), by sending a copy of the summons and complaint and a notice of suit, together with a translation of each into the official language of the foreign state, by any form of mail requiring a signed receipt, to be addressed and dispatched by the clerk of the court to the head of the ministry of foreign affairs of the foreign state concerned, or

(4) if service cannot be made within 30 days under paragraph (3), by sending two copies of the summons and complaint and a notice of suit, together

with a translation of each into the official language of the foreign state, by any form of mail requiring a signed receipt, to be addressed and dispatched by the clerk of the court to the Secretary of State in Washington, District of Columbia, to the attention of the Director of Special Consular Services-and the Secretary shall transmit one copy of the papers through diplomatic channels to the foreign state and shall send to the clerk of the court a certified copy of the diplomatic note indicating when the papers were transmitted.

As used in this subsection, a "notice of suit" shall mean a notice addressed to a foreign state and in a form prescribed by the Secretary of State by regulation.

(b) Service in the courts of the United States and of the States shall be made upon an agency or instrumentality of a foreign state:

(1) by delivery of a copy of the summons and complaint in accordance with any special arrangement for service between the plaintiff and the agency or instrumentality; or

(2) if no special arrangement exists, by delivery of a copy of the summons and complaint either to an officer, a managing or general agent, or to any other agent authorized by appointment or by law to receive service of process in the United States; or in accordance with an applicable international convention on service of judicial documents; or

(3) if service cannot be made under paragraphs (1) or (2), and if reasonably calculated to give actual notice, by delivery of a copy of the summons and complaint, together with a translation of each into the official language of the foreign state-

(A) as directed by an authority of the foreign state or political subdivision in response to a letter rogatory or request or

(B) by any form of mail requiring a signed receipt, to be addressed and dispatched by the clerk of the court to the agency or instrumentality to be served, or

(C) as directed by order of the court consistent with the law of the place where service is to be made.

(c) Service shall be deemed to have been made-

(1) in the case of service under subsection (a) (4), as of the date of transmittal indicated in the certified copy of the diplomatic note; and

(2) in any other case under this section, as of the date of receipt indicated in the certification, signed and returned postal receipt, or other proof of service applicable to the method of service employed.

(d) In any action brought in a court of the United States or of a State, a foreign state, a political subdivision thereof, or an agency or instrumentality of a foreign state shall serve an answer or other responsive pleading to the complaint within sixty days after service has been made under this section.

(e) No judgment by default shall be entered by a court of the United States or of a State against a foreign state, a political subdivision thereof, or an agency or instrumentality of a foreign state, unless the claimant establishes his claim or right to relief by evidence satisfactory to the court. A copy of any such default judgment shall be sent to the foreign state or political subdivision in the manner prescribed for service in this section.

1609 Immunity from attachment and execution of property of a foreign state

Subject to existing international agreements to which the United States is a party at the time of enactment of this Act the property in the United States of a foreign state shall be immune from attachment arrest and execution except as provided in sections 1610 and 1611 of this chapter.

1610 Exceptions to the immunity from attachment or execution

(a) The property in the United States of a foreign state, as defined in section 1603 (a) of this chapter, used for a commercial activity in the United States, shall not be immune from attachment in aid of execution, or from execution, upon a judgment entered by a court of the United States or of a State after the effective date of this Act, if-

(1) the foreign state has waived its immunity from attachment in aid of execution or from execution either explicitly or by implication, notwithstanding any withdrawal of the waiver the foreign state may purport to effect except in accordance with the terms of the waiver, or

(2) the property is or was used for the commercial activity upon which the claim is based, or

(3) the execution relates to a judgment establishing rights in property which has been taken in violation of international law or which has been exchanged for property taken in violation of international law, or

(4) the execution relates to a judgment establishing rights in property-

(A) which is acquired by succession or gift, or

(B) which is immovable and situated in the United States:

Provided, That such property is not used for purposes of maintaining a diplomatic or consular mission or the residence of the Chief of such mission, or

(5) the property consists of any contractual obligation or any proceeds from such a contractual obligation to indemnify or hold harmless the foreign state or its employees under a policy of automobile or other liability or casualty insurance covering the claim which merged into the judgment, or

(6) the judgment is based on an order confirming an arbitral award rendered against the foreign state, provided that attachment in aid of execution, or execution, would not be inconsistent with any provision in the arbitral agreement, or

(7) the judgment relates to a claim for which the foreign state is not immune under section 1605 (a) (7), regardless of whether the property is or was involved with the act upon which the claim is based.

(b) In addition to subsection (a), any property in the United States of an agency or instrumentality of a foreign state engaged in commercial activity in the United States shall not be immune from attachment in aid of execution, or from execution, upon a judgment entered by a court of the United States or of a State after the effective date of this Act, if-

(1) the agency or instrumentality has waived its immunity from attachment in aid of execution or from execution either explicitly or implicitly, notwithstanding any withdrawal of the waiver the agency or instrumentality may purport to effect except in accordance with the terms of the waiver, or

(2) the judgment relates to a claim for which the agency or instrumentality is not immune by virtue of section 1605 (a) (2), (3), (5), or (7), or 1605 (b) of this chapter, regardless of whether the property is or was involved in the act upon which the claim is based.

(c) No attachment or execution referred to in subsections (a) and (b) of this section shall be permitted until the court has ordered such attachment and execution after having determined that a reasonable period of time has elapsed following the entry of judgment and the giving of any notice required under section 1608 (e) of this chapter.

(d) The property of a foreign state, as defined in section 1603 (a) of this chapter, used for a commercial activity in the United States, shall not be immune from attachment prior to the entry of judgment in any action brought in a court of the United States or of a State, or prior to the elapse of the period of time provided in subsection (c) of this section, if-

(1) the foreign state has explicitly waived its immunity from attachment prior to judgment, notwithstanding any withdrawal of the waiver the foreign state may purport to effect except in accordance with the terms of the waiver, and

(2) the purpose of the attachment is to secure satisfaction of a judgment that has been or may ultimately be entered against the foreign state, and not to obtain jurisdiction.

(e) The vessels of a foreign state shall not be immune from arrest in rem, interlocutory sale, and execution in actions brought to foreclose a preferred mortgage as provided in section 1605 (d).

(f) (1) (A) Notwithstanding any other provision of law, including but not limited to section 208 (f) of the Foreign Missions Act (22 U. S. C. 4308 (f)), and except as provided in subparagraph (B), any property with respect to which financial transactions are prohibited or regulated pursuant to section 5 (b) of the Trading with the Enemy Act (50 U. S. C. App. 5 (b)), section 620 (a) of the Foreign Assistance Act of 1961 (22 U. S. C. 2370 (a)), sections 202 and 203 of the International Emergency Economic Powers Act (50U. S. C. 1701 ~ 1702), or any other proclamation, order, regulation, or license issued pursuant thereto, shall be subject to execution or attachment in aid of execution of any judgment relating to a claim for which a foreign state (including any agency or instrumentality or such state) claiming such property is not immune under section 1605 (a) (7).

(B) Subparagraph (A) shall not apply if, at the time the property is expropriated or seized by the foreign state, the property has been held in title by a natural person or, if held in trust, has been held for the benefit of a natural person or persons.

(2) (A) At the request of any party in whose favor a judgment has been issued with respect to a claim for which the foreign state is not immune under section 1605 (a) (7), the Secretary of the Treasury and the Secretary of State should make every effort to fully, promptly, and effectively assist any judgment creditor or any court that has issued any such judgment in identifying, locating, and executing against the property of that foreign state or any agency or instrumentality of such state.

(B) In providing such assistance, the Secretaries-

(i) may provide such information to the court under seal; and

(ii) should make every effort to provide the information in a manner sufficient to allow the court to direct the United States Marshall's office to promptly and effectively execute against that property.

(3) Waiver. -The President may waive any provision of paragraph

(1) in the interest of national security.

1611 Certain types of property immune from execution

(a) Notwithstanding the provisions of section 1610 of this chapter, the property of those organizations designated by the President as being entitled to enjoy the privileges, exemptions, and immunities provided by the International Organizations Immunities Act shall not be subject to attachment or any other judicial process impeding the disbursement of funds to, or on the order of, a foreign state as the result of an action brought in the courts of the United States or of the States.

(b) Notwithstanding the provisions of section 1610 of this chapter, the property of a foreign state shall be immune from attachment and from execution, if—

(1) the property is that of a foreign central bank or monetary authority held for its own account, unless such bank or authority, or its parent foreign government, has explicitly waived its immunity from attachment in aid of execution, or from execution, notwithstanding any withdrawal of the waiver which the bank, authority or government may purport to effect except in accordance with the terms of the waiver; or

(2) the property is, or is intended to be, used in connection with a military activity and

(a) is of a military character, or

(b) is under the control of a military authority or defense agency.

(c) Notwithstanding the provisions of section 1610 of this chapter, the property of a foreign state shall be immune from attachment and from execution in an action brought under section 302 of the Cuban Liberty and Democratic Solidarity (LIBERTAD) Act of 1996 to the extent that the property is a facility or installation used by an accredited diplomatic mission for official purposes.

五、《美国外国主权豁免法》（中文，摘录）

第一千六百零二条　查明事实和宣布宗旨

第一千六百零三条　定义

第一千六百零四条　关于外国不受（美国）管辖的豁免

第一千六百零五条　对于外国享有管辖豁免权的一般例外

第一千六百零六条　责任的范围

第一千六百零七条　反诉

第一千六百零八条　送达；答辩时间；缺席判决

第一千六百零九条　对外国财产扣押和执行的豁免

第一千六百一十条　对于扣押豁免和执行豁免的例外

第一千六百一十一条　对某类财产的执行豁免

第一千六百零二条　查明事实和宣布宗旨

国会认为，美国法院就外国要求从该法院取得管辖豁免权一事所作的决定应有利于公平正义并保护外国和在美国法院诉讼的当事人的权益。按照国际法，各国就其商业活动而言，是不能在外国法院里取得管辖豁免的，而且为执行与它们的商业活动有关的判决，可以扣押外国的财产。今后，凡外国提出豁免权的要求，应当由联邦法院及各州法院按本章规定的原则决定之。

第一千六百零三条　定义

在本章的适用上，

1. 除本编第一千六百零八条所使用者外，"外国"包括外国的政治分机构或者第 2 款所规定的某外国的代理机构或媒介。

2. "外国的代理机构或媒介"是指下列任何一个实体：

（1）独立的社团法人或非社团法人。

(2) 外国机关或该机关的政治分机构，或其大多数股份或其他所有权属于外国或其政治分机构的。

(3) 既非本编第一千三百三十二条第3款和第4款所规定的美国某州公民，亦非依照任何第三国法律设立的实体。

3. "合众国"包括受美国管辖的全部领土、水域、大陆或岛屿。

4. "商业活动"，是指某种正常做法的商业行为，或是指某种特殊的商业交易或行动。是否是商业性的活动，应当根据行为的做法的性质，或特殊的交易和行动的性质决定，而不是根据其目的。

5. "外国在美国进行的商业活动"是指该国所进行的与美国有实质交往的商业活动。

第一千六百零四条 关于外国不受（美国）管辖的豁免

如在本法制定时，美国是某些现行国际协定的缔约国之一，则这些国际协定中的外国应当不受联邦法院和各州法院的管辖，但本章第一千六百零五条至第一千六百零七条所规定的除外。

第一千六百零五条 对于外国享有管辖豁免权的一般例外

1. 如有下列任何一项情况，外国不能免于联邦法院或各州法院的管辖：

(1) 该外国已明确地或默示地放弃其豁免权。关于此项弃权，除根据弃权的条件予以撤回者外，该外国可能声称的任何撤回均属无效；

(2) 该诉讼是基于该外国在美国进行的商业活动而提出的；或者基于与该外国在别处的商业活动有关而在美国完成的行为提出的；或者基于与该外国在别处的商业活动有关，而且在美国领土以外进行但在美国引起直接影响的行为提出的；

(3) 违反国际法取得的财产，其财产权利尚有争议并且该项财产或者用该项财产换得的任何财产现在美国境内且与该外国在美国进行的商业活动有关的；或者该项财产或者用该项财产换得的任何财产是属于该外国在美国从事商业活动的某一机构所有或者属于该机构的经营者所有的；

(4) 由于继承或馈赠而取得的在美国的财产权利，或者尚有争议的坐落在美国的不动产权利；

(5) 上述第（2）项所未包括的其他情况，即某外国或者该外国任何官员或雇员在职务或雇佣范围内的行动中发生侵权行为或过失，从而在美国境内造成人身伤害、死亡或者财产损害或丧失，（受害一方）为此向该外国追索损害赔偿金的；但本项规定不适用于下列情况：

（甲）基于行使和履行或者不行使和履行自由裁量权而提起的任何权利要求，不管此项自由裁量权是否被滥用。

（乙）由于诬告、滥用程序、文字诽谤、口头诽谤、歪曲、欺骗或者干涉契约权利而引起的任何权利要求。

2. 为了对某外国的船只或货物行使海上留置权提起海事诉讼，而此项权利要求是基于该外国的商业活动的，在下述情况下，该外国不得在联邦法院享受管辖豁免：

（1）诉讼通知是用传票和原告起诉书的副本寄给要求对之行使留置权的船只或货物的所有人或其代理人的；但是如果该船只或货物是按照以提起诉讼一方当事人的名义所取得的通令而被扣押的，则可认为无须投递通知，也不必在以后投递——除非该当事人不知道该外国的船只和货物包括在内，在这种情况下，扣押通令的送达即成为有效交付此项通知。

（2）本编第一千六百零八条所规定的对外国开始诉讼的通知是按本条第2款（1）项所规定的方式于十天内发出的，或者，在当事人不知道该外国的船只或货物是包括在内的情况下，即于该当事人确定该外国的权益存在之日起十天内发出。

按照本条第2款（1）项的规定，无论通知系于何时交付，此后该海上留置权即被视为对当时拥有有关船只或货物的外国的一种对人的求偿权。如果法院判决该外国赔偿总额不大于对之行使海上留置权的船只和货物的价值，此价值应在按照本条第2款（1）项的规定送达通知的同时决定之。

第一千六百零六条　责任的范围

对于任何赔偿要求，如某外国按本章第一千六百零五条或第一千六百零七条规定无权享受豁免，则该外国应按一个私人在类似情况下适用的方式和范围负责。但一个外国除了其代理人或媒介之外，对于惩罚性的损害赔偿不负责任。但如引起死亡，而行为或者不行为所在地的法律规定（或在解释上规定）损害赔偿只是惩罚性质的，则该外国对实际损害或者补偿性损害应负赔偿责任，其数额按照为其利益提起诉讼的人们由于此项死亡所引起的金钱损失计算。

第一千六百零七条　反诉

如某外国在联邦法院或州法院提起诉讼或参加诉讼，则该外国对下述任何一项反诉不得享受豁免：

1. 如果此项反诉已在控诉该外国的另一诉讼中提出，而按照本章第一千六百零五条的规定该外国对于此项反诉是无权享受豁免的；

2. 反诉系由该外国所提出的作为权利要求主体部分的事件或事务所引起的；

3. 反诉索赔的范围在数额上不超过该外国索赔额，或在种类上和该外国索赔也无不同。

第一千六百零八条　送达；答辩时间；缺席判决

1. 联邦法院和各州法院应向外国或外国的政治分机构送达传票：

（1）按照原告与外国或外国的政治分机构之间关于送达传票所作的特别协议，投送传票和原告起诉书的副本；

（2）如果没有特别协议，则按照可以适用的关于司法文件送达的国际公约，投送传票和原告起诉书副本；

（3）如无法按照第（1）或第（2）项规定送达，则应当将传票和原告起诉书的副本以及诉讼通知书，连同上述各件的该外国官方文字的译文，由法院书记员通过签收邮件的方式，迅速寄交该有关外国的外交部长。

（4）如果按照第（3）项规定，无法在三十天之内送达，则应将传票和原告起诉书的副本各两份以及诉讼通知书一份，连同该外国官方文字的每个文件译文，由法院书记员通过签收邮件的方式，迅速寄交在华盛顿哥伦比亚特区的国务卿，促请专门的领事部主任注意。而国务卿应当通过外交途径将上述文件的副本一份转送给该外国，并且应当寄给法院书记员一份业经认证的外交照会副本，指明各该文件已于何时发出。

本项规定所称"诉讼通知书"是指依照国务卿以规章规定的方式寄给外国的通知书。

2. 联邦法院和各州法院应采用以下方法向外国的代理机构或媒介送达文件：

（1）按照原告与该代理机构或媒介之间所作的关于送达的专门协议，投寄传票和原告起诉书的副本；

（2）如果没有专门协议，则或把传票和原告起诉书的副本寄给主管职员、代理人或者总代理人，或者寄给其他被指定的或依法律授权在美国接受诉讼文件送达的任何其他代理人；或者按照可以适用的关于司法文件送达的国际公约办理。

（3）如无法按照第（1）项或第（2）项规定送达文件，又如有理由预计能实际送达通知，即可将该传票和原告起诉的副本，连同该外国官方文字的每个文件的译文一并交邮寄出：

（甲）依该外国或政治分机构的当局在答复函询或请求时所示的地址；

（乙）通过必须签收的邮递方式，由法院书记员寄交负责接收文件的代理机构或媒介；

（丙）依照法院所作的与文件送达地区法律规定相一致的命令的指示。

3. 在下列情况下即认为文件已经送达：

（1）按第1款第（4）项规定送达的，送达时间从经过认证的外交照会副本注明的发出日期起算；

（2）按本条其他各款规定送达的，送达时间从证明文件，邮件回执或可以作为送达方法使用的其他送达证件上注明的收到日期起算。

4. 在联邦法院或者州法院起诉的任何诉讼中，外国及其政治分机构或者外国的代理机构或媒介，应当在按照本条规定送达文件后六十天内，对原告起诉书作出答辩或者其他表示答复的抗辩。

5. 联邦法院或者州法院不得对外国及其政治分机构或者外国的代理机构或者媒介作缺席判决，除非原告能够提出令法院满意的证据使其要求或权利得到确认。任何这类缺席判决书的副本应当以本条所规定的送达方式送交该外国或政治分机构。

第一千六百零九条 对外国财产扣押和执行的豁免

基于在本法制定时美国为其缔约国之一的某些现行国际协定，某一外国在美国的财产应当免于扣押和执行，但本章第一千六百一十条和第一千六百一十一条所规定的除外。

第一千六百一十条 对于扣押豁免或执行豁免的例外

1. 本章第一千六百零三条第1款中所规定的外国在美国的财产用来在美国进行商业活动的，不得就本法生效以后联邦法院或者州法院所作的判决而在辅助执行的扣押问题上或者在执行问题上，在下列情况下，享受豁免：

（1）该外国在辅助执行的扣押问题上或执行问题上已明确地或默示放弃其豁免权。关于此项弃权，除根据弃权的条件予以撤回者外，该外国可能声称的任何撤回均属无效。

（2）此项（诉讼）请求所根据的财产是现在用于或者过去用于商业活动的财产。

（3）此项执行是关于某项确认下述财产权的判决的：此项财产权是违反国际法取得，或者已经对违反国际法而取得的财产进行了交换的。

（4）此项执行是关于确认下述财产权的判决的：

（甲）此项财产权是通过继承或者赠与取得的；

（乙）此项财产权为不动产并坐落在美国：如果它不是用作某外交或领事使团的用房或者该使团团长的住宅。

（5）此项财产包括某项契约义务或由此而生的任何收益，它们是按照汽车保险、其他责任保险或者意外保险等保险单赔偿外国及其雇员或者使其不受损害并且用来满足判决书中所载的权利要求的。

2. 除第1款规定外，凡外国代理机构或媒介在美国的财产用来在美国进行商业活动的，不得就本法生效以后联邦法院或州法院所作的判决而在辅助执行的扣押问题上或者在执行问题上，在下列情况下，享受豁免：

（1）该代理机构或媒介在辅助执行的扣押问题上或执行问题上已明确

地或默示放弃其豁免权。关于此项弃权，除根据弃权的条件予以撤回者外，该外国可能声称的任何撤回均属无效。

(2) 该判决有关的（诉讼）请求权是该代理机构或媒介根据本章第一千六百零五条第1款第（2）项、第（3）项或第（5）项或第一千六百零五条第2款规定不得享受豁免的。至于此项（诉讼）请求所根据的财产究系现在或过去用于商业活动则在所不问。

3. 在判决书正式作成和按照本章第一千六百零八条第5款规定发出法定通知书后，如法院断定已过合理期限，即可作出本条第1款和第2款所提及的扣押和执行的命令，在此以前，不许扣押或执行。

4. 凡本章第一千六百零三条第1款所规定的在美国用于商业活动的外国财产，在联邦法院或州法院提起的任何诉讼中，如遇下述情况，即不得在作成正式判决书之前，或者在本条第3款所规定的期限届满之前享受扣押豁免：

(1) 该外国的判决前已明确放弃其扣押豁免权。对此项弃权，除根据弃权的条件予以撤回者外，该外国可能声称的任何撤回均属无效。

(2) 该项扣押的目的在于保证履行某项已经作出或最终可能作出的对该外国的判决，而不是为了取得管辖权的。

第一千六百一十一条 对某类财产的执行豁免

1. 尽管有本章第一千六百一十条的规定，但总统指定可以享受《国际组织豁免法》所规定的特权，免除（如免除捐税）和豁免权的那些机构的财产，则不应当由于在联邦法院或各州法院提起诉讼而遭扣押或受任何其他阻止向该外国付款或者阻止按该外国的付款通知付款等司法程序的管辖。

2. 尽管有本章第一千六百一十条的各项规定，如有下述情况，某外国的财产仍应享受扣押和执行豁免：

(1) 此项财产是某外国中央银行或者金融机关自己所有的，除非该银行、金融机关或者它们的政府已经在辅助执行的扣押问题上或者在执行问题上明确放弃其豁免权。对此项弃权，除根据弃权的条件予以撤回者外，该银行、金融机关或政府可能声称的任何撤回均属无效。

(2)此项财产现在使用上或者打算在使用上与军事活动有关,并且

(甲)属于军事性质的,或者

(乙)在军事当局或国防机构控制之下的。

2. 对美国法典第二十八编《第四部分——管辖权与审判管辖区》的分析予以修正,在"95. 海关法院"之后增订下列新项目:"97. 外国享有的管辖豁免权"。

第五条 修正美国法典第二十八编第一千三百九十一条,在其结尾部分增加下述新款项:

(f)按照本编第一千六百零三条第1款的规定,可以分别在下述司法管辖区对外国提起民事诉讼:

(1)在引起(诉讼)请求权的事件或不作为的实质部分或者成为本诉讼主体的财产的实质部分所在地的司法管辖区;

(2)如根据本编第一千六百零五条第2款规定提出请求时,在某外国的船只和货物所在地的司法管辖区;

(3)如果按照本编第一千六百零三条第2款的规定对某外国的代理机构或媒介提起诉讼时,在该代理机构或媒介获准在该地经营业务或者正在该地经营业务的司法管辖区;

(4)如对外国或其政治分机构提起诉讼的,在哥伦比亚特区美国地区法院。

主要参考文献

一、中文参考文献

(一) 学术专著及译著

[1] 朱文奇. 国际法学原理与案例教程 [M]. 北京：中国人民大学出版社, 2009.

[2] 龚刃韧. 国家豁免问题的比较研究 [M]. 北京：北京大学出版社, 1994.

[3] [美] 路易斯·亨金. 国际法：政治与价值 [M]. 张乃根, 等译. 北京：中国政法大学出版社, 2005.

[4] [法] 让·博丹. 主权论 [M]. [美] 朱利安·H. 富兰克林编, 李卫海、钱俊文译. 北京：北京大学出版社, 2008.

[5] 林学忠. 从万国公法到公法外交——晚清国际法的传入、诠释与应用 [M]. 上海：上海古籍出版社, 2009.

[6] [意] 安东尼奥·卡塞斯. 国际法 [M]. 蔡从燕, 等译. 北京：法律出版社, 2009.

[7] [英] M. 阿库斯特. 现代国际法概论 [M]. 第2版. 汪瑄、朱奇武、余叔通、周仁译. 北京：中国社会科学出版社, 1983.

[8] 周鲠生. 国际法 [M]. 武汉：武汉大学出版社, 2009.

[9] [美] 路易斯·亨金. 国际法：政治与价值 [M]. 张乃根, 等译. 北京：中国政法大学出版社, 2005.

［10］王振东.现代西方法学流派［M］.第 2 版.北京：中国人民大学出版社，2006.

［11］朱文奇、李强.国际条约法［M］.北京：中国人民大学出版社，2008.

［12］赵秀文.国际贸易法专题研究［M］.北京：中国人民大学出版社，2009.

［13］杨立新.债法总则研究［M］.北京：中国人民大学出版社，2006.

［14］王利明.中国民法典学者建议稿及立法理由·债法总则编［M］.北京：法律出版社，2005.

［15］陈纯一.国家豁免问题之研究——兼论美国的立场与实践［M］.台北：三民书局，2000.

［16］［德］何意志.法治的东方经验——中国法律文化导论［M］.李中华，等译.北京：北京大学出版社，2010.

［17］黄惠康、黄进.国际公法国际私法成案选［M］.武汉：武汉大学出版社，1987.

［18］周鲠生.国际法［M］.上册.北京：商务印书馆，1981.

［19］黄进.国家及其财产豁免问题研究［M］.北京：中国政法大学出版社，1987.

［20］［英］詹宁斯·瓦茨修订.奥本海国际法［M］.王铁崖，等译.北京：中国大百科全书出版社，1995.

［21］［法］莱昂·狄骥.公法的变迁［M］.郑戈译.北京：中国法制出版社，2010.

［22］［法］莱昂·狄骥.法律与国家［M］.冷静译.北京：中国法制出版社，2010.

［23］［美］约瑟夫·R.斯特雷耶.现代国家的起源［M］.华佳，

等译.上海：上海人民出版社，2010.

[24] [澳] 杰里·辛普森.大国与法外国家 [M].朱利江，等译.北京：北京大学出版社，2008.

[25] [日] 篠田英朗.重新审视主权——从古典理论到全球时代 [M].第2版.戚渊译.北京：商务印书馆，2005.

[26] [美] 小查尔斯·爱德华·梅里亚姆.卢梭以来的主权学说史 [M].毕洪海译.北京：法律出版社，2006.

[27] [美] 塞缪尔·亨廷顿.文明的冲突与世界秩序的重建 [M].第2版.周琪，等译.北京：新华出版社，2005.

[28] [荷] 格劳秀斯.捕获法 [M].张乃根，等译.上海：上海人民出版社，2006.

[29] [美] 理查德·塔克.战争与和平的权利：从格劳秀斯到康德的政治思想与国际秩序 [M].罗炯，等译.南京：译林出版社，2009.

[30] 李庆明.美国《外国人侵权请求法》研究 [M].武汉：武汉大学出版社，2010.

[31] [奥] 凯尔森.法与国家的一般理论 [M].沈宗灵译.北京：中国大百科全书出版社，1996.

[32] [荷] 格劳秀斯.战争与和平法 [M].上海：上海人民出版社，2005.

[33] 郭连成、周轶赢.经济全球化与转轨国家政府职能转换研究 [M].北京：商务印书馆，2011.

（二）学术论文

[1] 任明艳.美国国家行为原则评析 [J].比较法研究，2006（7）.

[2] 黄进、李庆明.2007年莫里斯诉中华人民共和国案述评

[J]. 法学, 2007 (9).

[3] 徐素芹. 美国在包头空难中的管辖权及对中国的启示 [J]. 法制与社会, 2010 (4).

[4] 宋锡祥、谢璐. 国家及其财产管辖豁免的国内法调整到国际公约的转变——兼论莫里斯和仰融两案 [J]. 政治与法律, 2007 (1).

[5] 黄进、杜焕芳. 国家及其财产管辖豁免立法的新发展 [J]. 法学家, 2005 (6).

[6] 邵沙平. 《联合国国家及其财产管辖豁免公约》对国际法治和中国法治的影响 [J]. 法学家, 2005 (6).

[7] 肖永平、张帆. 美国国家豁免法的新发展及其对中国的影响 [J]. 武汉大学学报, 2007 (6).

[8] 宋锡祥、高大力 [J]. 从"天宇案"透视国家主权豁免问题 [J]. 东方法学, 2010 (1).

二、外文参考文献

（一）学术著作

[1] Robert McCorquodale. Cases and Materials on International Law [M]. Fourth Edition. Oxford University Press.

[2] Malcolm N. Shaw QC. International Law [M]. Sixth edition. Cambridge University Press.

[3] State Immunity. Selected Materials and Commentary, Andrew Dickinson, Rae Lindsay & James P Loonam [M]. Oxford University Press.

[4] Adrew Dickinson, Rae Lindsay, James P Loonam. State Immunity, Selected Materials and Commentary [M]. Oxford University

Press.
[5] Antonio Cassese. International Law [M]. Second Edition, Oxford University Press.
[6] Hazel Fox. The Law of State Immunity [M]. Oxford University Press, 2002.
[7] The Redress Trust. Redress Seeking reparation for torture survivors, Immunity v. Accountability: Considering the Relationship between State Immunity and Accountability for Torture and Other Serious International Crimes [M]. 2005.
[8] Hugo Grotius. On the Law of War and Peace [M]. Batoche Books. Kitchener, 2001.
[9] Thomas J. Biersteker, Peter J. Spiro, Chandra Lekha Sriam, and Veronica Raffo. International Law and International Relations, Bridging Theory and Practice [M]. Contemporary Security Studies.
[10] Isabelle Buffard, James Crawford, Alain Pellet, and Stephan Wittich. International Law between Universalism and Fragmentation [M]. Martinus Nijhoff Publishers, 2008.
[11] Chittharanjan Felix Amerasinghe. Local Remedies in International Law [M]. Second Edition, Cambridge University Press, 2005.
[12] Tim Hillier. Sourcebook on Public International Law [M]. Cavendish Publishing Limited, 1998.
[13] Theodor Meron. The Humanization of International Law [M]. Martimes Nijhoff Publishers, 2006.
[14] Shabtai Rosenne. The Perplexities of Modern International Law [M]. Martimes Nijhoff Publishers, 2004.

[15] Jorg Kammerhofer. Uncertainty in International Law [M]. Routledge Taylor &Francis Group, 2011.

(二) 学术论文

[1] Andrew Jackson. The Commercial Activity Exception – Justice Demands Congress Define a Line in the Shifting Sands of Sovereign Immunity [J]. Marquette Law Review, 1994, 77.

[2] Sienho Yee. Foreign Sovereign Immunities, Acta Jure Imperii and Acta Jure Gestionis: A Recent Exposition from the Canadian Supreme Court [J]. Chinese Journal of International Law, 2003, 2 (2).

[3] Pasquale De Sena and Francesca De Vittor. State Immunity and Human Rights: the Italian Supreme Court Decision on the Ferrini Case, 2005, 16 EJIL.

[4] Jennifer K. Elsea. Lawsuits Against State Supporters of Terrorism: An Overview, Congressional Research Service Report for Congress received through the CRS Web, 2005.

[5] August Reinisch. European Court Practice Concerning State Immunity from Enforcement Measures, EJIL 2006, 17 (4).

[6] Joanne Foakes and Elizabeth Wilmshurst. State Immunity: The United Nations Convention and its effect [J]. International Law Programme, ILP BP 05/01, 2005.

[7] August Reinisch. European Court Practice Concerning State Immunity from Enforcement Measures [J]. the European Journal International Law, EJIL 2006, 17 (4).

[8] Pasquale De Sena and Francesca De Vittor. State Immunity and Human Rights: The Italian Supreme Court Decision on the Ferri-

ni Case [J]. the European Journal International Law, EJIL 2005, 16 (1).

[9] Lee M. Caplan. State Immunity, Human Rights, And JUS COGENS: A Critique Of the Normative Hierarchy Theory [J]. the American Journal Of International Law, Vol. 97.

[10] Report from the Special Representative of the UN Secretary-General on business and human rights. State Immunity and State-owned Enterprises [J]. Clifford Chance, 2008.

[11] Michele Potesta. State Immunity and Jus Cogens Violations: The Alien Tort Statute Against the Backdrop of the Latest Developments in the "Law of Nations" [J]. Potesta Final, 2010.

[12] M. P. A. Kindall. Immunity of States for Noncommercial Torts: A Comparative Analysis of the International Commission's Draft [J]. California Law Review, 1987, 75 (5).

[13] Thomas H. Hill. A Policy Analysis of the American Law of Foreign State Immunity [J]. Fordham Law Review, 1981, 50 (2).

[14] Carlos M. Vazquez. The Relationship between the FSIA's Commercial-Activities Exception and the Due-Process Clause [J]. American Society of International Law, 1991, 85.

[15] James Crawford. International Law and Foreign Sovereigns: Distinguishing Immune Transactions, http://bybil.oxfordjournals.org.

[16] Jennifer K. Elsea. Lawsuits Against State Supporters of Terrorism: An Overview [J]. Congressional Research Service Report for Congress received through the CRS Web, 2005.

[17] H. Fox. Enforcement Jurisdiction, Foreign State Property and

Diplomatic Immunity, ILCQ, 1985, 34.

(三) 案例判决

[1] FG 公司诉刚果 (金) 案，香港。

[2] ICJ judgment on "Germany v. Italy, Greece intervening", Feb. 3, 2012.

[3] Underhill v. Hernandez, 26 U.S APP. 573 (1897).

[4] Banco Nacional De Cuba v. Sabbatino, 376 U.S. 398 (U.S. 1964)。

[5] W.S. Kirkpatrick & Co. v. Environmental Tectonics Corp., Int'l, 493 U.S. 400 (U.S. 1990).

[6] Kuwait Airways Corporation v. Iraqi Airways Company and Others, House of Lords, [2002] UKHL 19, 16 May 2002.

[7] Ex parte Republic of Peru, U.S. Supreme Court, No. 13, original, 318 U.S. 578 (1943).

[8] Republic of Mexico v. Hoffman, U.S. Supreme Court, No. 455, 324 U.S. 30 (1945).

[9] Morgan Guaranty Trust Company of New York, Morgan Grenfell & Co., Limited, The Bank of Tokyo Limited, The Governor and Company of the Bank of Scotland and Orion Royal Bank, Limited, v. REPUBLIC OF PALAU, No. 1427, Docket 89 - 7096, 924 F. 2d 1237, United States Court of Appeals, Second Circuit, Feb. 4, 1991.

[10] Voest-Alpine Trading USA Corporation v. Bank Of China; Bank of China New York Branch, para 14, No. 97 - 20322., 142 F. 3d 887, United States Court of Appeals, Fifth Circuit., June 12, 1998.

[11] Cargill International S. A. and Cargill B. V. v. Novorossiysk Shipping Co. , 991F. 2d 1012, 1994 A. M. C. 2258, No. 960, Docket 92 – 7876. , United States Court of Appeals, Second Circuit.

[12] H. Henry Keller; H. K. Enterprises, Inc. v. Central Bank of Nigeria; Paul Ogwuma; Alhaji Rasheed; Alhaji M. A. Sadiq. Case number: 00 – 3369, United States Court of Appeals for the Sixth Circuit, 01 – 16 – 2002.

[13] A. M. Luther (Company For Mechanical Woodworking A. M. LUTHER) v. James Sagor And Company, judgment of appeal in 1920. A. 1861.

[14] Propend Finance Pty Limted v. Sing and ANR [1997] EWCA Civ 1433, 17th April, 1997, England and Wales Court of Appeal (Civil Division) Decisions.

[15] United States v. Noriega, 117 F. 3d 1206, 1212 (11th Cir. 1997).

[16] Lafontant v. Aristide, 844F. Supp. 128, (E. D. N. Y. 1994).

[17] Opinions of the Lords of Appeal for Judgment in the Cause in Re Pinochet, Jan. 15, 1999.

[18] ICJ judgment on Warrant Case.

[19] Tachiona v. Mugabe, 169F. Supp. 2d 259, 296 – 97 (S. D. N. Y. 2001).

[20] DOLE Food Co. ET AL. v. PATRICKSON ET AL, 536 U. S. 956, Supreme Court of the United States, June 28, 2002.

[21] I Congresso del Partido [1983] 1 AC 244.

[22] Republic of Argentina v. Weltover, Inc. , 504 US 607.

[23] Fogarty v. United Kingdom ECHR Application 37112/97 (2001) 34 EHRR 302, European Human Rights Court.

[24] Cudak v. Lithuania, No. 15869/02, judgment on 24 February 2010, European Human Rights Court.

[25] Saudi Arabia v. Nelson, 113 S. Ct. 1471 (1993).

[26] Berkovitz v. Republic of Iran, 735 F. 2d, 9th Circuit, 1984.

[27] Jones v. Ministry of Interior Al-Mamlaka Al-Arabyia AS Saudiya (the Kingdom of Saudi Arabia) [2006] UKHL 16.

[28] House of Lords Opinions of the Lords of Appeal For Judgment in the Cause, Jones v. Saudi Arabia, 14 June, 2006.

[29] Appeal judgment in case of Al-Adsani v. Kuwait, 34 EHRR 273, 298~299, European Human Rights Court.

[30] Margot Berkovitz v. the Islamic Republic of Iran, 735 F. 2d 329, United States Court of Appeals, Ninth Circuit, May 1, 1984.

[31] BP Chemicals Ltd., v. Jiangsu SOPO Corporation (Group) Ltd., 420 F. 3d 810, United States Court of Appeals, Eighth Circuit, August 25, 2005.

[32] Judgment of Kuwait Airways Corporation v. Republic of Iraq and Bombardier Aerospace, Supreme Court of Canada, Docket: 33145, 21 October 2010.

[33] Nelson case, 113 S. Ct. 1480.

[34] Jackson v. The People's Republic of China, 794 F. 2d 1490, United States Court of Appeals, Eleventh Circuit, 1986.

[35] the Republic of Austria v. Altmanm, No. 3~13, the Supreme Court of United States, Feb. 25, 2004.

[36] Schmidt v. Polish People's Republic, 742 F. 2d 67, 71 (2d Cir. 1984).

[37] Trendtex Trading Corporation v. Central Bank of Nigeria, United Kingdom, Court of Appeal, 13 January 1977, 1975 T. No. 3663.

[38] Stephen M. Flatow v. Bank Saderat Iran, United States Court of Appeals, Ninth Circuit, October 23, 2002, 308 F. 3d 1065.

[39] Civil Air Transport Incorporated v. Claire Lee Chennault and Whiting Willauer and H. C. Wang, F. Y. Ho, F. HWA, C. H. Chang, V. S. LOH, C. H. Ku, C. C. Wu, S. P. HSU, Regino Yap, Howard Chow, C. Y. Wang, Y. P. Loh, J. L. Ling, F. H. Hwa and Y. C. Chen; (1950) 34 HKLR386, (1950) 34 HKLR 358, 1950 Wl 38851 (AJ).

[40] Republic of Austria v. Altmann, No. 3 ~ 13, U. S. Supreme Court, June 7, 2004.

[41] VOEST-ALPINE Trading USA Corporation v. Bank Of China; Bank of China New York Branch, No. 97 ~ 20322, United States Court of Appeals, Fifth Circuit, June 12, 1998.

[42] Republic of Mexico v. Hoffman, U. S. Supreme Court, No. 455, 324 U. S. 30 (1945).

跋

博士毕业后将自己的博士论文出版似乎是个传统，其意义远不在于出了本专著，而是对自己多年求学的一个交代，同时也是给教导、辅导、帮助和支持过我的那些师长们一个交代。

本书是在我的博士论文基础上修改完成的，内容与当时论文答辩时有了很大的变化，但仍可能存在诸多疏漏和不足，恳请各位读者批评、指正。

感谢朱文奇教授。承蒙不弃，我有幸成为其门生。朱老师不仅学识渊博，而且有着丰富的法律实践经验，曾先后就职于我国外交部、联合国前南斯拉夫国际刑事法庭，回到国内又投身教育事业，致力于培养中国青年一代国际法人才。从导师那里我获益良多，虽然我已经拿到博士学位，然而在求学的道路上我仍然是一个后来者，还要继续努力。本书中有任何错处都由我本人负责，任何批评和意见我也将认真对待，希望以后有机会改正和完善。

感谢中国人民大学的万鄂湘教授、邵沙平教授，中国政法大学的梁淑英教授，外交学院的江国青教授和北京师范大学的张桂红教授。他们在我博士论文答辩时提出很多宝贵意见。由于我的论文被学校抽中进行匿名评审，所以，我并不知道五位评审教授的姓名，但是我也要感谢他们给论文提出的批评和意见，使得本书得以更加完善。

感谢我的父母家人，我能取得今天的成绩是因为他们的教导、宽容和支持。

感谢张颖编辑、刘睿编辑为本书的出版付出的努力。

李　颖

2014 年 3 月 10 日